प्रेम : व्यवस्थाको पूर्ति

प्रेम : व्यवस्थाको पूर्ति

डा. जेरक ली

URIM BOOKS

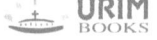

प्रेम : व्यवस्थाको पूर्ति डा. जेरक ली
ऊरीम बुक्सद्वारा प्रकाशित (प्रतिनिधिः प्थगलनतबभ ल्यज)
73, Yeouidaebang-ro 22-gil, Dongjak-gu, Seoul, Korea
www.urimbooks.com

सर्वाधिकार सुरक्षित । यस प्रकाशन र यसको कुनै पनि भाग, पुनः प्राप्य हुने गरी राख्न वा कुनै पनि विधुतीय, यान्त्रिक, छायाप्रति, रेकर्ड वा अन्य कुनै प्रतिरूपमा अरू कुनै माध्यमद्वारा प्रकाशकको पूर्व लिखित अनुमति विना प्रतिलिपि तयार गर्न र प्रेषण गर्न पाइनेछैन ।

प्रकाशनाधिकार © २०१७ डा. जेरक ली

आई एस बि एन : ISBN 979-11-263-1024-1 03230

अनुवादको निमित्त प्रकाशनाधिकार © २०१४ डा. एस्तर के. चङ्ग । अनुमतिद्वारा प्रयोग गरिएको ।

पहिलो संस्करण अगष्ट २०१३

२००९ मा ऊरीम बुक्सद्वारा कोरियन भाषामा प्रकाशित

डा. ग्यूमसुन बिनद्वारा सम्पादित
डिजाइनः सम्पादकीय विभाग, ऊरीम बुक्स
मुद्रणः येवोन प्रिन्टिङ कम्पनी
अधिक जानकारीको लागि : urimbook@hotmail.com मा सम्पर्क गर्नुहोस्

"प्रेमले छिमेकीको खराबी गर्दैन ।
यसकारण प्रेम गर्नु नै व्यवस्था पूरा गर्नु हो ।"

(रोमी १३:१०)

प्रस्तावना

पाठकहरूले आत्मिक प्रेमद्वारा नयाँ यरूशलेम प्राप्त गर्नुभएको होस् भन्ने म आशा गर्दछु ।

संयुक्त अधिराज्य (बेलायत) को एउटा विज्ञापन कम्पनीले एडिनबर्ग, स्कटल्याण्डदेखि बेलायतको लन्डनसम्म सबैभन्दा छिटो पुग्ने मार्ग वा उपाय के हो भनी सर्वसाधारण सामु एउटा प्रश्न राखेको थियो । जसको उत्तरलाई सही जवाफको रूपमा चयन गरिन्छ उसलाई एउटा ठूलो इनाम दिने भनिएको थियो । छिटो पुग्ने उपाय भनेको 'आफ्नो प्रिय जनसित यात्रा गर्नु हो' भन्ने उत्तरलाई वास्तवमा चयन गरिएको थियो । हामी यो बुझ्न सक्छौं कि, आफ्ना प्रिय जनहरूसित यात्रा गर्दा, हामीलाई लामो दूरी पनि छोटो लाग्दछ । त्यसैगरी, यदि हामी परमेश्वरलाई प्रेम गर्दछौं भने, हामीलाई उहाँको वचन पालन गर्न कठिन लाग्नेछैन (१ यूहन्ना ५:३) । हामीलाई दुःख दिनको लागि परमेश्वरले हामीलाई व्यवस्था दिनुभएको र उहाँका आज्ञाहरू पालन गर्नू भनी भन्नु भएको होइन ।

'व्यवस्था' भन्ने शब्द 'तोरह' भन्ने हिब्रू शब्दबाट आएको हो जसको अर्थ 'ऐन' र 'शिक्षा' भन्ने हुँदछ । तोरहले विशेषतः पेन्टटचूक (पुरानो करारको पहिलो पाँच पुस्तकहरू) लाई जनाउँदछ जसअन्तर्गत दश आज्ञाहरू पर्दछन् । तर, "व्यवस्था" ले सम्पूर्ण रूपमा बाइबलका ६६ वटै पुस्तकहरूलाई पनि जनाउँदछ वा हामीलाई निश्चित कुराहरू गर, नगर, राख वा फाल भनी परमेश्वरले दिनुभएका नियमहरूलाई पनि

प्रस्तावना

जनाउँदछ । व्यवस्था र प्रेम एक आपसमा सम्बन्धित कुराहरू होइनन् भनी मानिसहरूले सोच्न सक्छन्, तर यी कुराहरूलाई अलग गर्न सकिँदैन । प्रेम परमेश्वर बाट आउँछ, र परमेश्वरलाई प्रेम नगरी हामी व्यवस्था पूर्ण रूपले पालन गर्न सक्दैनौं । हामीले प्रेमका साथ आज्ञापालन गर्दा मात्रै व्यवस्था पूरा गर्न सकिन्छ ।

प्रेमको शक्तिलाई प्रकट गर्ने एउटा कथा छ । एउटा जवान मानिसले सानो विमानलाई उडाएर मरुभूमि पार गर्ने क्रममा ऊ दुर्घटनामा पऱ्यो । उसका बुवा एक अत्यन्तै धनी मानिस थिए, र उनले आफ्नो छोराको खोजी गर्न एक उद्धार टोली पनि खटाए, तर त्यो व्यर्थ भयो । त्यसैले उनले मरुभूमिमा लाखौंको संख्यामा पर्चाहरू फिँजाए । उनले त्यो पर्चामा, 'छोरा, म तिमीलाई प्रेम गर्छु' भनी लेखेका थिए । मरुभूमिमा भौतारिरहेको उनको छोराले त्यो पर्चा भेट्टायो र त्यसले अन्ततः उसलाई त्यहाँबाट उम्कने साहस दियो । बुवाको त्यो साँचो प्रेमले उनको छोरालाई बचायो । ती बुवाले मरुभूमिभरि पर्चाहरू फिँजाए झैं, हामीले पनि परमेश्वरको प्रेम अनगिन्ती आत्माहरूसम्म पुऱ्याउनु हाम्रो जिम्मेवारी हो ।

पापी मानव जातिलाई बचाउनका निम्ति आफ्नो एक मात्र पुत्र येशूलाई यस पृथ्वीमा पठाउनुभएर परमेश्वरले उहाँको प्रेम प्रमाणित गर्नुभयो । तर येशूको समयमा व्यवस्थाका विज्ञहरूले केवल व्यवस्थाका औपचारिकताहरूमा जोड दिन्थे र तिनीहरूले परमेश्वरको साँचो प्रेमलाई बुझ्दैनथे । अन्ततः तिनीहरूले परमेश्वरको एक मात्र पुत्र ये

शूलाई व्यवस्था भङ्ग गर्ने ईश्वर निन्दक भनी आरोप लगाएर उहाँलाई क्रूसमा टाँगे। तिनीहरूले व्यवस्थामा अन्तर्निहित परमेश्वरको प्रेमलाई बुझेनन्।

१ कोरिन्थी १३ अध्यायमा 'आत्मिक प्रेम' को उदाहरणलाई राम्ररी चित्रण गरिएको छ। यसले हामीलाई परमेश्वरको प्रेमबारे बताउँदछ जसले पापको कारण मृत्युमा जान निश्चित भएका हामी मानव जातिहरूलाई बचाउनको निम्ति आफ्नो एक मात्र पुत्रलाई पठाउनुभयो र प्रभुको प्रेमबारे बताउँदछ जसले आफ्नो सबै स्वर्गीय वैभव त्यागेर क्रूसमा मर्नेसम्म गरी हामीलाई प्रेम गर्नुभयो। यदि हामी पनि परमेश्वरको यही प्रेम संसारमा मरिरहेका अनगिन्ती आत्माहरूमाझ पुऱ्याउन चाहन्छौं भने, हामीले यो आत्मिक प्रेमलाई महसूस गरेर यसलाई व्यवहारमा उतार्नु पर्दछ।

"एउटा नयाँ आज्ञा म तिमीहरूलाई दिँदछु : तिमीहरू एक-अर्कालाई प्रेम गर। तिमीहरूसँग मैले जस्तो प्रेम गरेको छु, तिमीहरूले पनि एक-अर्कालाई त्यस्तै प्रेम गर। यदि तिमीहरूले एक-अर्कालाई प्रेम गऱ्यौ भने, यसैबाट सबैले जान्नेछन्, कि तिमीहरू मेरा चेला हौ।" (यूहन्ना १३:३४-३५)

अब, आफूले कति मात्रामा आत्मिक प्रेम सम्वर्द्धन गरेका छौं र कति मात्रामा सत्यताद्वारा परिवर्तन भएका छौं भनी पाठकहरूले आफैंलाई जाँचेर हेर्नुभएको होस् भन्ने हेतुले यो पुस्तक प्रकाशित भएको छ। म सम्पादकीय विभागकी निर्देशक

ग्यूमसुन बिन र कर्मचारीहरूलाई धन्यवाद दिँदछु, र म आशा गर्दछु कि सबै पाठकहरूले प्रेमका साथ व्यवस्था पूरा गर्नुहुनेछ अनि अन्त्यमा सबैभन्दा सुन्दर स्वर्गीय निवासस्थान नयाँ यरूशलेमलाई आफ्नो बनाउनुहुनेछ ।

Jaerock Lee

परमेश्वरको प्रेमद्वारा सिद्ध प्रेम सम्वर्द्धन गरेर पाठकहरू परिवर्तन हुनुहुनेछ भनी म आशा गर्दछु।

एउटा टि.भी च्यानलले विवाहित महिलाहरूमा प्रश्नमालासहित शोध कार्य गरेको थियो । उनीहरूले पुन: आफ्नो श्रीमान् छान्ने मौका पाएमा फेरि त्यही श्रीमान्सितै विवाह गर्न चाहन्छन् कि चाँहदैनन् भन्ने प्रश्न सोधिएको थियो । त्यसको नतीजा आश्चर्यजनक थियो । केवल ४ % महिलाहरूले मात्रै त्यही श्रीमान्लाई छान्ने कुरा बताए । उनीहरूले पक्कै पनि आफ्ना श्रीमान्हरूलाई प्रेम गरेकै कारण तिनीहरूसित विवाह गरेको हुनुपर्दछ र किन उनीहरूले आफ्नो मन परिवर्तन गरे त ? किनभने उनीहरूले आत्मिक प्रेमद्वारा प्रेम गरेका थिएनन् । यस पुस्तक प्रेम : व्यवस्थाको पूर्तिले हामीलाई आत्मिक प्रेमबारे सिकाउनेछ।

भाग १ "प्रेमको महत्व/सार्थकता" ले श्रीमान् र श्रीमती, आमाबुवा र छोराछोरी अनि साथीभाइ र छरछिमेकीहरूबीच हुने विभिन्न प्रकारका प्रेमहरूबारे चर्चा गर्दछ, अनि शारीरिक प्रेम र आत्मिक प्रेमबीचको भिन्नताबारे हामीलाई अवगत गराउँदछ। आत्मिक प्रेम भनेको कुनै कुरा पाउने आशा नराखी अरूलाई अपरिवर्तनिय हृदयद्वारा प्रेम गर्नु हो । यसको ठीक विपरीत, शारीरिक प्रेम विभिन्न अवस्था र परिस्थितिहरूमा परिवर्तन हुँदछ, र यसकारण आत्मिक प्रेम अमूल्य र सुन्दर हुन्छ।

भाग २ "प्रेमको अध्यायमा भएको प्रेम" ले १ कोरिन्थी १३ अध्यायलाई तीन भागमा वर्गीकरण गर्दछ । पहिलो भाग, "परमेश्वरले चाहनुहुने खालको प्रेम" परिचयात्मक अध्याय हो जसले आत्मिक प्रेमको महत्वलाई जोड दिँदछ । दोस्रो भाग, "प्रेमका गुणहरू" (१ कोरिन्थी १३:४-७), प्रेम अध्यायको मुख्य भाग हो, र यसले हामीलाई आत्मिक प्रेमका पन्ध्रवटा गुणहरूबारे बताउँदछ । तेस्रो भाग, "सिद्ध प्रेम", प्रेम अध्यायको निष्कर्ष हो, जसले हामीलाई यो अवगत गराउँदछ कि हामीले यस पृथ्वीमा जीवन जिउँदा स्वर्गको राज्यतिर अघि बढ्ने क्रममा विश्वास र आशा अस्थायी रूपमा आवश्यक छन् तर प्रेम भने स्वर्गको राज्यमा समेत अनन्तसम्म रहिरहन्छ ।

भाग ३, "प्रेम व्यवस्थाको पूर्ति हो", ले प्रेमका साथ व्यवस्था पूरा गर्नु भनेको के हो भन्नी व्याख्या गर्दछ । यसले परमेश्वरको प्रेमलाई बुझाउँदछ जसले हामी मानव जातिलाई यस पृथ्वीमा सम्वर्द्धन गर्नुहुन्छ र ख्रीष्टको प्रेमलाई बुझाउँदछ जसले हाम्रो निम्ति मुक्तिको मार्ग खोलिदिनुभएको छ ।

"प्रेमको अध्याय" बाइबलका १,१८९ वटा अध्यायहरूमध्ये केवल एक अध्याय हो । तर यो गाड्धनसम्म पुऱ्याउने मार्गको नक्सा जस्तै हो जसले हामीलाई ठूलो गाड्धन पत्ता लगाउने मार्ग देखाउँदछ, किनकि यसले हामीलाई नयाँ यरूशलेमसम्म पुग्ने मार्गको बारेमा विस्तृत रूपमा सिकाउँदछ । हामीसित गाड्धनसम्म पुऱ्याउने मार्गको चित्र भएतापनि र हामीलाई बाटो थाहा भएतापनि, यदि हामी त्यो मार्गमा हिँड्दैनौं भने

त्यो व्यर्थ हुन्छ। अर्थात्, यदि हामी आत्मिक प्रेमलाई व्यवहारमा उतार्दैनौं भने, त्यो व्यर्थ हुन्छ।

परमेश्वर आत्मिक प्रेमसित खुशी हुनुहुन्छ र हामी जतिमात्रामा सत्य, अर्थात् परमेश्वरको वचन सुन्छौं र पालन गर्छौं, त्यति नै मात्रामा हामी यो आत्मिक प्रेम प्राप्त गर्न सक्छौं। हामीले एक पटक आत्मिक प्रेम धारण गरेपछि, हामी परमेश्वरको प्रेम र आशिषहरू प्राप्त गर्न सक्छौं र अन्त्यमा, स्वर्गको सबैभन्दा सुन्दर निवासस्थान नयाँ यरूशलेममा प्रवेश गर्न सक्छौं। परमेश्वरले मानिसहरूलाई सृष्टि गर्नुभएर सम्वर्द्धन गर्नुको प्रमुख उद्देश्य नै प्रेम हो। सबै पाठकहरूले सर्वप्रथम परमेश्वरलाई प्रेम गर्नुभएको होस् र आफ्ना छिमेकीहरूलाई आफूलाई झैं प्रेम गर्नुभएर नयाँ यरूशलेमको मोतीका ढोकाहरू खोल्ने साँचाहरू प्राप्त गर्नुभएको होस् भनी म प्रार्थना गर्दछु।

ग्यूमसुन बिन

निर्देशक, सम्पादकीय विभाग

विषयवस्तु

प्रस्तावना

परिचय

भाग १ प्रेमको महत्व/सार्थकता

अध्याय १ आत्मिक प्रेम

अध्याय २ शारीरिक प्रेम

भाग २ प्रेमको अध्यायमा भएको प्रेम

अध्याय १ परमेश्वरले चाहनुहुने खालको प्रेम

अध्याय २ प्रेमका गुणहरू

अध्याय ३ सिद्ध प्रेम

भाग ३ प्रेम व्यवस्थाको पूर्ति हा

अध्याय १ परमेश्वरको प्रेम

अध्याय २ ख्रीष्टको प्रेम

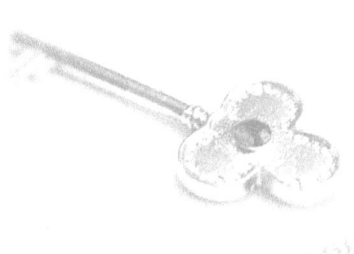

लूका ६:३२

"तिमीहरूलाई प्रेम गर्नेहरूसँग प्रेम गर्दछौ भने, तिमीहरूलाई के लाभ भयो ? किनकि पापीहरूले पनि आफूलाई प्रेम गर्नेहरूसँग प्रेम गर्दछन् ।"

भाग १
प्रेमको महत्व/सार्थकता

अध्याय १ आत्मिक प्रेम

अध्याय २ शारीरिक प्रेम

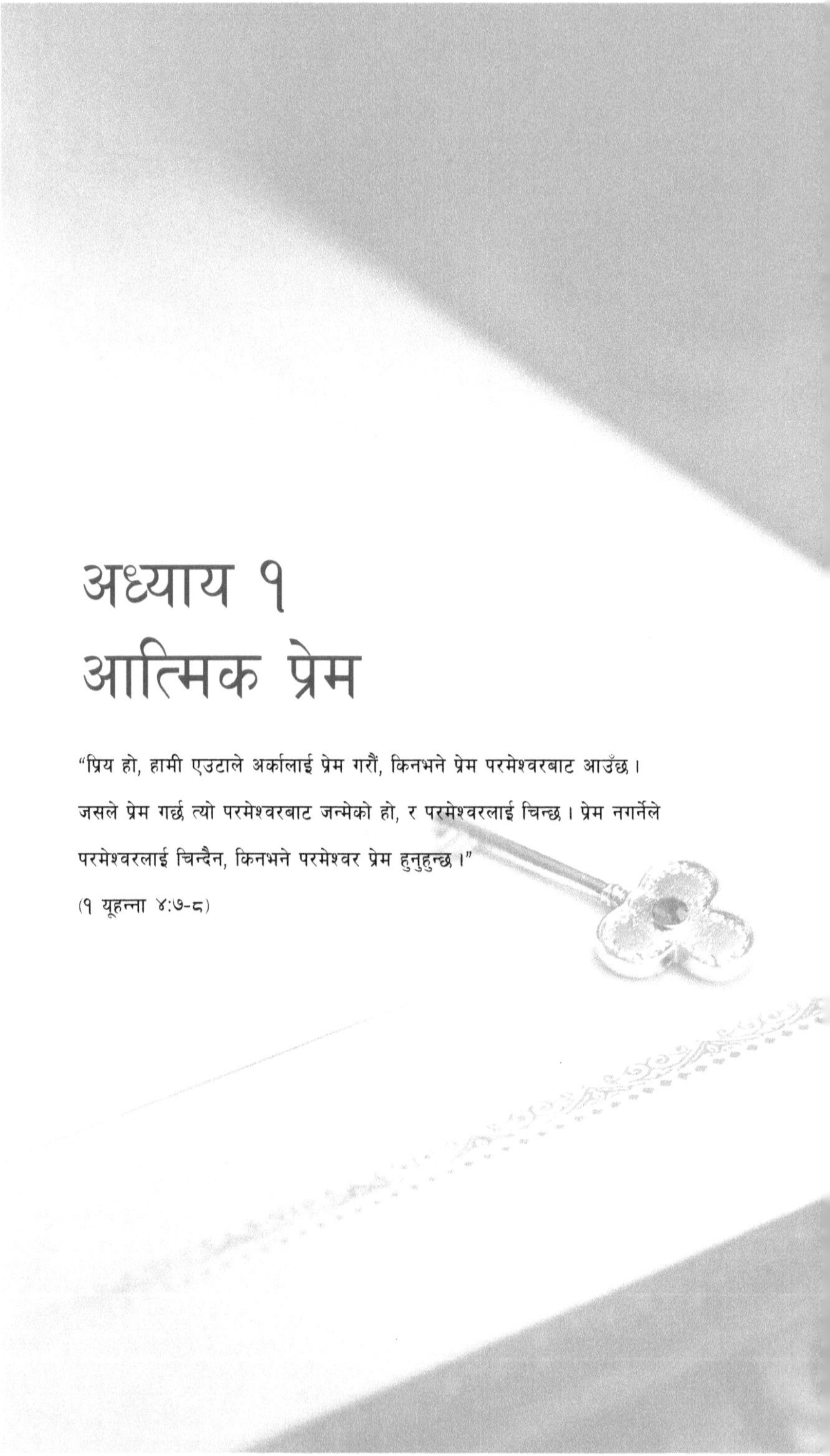

अध्याय १
आत्मिक प्रेम

"प्रिय हो, हामी एउटाले अर्कालाई प्रेम गरौं, किनभने प्रेम परमेश्वरबाट आउँछ। जसले प्रेम गर्छ त्यो परमेश्वरबाट जन्मेको हो, र परमेश्वरलाई चिन्छ। प्रेम नगर्नेले परमेश्वरलाई चिन्दैन, किनभने परमेश्वर प्रेम हुनुहुन्छ।"

(१ यूहन्ना ४:७-८)

"प्रेम" भन्ने शब्द केवल सुन्नासाथ त्यसले हाम्रो हृदयको धड्कनलाई बढाउँदछ र हाम्रो मनलाई स्पन्दित तुल्याउँदछ । यदि हामी कसैलाई प्रेम गर्न र हाम्रो जीवनभरि साँचो प्रेम बाँड्चूड गर्न सक्छौं भने, त्यो जीवन अत्याधिक खुशीले भरिनेछ । कहिलेकाहीं हामी कतिपय मानिसहरूका बारेमा सुन्दछौं जसले मृत्युसरहका परिस्थितिहरूलाई जितेर प्रेमको शक्तिद्वारा आफ्नो जीवन सुन्दर बनाएका हुन्छन् । खुशीले भरपूर जीवन जिउनका लागि प्रेम अत्यावश्यक हुन्छ ; यसमा हाम्रो जीवन परिवर्तन गराउने महान् शक्ति हुन्छ ।

मेरियम-वेबस्टर अनलाइन शब्दकोशले प्रेमलाई "नाता वा व्यक्तिगत सम्बन्धको कारणले गर्दा उत्पन्न हुने प्रबल अनुराग" वा "सराहना, उदारता वा साझा अभिरुचिमा आधारित स्नेह" भनी परिभाषित गरेको छ ।

आफ्नो श्रीमान्लाई चर्चमा डोऱ्याउने एक महिलाको कथा

एक जना महिला आफ्नो इसाई जीवनमा विश्वासयोग्य हुनुहुन्थ्यो । तर उहाँको श्रीमान्लाई उहाँ चर्च जानुभएको मन पर्दैनथ्यो र आफ्नो श्रीमतीलाई दुःख दिने गर्नुहुन्थ्यो । त्यस्तो कठिनाइमा समेत ती महिला प्रत्येक दिन बिहानको प्रार्थना सभामा जानुहुन्थ्यो र आफ्नो श्रीमान्को निम्ति प्रार्थना गर्नुहुन्थ्यो । एक दिन, उहाँ बिहान सबेरै आफ्नो श्रीमान्को जुत्ता साथमा लिएर प्रार्थना गर्न जानु भयो । त्यो जुत्तालाई आफ्नो छातीमा टाँसेर उहाँले यसो भनी आँसुका साथ प्रार्थना गर्नुभयो, "परमेश्वर, आज केवल यी जुत्ताहरू चर्च आएका छन्, तर अर्को पटक, यी जुत्ताको मालिक पनि चर्च आउन सक्नुभएको होस् ।"

केही समयपछि, एउटा उदेकलाग्दो कुरो भयो । त्यो श्रीमान् चर्च आउनुभयो । वास्तवमा यस्तो भएको रहेछ, त्यो श्रीमान् काममा जान घरबाट निस्कनु हुँदा, उहाँलाई

आफ्नो जुत्ता न्यानो हुने गरेको महसूस हुन थालेछ । अनि एक दिन, उहाँले आफ्नो श्रीमतीले आफ्नो जुत्ता लिएर जाँदै गरेको देख्नु भएछ अनि उहाँ श्रीमतीको पछि-पछि लाग्नुभयो । श्रीमती एउटा चर्चभित्र पस्नुभयो ।

उहाँ व्याकुल हुनुभयो, तर उहाँ आफ्नो जिज्ञासा मेटाउन चाहनु हुन्थ्यो । आफ्नी श्रीमतीले आफ्नो जुत्ता चर्चमा लगेर के गर्दै हुनुहुन्छ भनी उहाँ पत्ता लगाउन चाहनुहुन्थ्यो । उहाँ चुपचाप चर्चभित्र प्रवेश गर्नुहुँदा, उहाँको श्रीमती उहाँको जुत्तालाई छातीमा टाँसेर प्रार्थना गर्दै हुनुहुन्थ्यो । उहाँले त्यो प्रार्थना सुन्नुभयो, र प्रार्थनाको प्रत्येक शब्द उहाँको उन्नति र आशिषहरूका निम्ति थिए । त्यसले उहाँको हृदय छोयो, र आफूले आफ्नो श्रीमतीलाई नराम्रो व्यवहार गरेकोमा उहाँ दुःखित हुनुभयो । अन्ततः त्यो श्रीमान् आफ्नो श्रीमतीको प्रेमबाट प्रभावित हुनुभएर एक सच्चा इसाई बन्नुभयो ।

यस्तो प्रकारको परिस्थितिमा धेरैजसो श्रीमतीहरूले मलाई यसो भन्दै उहाँहरूको निम्ति प्रार्थना गरिदिन अनुरोध गर्नुहुन्छ, "म चर्च आएको कारण मेरो श्रीमान्ले मलाई दुःख दिइरहनुभएको छ । मेरो श्रीमान्ले मलाई सतावट दिन छोड्नुभएको होस् भनी कृपया मेरो निम्ति प्रार्थना गरिदिनुहोस् ।" तर म यसरी उत्तर दिन्छु, "चाँडै पवित्र भएर आत्मामा आउनुहोस् । यो नै तपाईंको समस्या समाधान गर्ने उपाय हो ।" उहाँहरू जति मात्रामा पापहरू त्यागेर आत्मामा प्रवेश गर्नुहुन्छ त्यति नै मात्रामा उहाँहरूले आफ्ना श्रीमान्हरूलाई आत्मिक प्रेम दिनुहुनेछ । बलिदानका साथ हृदयदेखि नै श्रीमान्को सेवा गर्ने श्रीमतीलाई कुनचाहिँ श्रीमान्ले दुःख दिनुहुनेछ र ?

विगतमा, श्रीमतीले सबै दोष आफ्नो श्रीमान्माथि थुपार्नु हुन्थ्यो, तर अब सत्यद्वारा परिवर्तन भएर उहाँले आफ्नो दोष स्वीकार गरेर आफूलाई नम्र पार्नुहुन्छ । अनि, आत्मिक ज्योतिले अन्धकारलाई हटाएपछि श्रीमान् पनि परिवर्तन हुन सक्नुहुन्छ । आफूलाई दुःख दिने व्यक्तिको लागि कसले प्रार्थना गर्न सक्छ र ? उपेक्षित छरछिमेकीहरूका निम्ति आफूलाई बलिदान गरेर कसले ती मानिसहरूमाझ साँचो प्रेम फै

लाउन सक्छ र ? प्रभुबाट साँचो प्रेम सिकेका परमेश्वरका सन्तानहरूले यस्तो प्रेम अरूलाई दिन सक्छन् ।

दाऊद र जोनाथनबीचको अपरिवर्तनीय प्रेम र मित्रता

जोनाथन इस्राएलको पहिलो राजा शाऊलको छोरा हुनुहुन्थ्यो । जब उहाँले पलिश्तीहरूको वीर, गोल्यतलाई दाऊदले एउटा घुयेँत्रो र एउटा ढुङ्गाद्वारा पराजित गर्नुभएको देख्नुभयो, तब दाऊद परमेश्वरको आत्माले चलाउनुभएको योद्धा हुनुहुन्छ भनी उहाँले थाहा पाउनुभयो । जोनाथन आफैं सेनापति हुनुभएतापनि उहाँको हृदय दाऊदको साहसबाट प्रभावित भएको थियो । त्यो समयदेखि जोनाथनले दाऊदलाई आफैंलाई झैं प्रेम गर्नुभयो र उहाँहरूबीच निकै बलियो मित्रता गाँसियो । जोनाथनले दाऊदलाई यति धेरै प्रेम गर्नुभयो कि दाऊदको खातिर उहाँले जे पनि गर्नुहुन्थ्यो ।

> दाऊदले शाऊलसँग बातचित गरिसकेपछि, जोनाथन दाऊदसँग आत्मामा एक भए, र आफूलाई झैं तिनलाई प्रेम गर्न लागे । त्यस दिनदेखि शाऊलले दाऊदलाई आफूसित राखे, र आफ्ना बाबुको घरमा फेरि फर्किजान दिएनन् । जोनाथनले दाऊदलाई आफैंलाई झैं प्रेम गरेका हुनाले, जोनाथनले तिनीसँग एउटा करार बाँधे । तब जोनाथनले आफूले लाएका खास्टो र लबेदा फुकाले, र ती दाऊदलाई आफ्नो तरवार, धनु र पेटीसमेत दिए (१ शमूएल १८:१-४) ।

राजा शाऊलको जेठो छोरो भएको कारण उहाँ सिंहासनको उत्तराधिकारी हुनुहुन्थ्यो, र उहाँले सजिलैसित दाऊदलाई घृणा गर्न सक्नुहुन्थ्यो किनकि दाऊदलाई मानिसहरूले अत्यन्तै प्रेम गर्दथे । तर आफ्नो सिंहासनलाई जोगाउन शाऊलले दाऊदलाई मार्न

प्रयत्न गरिरहेको समयमा, जोनाथनले दाऊदलाई बचाउन आफ्नै ज्यान जोखिममा पार्नुभयो । त्यस्तो प्रेम उहाँको मृत्युसम्मै परिवर्तन भएन । गिल्बो डाँडाको युद्धमा जोनाथन मारिनुहुँदा, दाऊदले साँझपखसम्मै विलाप गर्नुभयो, रुनुभयो र उपवास बस्नुभयो ।

हे जोनाथन, मेरा भाइ, तिम्रो निम्ति म विलाप गर्दछु । तिमी मेरो निम्ति प्रिय र मनपर्दा थियौ । मप्रतिको तिम्रो प्रेम अचम्मको थियो, स्त्रीको प्रेमलाई जित्ने (२ शमूएल १:२६) ।

दाऊद राजा बन्नुभएपछि, उहाँले जोनाथनको एउटै छोरो मपीबोशेतलाई भेट्टाउनुभयो, उनलाई शाऊलका सबै जग्गाजमीन फर्काइदिनुभयो, र आफ्नै छोराझैं गरी राजमहलमा उनको हेरचाह गर्नुभयो (२ शमूएल ९) । यसरी, आत्मिक प्रेम भनेको आफ्नो सारा जीवन नै लगाएर कसैलाई अपरिवर्तनीय हृदयका साथ प्रेम गर्नु हो । त्यो प्रेमले आफूलाई कुनै फाइदा नपुऱ्याएर उल्टो घाटा वा नोक्सानी नै गराउँछ भने पनि प्रेम गरिरहनुचाहिँ आत्मिक प्रेम हो । कसैबाट कुनै कुरा पाउने आशा राखेर अरूप्रति केवल राम्रो व्यवहार देखाउनु साँचो प्रेम होइन । आत्मिक प्रेम भनेको शुद्ध र सच्चा उद्देश्यका साथ आफूलाई बलिदान गरेर विना कुनै शर्त अरूलाई दिइरहनु हो ।

हामीप्रति परमेश्वर र प्रभुको अपरिवर्तनीय प्रेम

धेरै मानिसहरूले आफ्नो जीवनमा शारीरिक प्रेमको कारणले गर्दा हृदय विदारक पीडा भोग्दछन् । सजिलैसित परिवर्तन हुने प्रेमको कारणले गर्दा हामी पीडित हुँदा र एक्लो महसूस गर्दा, कोही हुनुहुन्छ जसले हामीलाई सान्त्वना दिनुहुन्छ र हाम्रो मित्र बन्नुहुन्छ । उहाँ प्रभु हुनुहुन्छ । उहाँ निर्दोष हुनुभएतापनि मानिसहरूबाट अवहेलित

हुनुभयो र त्यागिनुभयो (यशैया ५३:३), त्यसैले उहाँले हाम्रो हृदय राम्रोसित बुझ्नुहुन्छ । कष्टको मार्गलाई अपनाउन उहाँले आफ्नो स्वर्गीय महिमा त्याग्नुभयो र यस पृथ्वीमा ओ र्लिआउनुभयो । यसो गरेर उहाँ हामीलाई साँचो सान्त्वना दिने व्यक्ति र मित्र बन्नुभएको छ । उहाँ क्रूसमा नमर्नुभएसम्म उहाँले हामीलाई साँचो प्रेम दिइरहनुभयो ।

मैले परमेश्वरमा विश्वास गर्नुभन्दा अघि, म धेरै रोगहरूबाट ग्रसित थिएँ र गर ीबीको कारण पीडा र एक्लोपना मैले महसूस गरेको थिएँ । सात वर्षसम्म बिरामी भएपछि, म रोगी शरीर, बढ्दो ऋण, मानिसहरूको हेला, एक्लोपन र निराशा लिएर जीवन जिइरहेको थिएँ । मैले भरोसा र प्रेम गरेकाहरू सबैले मलाई छोडेर गए । तर सम्पूणै ब्रह्माण्डमा पूर्ण रूपले एक्लो महसूस गरेको बेला कोही मकहाँ आउनुभयो । उहाँ परमेश्वर हुनुहुन्थ्यो । मैले परमेश्वरलाई भेटेपछि, मेरा सबै रोगहरू एकैपटकमा निको भए र मैले नयाँ जीवन जिउन शुरू गरें ।

परमेश्वरले मलाई दिनुभएको प्रेम सित्तैंमा दिइएको उपहार थियो । मैले उहाँलाई पहिला प्रेम गरको थिइनँ । उहाँ नै पहिला मकहाँ आउनुभयो र मतिर आफ्नो हात पसार्नुभयो । मैले बाइबल पढ्न थालेपछि, मप्रतिको परमेश्वरको प्रेमको स्वीकारोक्ति मैले सुन्न सकें ।

के कुनै आगाले आफ्नो दूधेबालकलाई बिर्सन सक्छे र ? आफूले जन्माएको बालकलाई के त्यसले टिठ्याउँदिनँ र ? त्यसले बिर्सन पनि सक्छे, तर म त तँलाई बिर्सन सक्दिनँ । हेर्, मैले तँलाई मेरो हत्केलामा खोपेको छु । तेरा पर्खालहरू निरन्तर मेरै सामुन्ने छन् (यशैया ४९:१५-१६) ।

परमेश्वरको प्रेम हाम्रा माझमा यसरी प्रकट भयो, कि उहाँले आफ्ना एकमात्र पुत्र संसारमा पठाउनुभयो, ताकि पुत्रद्वारा हामी जिउन सकौं । प्रेम यसै

मा छ, कि हामीले परमेश्वरलाई प्रेम गरेका होइनौं, तर उहाँले हामीलाई प्रेम गर्नुभयो, र हाम्रा पापको प्रायश्चित हुनका निम्ति आफ्ना पुत्र पठाउनुभयो (१ यूहन्ना ४:९-१०)।

म मेरा कष्टहरूमा संघर्षरत रहँदा सबैले मलाई त्यागेतापनि परमेश्वरले मलाई त्याग्नुभएन। उहाँको प्रेम अनुभव गर्दा, मैले मेरो आँखामा गहभरी आँसु आउनबाट रोक्न सकिनँ। आफूले भोगेका कष्टहरूको कारण परमेश्वरको प्रेम साँचो छ भनी मैले महसूस गर्न सकेँ। अब, म धेरै आत्माहरूको हृदयमा सान्त्वना दिन र मलाई दिइएको परमेश्वरको अनुग्रहको ऋण तिर्नका लागि, परमेश्वरको सेवक अर्थात् पास्टर बनेको छु। परमेश्वर स्वयम् प्रेम हुनुहुन्छ। हामी पापीहरूका लागि उहाँले आफ्नो एक मात्र पुत्र येशूलाई यस पृथ्वीमा पठाउनुभयो। अनि हामी स्वर्गको राज्यमा आउनका लागि उहाँले हाम्रो प्रतीक्षा गरिरहनु भएको छ, जहाँ उहाँले हाम्रा निम्ति सुन्दर र अमूल्य थोकहरू राखिदिनुभएको छ। यदि हामीले आफ्नो हृदय थोरै मात्र खोल्ने हो भने पनि हामी परमेश्वरको कोमल र प्रशस्त प्रेम महसूस गर्न सक्छौं।

उहाँको अदृश्य गुण, अर्थात् उहाँको अनन्त शक्ति र ईश्वरीय स्वभाव संसारको सृष्टिदेखि नै बनाइएका थोकहरूमा छर्लङ्ग देखिएको छ। यसैले यिनीहरूलाई कुनै किसिमको बहाना छैन (रोमी १:२०)।

तपाईं किन सुन्दर प्रकृतिको बारेमा सोच्नु हुन्न ? नीलो आकाश, सफा समुद्र र सबै रूख अनि बोट बिरूवाहरू परमेश्वरले हाम्रो निम्ति बनाइदिनुभएको हो ताकि हामी स्वर्गको राज्यमा नपुगुञ्जेलसम्म यस पृथ्वीमा रहँदा हामीमा स्वर्गको आशा रहेको होस्। समुद्रको किनारलाई छुने छालहरू, नाचेझैं गरी चम्कने ताराहरू, ठूला छाँगाहरूको गर्जन र हाम्रै छेउबाट बहने मन्द बतासबाट हामी परमेश्वरको सासले हामीलाई 'म

तिमीलाई प्रेम गर्छु' भनेर भनिरहनुभएको अनुभव गर्न सक्छौं । हामी यस्तो प्रेमिलो परमेश्वरका सन्तानहरूको रूपमा चुनिएको कारण, हामीमा कस्तो प्रकारको प्रेम हुनुपर्दछ त ? हामीमा परिस्थिति फाइदाजनक नहुँदा परिवर्तन हुने अर्थहीन प्रेम होइन तर अनन्त र साँचो प्रेम हुनुपर्दछ ।

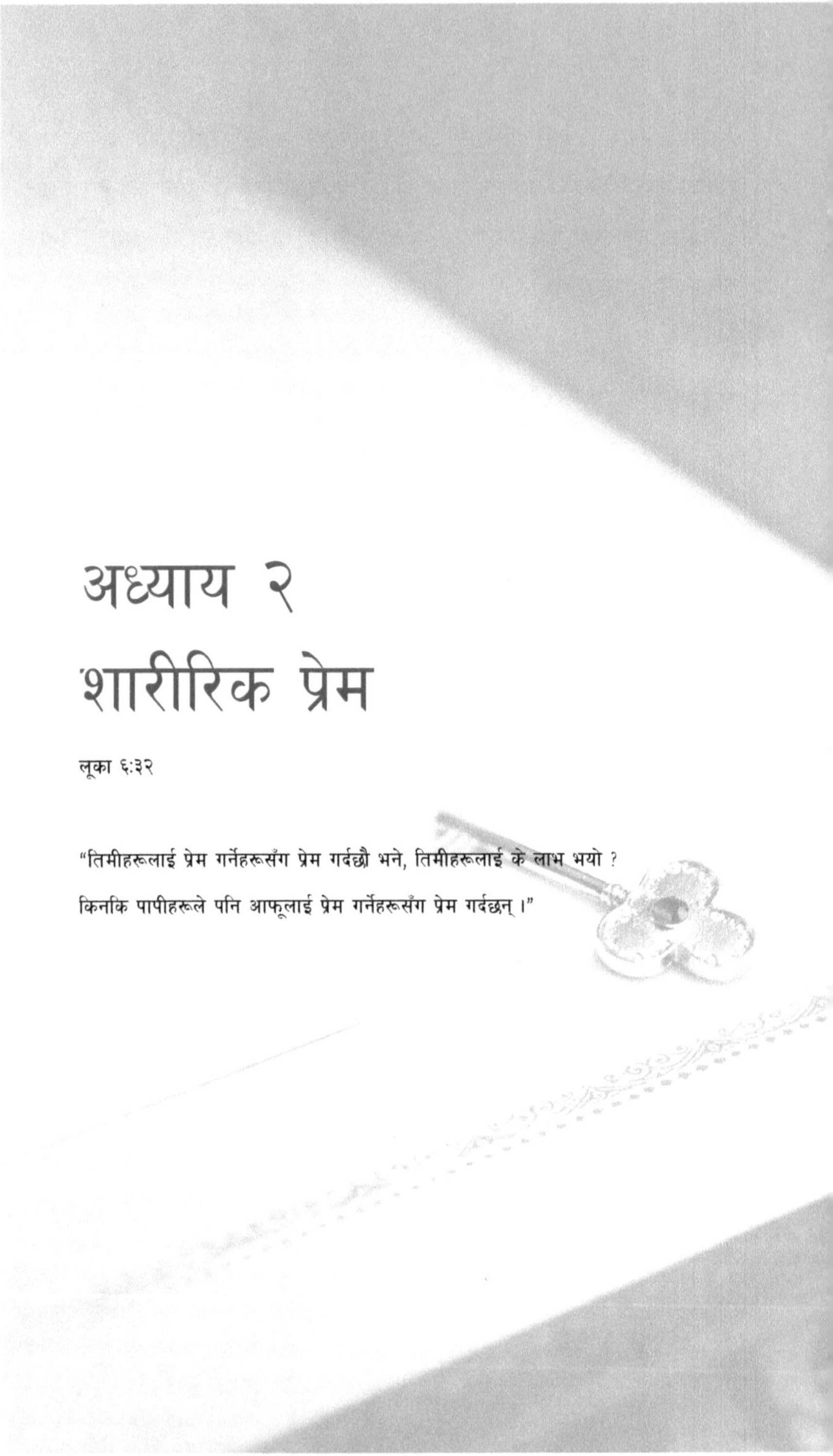

अध्याय २
शारीरिक प्रेम

लूका ६:३२

"तिमीहरूलाई प्रेम गर्नेहरूसँग प्रेम गर्दछौ भने, तिमीहरूलाई के लाभ भयो ? किनकि पापीहरूले पनि आफूलाई प्रेम गर्नेहरूसँग प्रेम गर्दछन्।"

एक जना व्यक्ति ठूलो भीडको अघि गालीलको समुद्र सामु उभिरहनु भएको छ। उहाँको पछाडि भएको समुद्रमा नीला तरङ्गहरू मन्द बतासको झोंकामा नाचिरहेझैं देखिन्छन्। सबै मानिसहरू उहाँका वचनहरू सुन्नका लागि चुपचाप बसिरहेका छन्। सानो डाँडामा यत्रतत्र बसिरहेका मानिसहरूको भीडलाई, उहाँले कोमल तर दृढ स्वरमा संसारको ज्योति र नून बन्नका लागि अनि शत्रुहरूलाई समेत प्रेम गर्नका लागि भनिरहनुभएको छ।

> किनभने यदि तिमीहरूसँग प्रेम गर्नेहरूलाई मात्र प्रेम गर्दछौ भने, तिमीहरूलाई के इनाम छ ? के महसूल उठाउनेहरूले पनि त्यसै गर्दैनन् र ? तिमीहरूले आफ्ना दाज्यू-भाइहरूलाई मात्र अभिवादन गर्छौ भने अरूहरूले भन्दा बढी के गर्‍यौ र ? के अन्यजातिहरूले पनि त्यसै गर्दैनन् र ? (मत्ती ५:४६-४७)

येशूले यहाँ भन्नुभएझैं, अविश्वासीहरू र दुष्टहरूले समेत आफूप्रति राम्रो व्यवहार गर्नेहरूलाई र आफूलाई फाइदा पुर्‍याउनेहरूलाई प्रेम देखाउन सक्छन्। यो पनि झूटो प्रेम हो, जुन बाहिरबाट हेर्दा राम्रो देखिन्छ तर भित्र साँचो हुँदैन। शारीरिक प्रेम केही समयपछि परिवर्तन हुँदछ र स-साना कुराहरूको कारणले गर्दा पनि त्यस्तो प्रेम टुट्दछ र नष्ट हुँदछ।

समय बित्दै जाँदा शारीरिक प्रेम कुनै पनि बेला परिवर्तन हुन सक्छ। यदि परिस्थिति वा अवस्थाहरू परिवर्तन भए भने, शारीरिक प्रेम परिवर्तन हुन सक्छ। मानिसहरूले प्रायजसो कुनै पनि लाभ वा फाइदा पाउने कुराहरूमा आफ्नो विचार वा मनस्थितिलाई परिवर्तन गर्न सक्छन्। मानिसहरूले पहिला अरूबाट केही कुरा पाएपछि मात्र आफूले दिन्छन् वा कसैलाई केही दिदाँ त्यसले आफूलाई फाइदा पुर्‍याउँछ भने मात्र दिन्छन्। यदि हामी कसैलाई केही कुरा दिएर त्यति नै मात्रामा फेरि फिर्ता पाउन

चाहन्छौं, वा अरूले हामीलाई फिर्तामा केही कुरा नदिदाँ हामी निराश हुन्छौं भने त्यो पनि हामीमा शरीरिक प्रेम भएको कारणले गर्दा हो ।

आमाबुवा र छोराछोरीबीचको प्रेम

आफ्नो छोराछोरीलाई दिइरहन चाहने आमाबुवाको प्रेमले धेरैको हृदयलाई छुँदछ । आफ्नो सारा शक्ति लगाएर छोराछोरीको हेरचाह गरेतापनि आमाबुवाले गाह्रो भयो भनी भन्दैनन् किनकि उनीहरू आफ्ना छोराछोरीहरूलाई प्रेम गर्छन् । आफूले राम्रो खान वा लाउन नसकेपनि प्रायजसो आमाबुवामा आफ्ना छोराछोरीलाई राम्रा कुराहरू दिने चाहना हुन्छ । तर आफ्ना छोराछोरीहरूलाई प्रेम गर्ने आमाबुवाहरूले पनि हृदयको एक कुनामा आफ्नो फाइदा खोज्दछन् ।

यदि उनीहरूले साँच्चै आफ्ना छोराछोरीहरूलाई प्रेम गर्ने हो भने, केही पनि कुरा फिर्ता पाउने आशा नराखी उनीहरूले आफ्नो जीवन पनि दिन सक्नुपर्दछ । तर वास्तवमा धेरै आमाबुवाले आफ्नै फाइदा र सम्मानको निम्ति छोराछोरी हुर्काउँदछन् । उनीहरूले यसो भन्दछन्, "म यो तिम्रै भलाइको निम्ति भनिरहेको छु" तर वास्तवमा नाम कमाउने चाहना वा आर्थिक फाइदाको निम्ति पनि उनीहरूले आफ्ना छोराछोरीहरूलाई नजानिँदो पाराले नियन्त्रण गर्न खोज्छन् । छोराछोरीहरूले कुनै पेशा रोज्दा वा विवाह गर्दा, यदि उनीहरूले आमाबुवालाई मन नपर्ने पेशा वा जीवनसाथी रोजे भने, आमाबुवाहरूले त्यो कुराको घोर विरोध गर्दछन् र निराश हुँदछन् । यसले यो प्रमाणित गर्दछ कि, वास्तवमा आफ्ना छोराछोरीहरूप्रतिको उनीहरूको समर्पणता र बलिदान सशर्त थियो । आफूले दिएको प्रेमको बदलामा उनीहरू आफ्ना छोराछोरीहरूबाट आफूले चाहेका कुराहरू प्राप्त गर्न चाहन्छन् ।

प्रायजसो छोराछोरीहरूको प्रेम त झन् आमाबुवाहरूको भन्दा कम हुन्छ। एउटा कोरियन भनाइ यस्तो छ, "यदि आमाबुवा लामो समयसम्म बिरामी हुने हो भने, सबै छोरछोरीहरूले आफ्ना आमाबुवालाई त्याग्नेछन्।" यदि आमाबुवा बिरामी र वृद्ध छन् अनि त्यो रोग निको हुने कुनै सम्भावना छैन भने, त्यस्तो अवस्थामा छोराछोरीहरूले आमाबुवाको हेरचाह गर्नु परेको खण्डमा ती छोराछोरीहरूलाई साह्रै गाह्रो लाग्ने गर्दछ। सानो छँदा, उनीहरूले यस्तो समेत भन्ने गर्दछन्, "म विवाह गर्दिनँ अनि आमा, बुवा म तपाईंहरूसितै बस्नेछु।" त्यतिबेला उनीहरूलाई पछिसम्मै बाँकीको जीवन आमाबुवासित बिताउँछु जस्तो लागेको हुन सक्छ। तर ठूलो हुँदै गएपछि आमाबुवाप्रतिको उनीहरूको चासो घट्दै जान्छ किनभने जीविका चलाउनका लागि कमाउनलाई उनीहरू व्यस्त हुन्छन्। यी दिनहरूमा मानिसहरूको हृदय पापप्रति यति चेतनशून्य भएको छ र दुष्टता यति साह्रो व्याप्त छ कि कतिपय अवस्थाहरूमा आमाबुवाले छोराछोरीको र छोराछोरीले आमाबुवाको हत्या गर्दछन्।

श्रीमान् र श्रीमतीबीचको प्रेम

विवाहित जोडिहरूबीचको प्रेम कस्तो हुन्छ त ? तिनीहरू यस्ता मीठा-मीठा कुरा गर्दछन्, "म तिमीविना बाँच्न सक्दिनँ। म तिमीलाई सदा प्रेम गर्नेछु।" तर उनीहरूको विवाह भएपछि के हुन्छ त ? तिनीहरू यसो भन्दै आफ्ना जीवनसाथीप्रति रोष प्रकट गर्दछन्, "तिम्रो कारणले गर्दा आफूले चाहेअनुसारको जीबन मैले जिउन सकिनँ। तिमीले मलाई छल गऱ्यौ।"

तिनीहरू एक-अर्काप्रति आफ्नो प्रेमको स्वीकारोक्ति दिने गर्दथे, तर विवाहपछि, तिनीहरू आफ्नो पारिवारिक पृष्ठभूमि, शिक्षा वा व्यक्तित्व मिल्दैन भन्ने सोचेर अक्सर छुटेर बस्ने वा पारपाचुके गर्ने जस्ता कुराहरूका बारेमा चर्चा गर्दछन्। यदि खाना

श्रीमान्ले चाहेजस्तो मीठो भएन भने, उसले यसो भन्दै आफ्नो श्रीमतीसित गनगन गर्दछ, "यो कस्तो खालको खाना हो ? खानेकुरा पनि केही छैन !" त्यस्तै, यदि श्रीमान्को कमाइ धेरै छैन भने, श्रीमतीले यसो भन्दै आफ्नो श्रीमान्लाई कचकच गर्दछे, "मेरो साथीको श्रीमान् त पदोन्नति भएर निर्देशकको पदमा पुगिसके र अर्को साथीको श्रीमान् चाहिँ कार्यकारी अधिकृत बनिसके..........खोइ त, तपाईंको पदोन्नतिचाहिँ कहिले हुन्छ...... र मेरो एउटी साथीले ठूलो घर र नयाँ कार किनिसकी, हामीले चाहिँ कहिले किन्ने ? कहिले हामी राम्रा-राम्रा कुराहरू पाउन सक्छौं ?"

कोरियामा हुने घरेलु हिंसाको तथ्याङ्कअनुसार प्रायजसो सबै विवाहित जोडीहरूमध्ये आधाजसोले आफ्ना जीवनसाथीको विरुद्ध हिंसा प्रयोग गर्दछन् । धेरै विवाहित जोडीहरूले आफ्नो पहिलो प्रेमलाई गुमाउँदछन् र एक अर्कालाई घृणा गर्न र आपसमा झगडा गर्न थाल्दछन् । हिजोआज त कतिपय जोडीहरूले मधुमासको समयमै पनि पारपाचुके गर्दछन् ! विवाहदेखि पारपाचुकेसम्मको औसत अवधि पनि छोटो हुँदै गएको छ । तिनीहरू आफ्ना जीवनसाथीहरूलाई धेरै प्रेम गर्छन् भनी सोच्ने गर्दथे, तर सँगै बस्ने क्रममा तिनीहरूले एक अर्काको नकारात्मक कुराहरू देख्न थाल्दछन् । तिनीहरूका सोच्ने तरिकाहरू र रूचिहरू फरक भएका हुनाले निरन्तर प्रत्येक मामिलामा तिनीहरूको टक्कर पर्दछ । यस्तो हुँदा, तिनीहरूले प्रेम भनी सोचेको तिनीहरूका सबै भावनाहरू सेलाएर जान्छन् ।

तिनीहरूबीच कुनै झगडा वा मनमुटाव नै नभएतापनि, तिनीहरूलाई एकअर्काको बानी परिसकेको हुन्छ र पहिलो प्रेमको भावना समय बित्दै जाँदा सेलाएर जान्छ । अनि, तिनीहरूले आफ्ना आँखा अन्य पुरूष वा महिलातिर डुलाउन थाल्छन् । बिहानीपख श्रीमतीलाई जिङ्ग्रिङ्ग परेको अवस्थामा देख्दा श्रीमान्लाई निराश लाग्दछ र श्रीमतीको उमेर र तौल बढ्दै जाँदा उसलाई आफ्नो श्रीमती आकर्षक लाग्न छोड्छ । समय बित्दै जाँदा प्रेम गहिरो हुनुपर्दछ, तर प्रायजसो अवस्थामा त्यस्तो हुँदैन । अन्ततः तिनीहरूमा

आएको परिवर्तनले यो देखाउँदछ कि तिनीहरूमा भएको प्रेम आफ्नै फाइदा खोज्ने शार ीरिक प्रेम थियो ।

दाजुभाइहरूबीचको प्रेम

एउटै आमाबुवाबाट जन्मिएर सँगै हुर्केका दाजुभाइ र दिदीबहिनीहरू अरू मानिसहरूभन्दा एक-अर्कासित बढी नजिक हुनुपर्दछ । धेरै कुराहरू बाँड्चूड गरेको र एक-अर्काप्रति प्रेम भएको कारण तिनीहरू धेरै कुरामा एक-अर्कामाथि भर पर्न सक्छन् । तर कतिपयले एक-अर्काबीच प्रतिस्पर्धा भएको महसूस गर्दछन् र अन्य दाजुभाइ र दिदीबहिनीहरूको डाह गर्दछन् ।

जेठो सन्तानलाई आमाबुवाले आफूलाई दिने प्रेम अब खोसिएर भाइबहिनीलाई दिइएको छ भन्ने सजिलैसित महसूस हुन सक्छ । दोस्रो सन्तानलाई आफ्नो दाइ वा दिदीको तुलनामा आफूलाई सानो महसूस भएर उसमा हीनताको भावना उत्पन्न हुन सक्छ । आफूभन्दा ठूला दाजु अनि दिदी र साना भाइ-बहिनी दुवै भएकाहरूलाई भने आफूभन्दा ठूलाप्रति हीनताको भावना र सानाहरूका लागि सँधै समर्पण गर्नुपर्ने भएकोले तिनीहरूप्रति बोझको भावना महसूस हुन सक्छ । कतिपयले आफूतिर आफ्ना आमाबुवाको ध्यानाकर्षण गराउन नसक्दा उत्पीड़ित महसूस गर्छन् । यदि दाजूभाइ र दिदीबहिनीहरूले सही तवरले यस्ता भावनाहरूको सामना गरेनन् भने, उनीहरूबीच र ाम्रो सम्बन्ध कायम हुँदैन ।

मानव इतिहासको पहिलो हत्या पनि दाजुभाइबीचको डाहको कारण भएको थियो । आफ्नो भाइ हाबिलले परमेश्वरबाट आशिष् पाउँदा कयिनले डाह गरेको कारणले गर्दा त्यस्तो भएको थियो । त्यो समयदेखि यता, मानव इतिहासभरि नै दाजुभाइ र

दिदीबहिनीहरूबीच निरन्तर संघर्ष र झगडा हुँदै आएको छ । योसेफलाई उहाँका दाजुहरूले घृणा गरेर मिश्र देशमा कमाराको रूपमा बेचिदिएका थिए । दाऊदका छोरा, अब्शालोमले आफ्नै दाजु अमनोनलाई मार्नका लागि आफ्नो मानिस खटाए । आज, कति धेरै दाजुभाइ र दिदीबहिनीहरू आमाबुवाको सम्पत्ति अंशबण्डामा पाउनका लागि एक-आपसमा झगडा गर्छन् । तिनीहरू एक-अर्काका शत्रुझैं बन्दछन् ।

माथि उल्लेखित घटनाहरू झैं गम्भीर परिस्थितिहरू नभएतापनि, विवाह भएर परिवार शुरू गरेपछि, उनीहरूले पहिले जस्तो आफ्ना दाजुभाइ-दिदीबहिनीहरूको वास्ता गर्न सक्दैनन् । म ६ जना दाजु र दिदी मुनिको कान्छो छोरो थिएँ । मलाई मेरा दाजु र दिदीहरूले अत्यन्तै प्रेम गर्नुहुन्थ्यो, तर विभिन्न रोग बिमारहरूका कारण म सात वर्षसम्म ओछ्यानमा थला पर्दा, परिस्थितिहरू परिवर्तन भए । म उहाँहरूका निम्ति बोझ बन्दै गएँ । उहाँहरूले केही हदसम्म मेरो रोग निको पार्न प्रयत्न गर्नुभयो, तर केही आशा बाँकी नरहेको देखेपछि, उहाँहरूले मतिर आफ्नो पीँठ फर्काउनुभयो ।

छिमेकीहरूबीचको प्रेम

कोरियनहरूमाझ एउटा यस्तो अभिव्यक्ति पाइन्छ जसले “छिमेकीहरू दाजुभाइ सरह हुन्छन्” भन्ने आशय दिँदछ । यसको मतलब यो हो कि हाम्रा छिमेकीहरू हाम्रा परिवारका सदस्यहरूझैं नजिक हुन्छन् । विगत्मा धेरैजसो मानिसहरूले खेतीकिसानी गर्दा, छिमेकीहरूले एक-अर्कालाई सहायता गर्ने गर्दथे । तर यो अभिव्यक्ति झन्-झन् बढी असत्य बन्दै गइरहेको छ । हिजोआज, मानिसहरूले आफ्ना छिमेकीहरूप्रति पनि आफ्ना ढोकाहरू बन्द गर्छन् र ताल्चा लगाउँछन् । हामी कडा सुरक्षा व्यवस्थाहरू समेत अपनाउँछौं । आफू वरपर बस्ने छिमेकीहरूलाई पनि मानिसहरूले चिन्दैनन् ।

उनीहरू अरूको वास्ता गर्दैनन् र आफ्ना छिमेकीहरू को-को हुन् भनी पत्ता

लगाउन चाँहदैनन् । उनीहरू केवल आफ्नै बारेमा मात्र सोच्छन् अनि उनीहरूका लागि केवल उनीहरूका परिवारका नजिकका सदस्यहरू मात्रै महत्वपूर्ण हुन्छन् । उनीहरू एक-अर्कामाथि भरोसा राख्दैनन् । त्यस्तै, यदि आफ्ना छिमेकीहरूले आफूलाई कुनै पनि प्रकारको असुविध, हानि वा नोक्सानी पुऱ्याएको महसूस भएमा, उनीहरू आफ्ना छिमेकीहरूलाई बहिष्कार गर्न वा तिनीहरूसित झगडा गर्न समेत हिच्किचाउँदैनन् । आज धेरै मानिसहरू स-साना कुराहरूका लागि आफ्ना छिमेकीहरूलाई मुद्दा हाल्ने गर्दछन् । एक जना व्यक्तिले त आफूभन्दा माथिल्लो तलामा बस्ने छिमेकीले हल्लाखल्ला गरेको कारण आफ्नो छिमेकीलाई छुरा प्रहार गरेको थियो ।

साथीहरूबीचको प्रेम

त्यसोभए, साथीहरूबीचको प्रेम कस्तो हुन्छ त ? कुनै साथी सँधैभरि तपाईंको पक्षमा हुन्छ भन्ने तपाईंलाई लाग्न सक्छ । तर, त्यस्तो साथीले समेत तपाईंलाई विश्वासघात गरेर तपाईंको हृदयलाई छियाछिया पारिदिन सक्छ ।

कतिपय अवस्थाहरूमा, कुनै व्यक्तिले आफू टाट पल्टन लागेको कारण आफ्ना साथीहरूसित ठूलो रकम ऋण स्वरूप माग्न वा आफ्नो निम्ति जमानी बसिदिन अनुरोध गर्न सक्दछ । यदि साथीहरूले इन्कार गरेको खण्डमा, उसले आफूमाथि विश्वासघात भएको छ र अबदेखि ती साथीहरूको अनुहार कहिल्यै हेर्नेछैन भनी भन्न सक्दछ । तर वास्तवमा यहाँ गल्ती कसको हो ?

यदि तपाईं साँच्चै आफ्नो साथीलाई प्रेम गर्नुहुन्छ भने, तपाईं त्यो साथीलाई कुनै पीडा दिन सक्नुहुन्न । यदि तपाईं टाट पल्टिन लाग्नु भएको छ र यदि तपाईंका साथीहरू तपाईंको निम्ति जमानी बसिदिए भने, निश्चय नै तपाईंका साथीहरू र उनीहरूका परिवारका सदस्यहरूले समेत तपाईंसित दु:ख भोग्नेछन् । के आफ्ना

साथीहरूलाई त्यस्तो जोखिममा पार्नु प्रेम हो र ? त्यो प्रेम होइन । तर आज, त्यस्ता घटनाहरू धेरै हुने गर्दछन् । थपअझ, परमेश्वरको वचनले हामीलाई एक आपसमा पैसाको लेनदेन गर्न र कसैको निम्ति कुनै कुरा धरौटी राखिदिन वा जमानी बसिदिन निषेध गरेको छ । जब हामी परमेश्वरको यस्ता वचनहरू उल्लङ्घन गर्दछौं, तब प्रायजसो अवस्थाहरूमा शैतानले काम गर्दछ र यस्ता कुराहरूमा संलग्न हुनेहरूले नो क्सानी बेहोर्नेछन् ।

हे मेरो छोरो, मेरो बुद्धिमा ध्यान दे, र मेरा अन्तर्दृष्टिका वचनहरू ध्यानसित सुन् । यसरी तैंले विवेकलाई कायम राख्नेछस् र तेरो ओठले ज्ञानको रक्षा गर्नेछ (हितोपदेश ६:१-२) ।

बन्धकमा आफ्नो हात नहाल्, अथवा अर्काको ऋणको जमानी नबस् (हितो पदेश २२:२६) ।

कतिपय मानिसहरूले अरूबाट केही पाउन सक्ने स्थितिमा ती मानिसहरूसित मित्रता गाँस्नु बुद्धिमानी हो भनी सम्झन्छन् । वास्तवमा आज आफ्ना छिमेकीहरू वा साथीहरूप्रति साँचो प्रेमका साथ आफ्नो समय, परिश्रम र रूपैयाँ पैसा स्वेच्छापूर्वक खर्चिने मानिस भेट्टाउन अत्यन्तै कठिन छ ।

बाल्यकालदेखि नै मेरा धेरै साथीहरू थिए । मैले परमेश्वरमा विश्वास गर्नुभन्दा अघि, साथीहरूबीचको विश्वासयोग्यता आफ्नो जीवन सरह महत्वपूर्ण हुन्छ भन्ने म ठान्दथैं । हाम्रो मित्रता सदा रहिरहनेछ भनी म सोच्दथैं । तर म लामो समयसम्म बिर ामी भएर ओछ्यानमा थला पर्दा, साथीहरूबीचको यस्तो प्रेम पनि आफूले प्राप्त गर्ने फाइदाअनुसार परिवर्तन हुँदो रहेछ भनी मैले पूर्णतया अनुभव गरें ।

शुरूमा, राम्रा चिकित्सकहरू वा उपयोगी घरेलु उपचारका विधिहरूको खोजी गरेर मेरा साथीहरूले मलाई ती ठाउँहरूमा लगे, तर मेरो अवस्थामा सुधार नहुँदा, तिनीहरूले एक-एक गरी मलाई छोडेर गए । पछि, मसित बाँकी रहेका साथीहरू केवल रक्सी पिउने र जुवातास खेल्ने साथीहरू थिए । अनि ती साथीहरू पनि मलाई प्रेम गरेको कारण मकहाँ आएका थिएनन् तर तिनीहरूलाई केही क्षणको लागि समय बिताउने ठाउँ चाहिएको कारण तिनीहरू मकहाँ आएका थिए । शारीरिक प्रेममा पनि मानिसहरू एक-अर्कालाई प्रेम गर्छौं भनी भन्दछन्, तर त्यो प्रेम चाँडै नै परिवर्तन हुँदछ ।

यदि आमाबुवा र छोराछोरीहरू, दाजुभाइ र दिदीबहिनीहरू, साथीहरू र छिमेकीहरूले आफ्नो मात्र फाइदा नखोजी आफ्नो यस्तो मनलाई परवर्तन नगर्ने हो भने कति असल हुने थियो ? यस्तो भएको खण्डमा, उनीहरूमा आत्मिक प्रेम छ भनी भन्न सकिन्थ्यो । तर, प्राय जसो अवस्थाहरूमा, उनीहरूमा यस्तो आत्मिक प्रेम हुँदैन, र उनीहरूले यसमा साँचो सन्तुष्टि प्राप्त गर्न सक्दैनन् । उनीहरू आफ्ना परिवारका सदस्यहरू र आफू वरपरका मानिसहरूबाट प्रेम खोज्दछन् । तर यसो गर्दै जाँदा, तिर्खा मेटाउन समुद्रको पानी पिएझैं उनीहरू अझ बढी प्रेमको निम्ति तिर्खाउँछन् ।

ब्लेइस पास्कलले भनेका थिए कि हरेक व्यक्तिले हृदयभित्र परमेश्वर रूपी निर्वात स्थान हुन्छ जसलाई कुनै पनि सृष्टि गरिएको कुराले भर्न सक्दैन तर केवल येशूले चिनाउनुहुने एक मात्र सृष्टिकर्ता परमेश्वरले मात्र भर्न सक्नुहुन्छ । त्यो निर्यात स्थान परमेश्वरको प्रेमले नभरिएसम्म हामी साँचो सन्तुष्टि महसूस गर्न सक्दैनौं र निरर्थकताको अनुभव गर्दछौं । त्यसो भए, के यसको मतलब यस संसारमा कहिल्यै परिवर्तन नहुने आत्मिक प्रेम छैन त ? यस्तो होइन । यो जतातत‍ै नभेटेतापनि, आत्मिक प्रेम निश्चय नै छ । १ कोरिन्थी १३ अध्यायले हामीलाई साँचो प्रेमको बारेमा स्पष्टसित बताउँदछ ।

प्रेम सहनशील हुन्छ र दयालु हुन्छ । प्रेमले डाह गर्दैन, न शेखी गर्छ । प्रेम

हठी हुँदैन, न ढीट हुन्छ । प्रेमले आफ्नै कुरामा जिद्दी गर्दैन, झर्को मान्दैन, खराबीको हिसाब राख्दैन । प्रेम खराबीमा प्रसन्न हुँदैन, तर ठीक कुरामा रमाउँछ । प्रेमले सबै कुरा सहन्छ, सबै कुराको पत्यार गर्छ, सबै कुरामा आशा राख्छ, सबै कुरामा स्थिर रहन्छ (१ कोरिन्थी १३:४-७) ।

यस्तो प्रकारको प्रेमलाई परमेश्वरले आत्मिक र साँचो प्रेम भन्नुहुन्छ । यदि हामीलाई परमेश्वरको प्रेम थाहा छ र हामी सत्यद्वारा परिवर्तन हुन्छौं भने, हामीमा आत्मिक प्रेम हुन सक्छ । हामी आफूमा आत्मिक प्रेम धारण गरौं, जसले गर्दा त्यो प्रेमले हामीलाई कुनै फाइदा नपुऱ्याई नोक्सानी नै पुऱ्याए तापनि, हामी एक अर्कालाई अपरिवर्तनीय मनका साथ सारा हृदयले प्रेम गर्न सक्छौं ।

कतिपय मानिसहरूले आफूले परमेश्वरलाई प्रेम गरेको छु भनी गलत रूपले सोच्दछन्। हामीले कति मात्रामा साँचो आत्मिक प्रेम र परमेश्वरको प्रेम सम्वर्द्धन गरेका छौं भनी जाँचेर हेर्नका लागि, हामीलाई परिष्कृत तुल्याउने जाँच, कष्ट र कठिनाइहरूबाट गुज्रदाँ हामीमा कस्ता प्रकारका भावनाहरू आए र हामीले कस्ता कार्यहरू गर्‍यौं भनी हामी जाँचेर हेर्न सक्छौं। हामी साँच्चै आनन्दित भएका छौ वा छैनौं र हामीले निरन्तर परमेश्वरको इच्छालाई पछ्याएका छौं वा छैनौं र हामीले निरन्तर परमेश्वरको इच्छालाई पछ्याएका छौं वा छैनौं भन्ने जस्ता कुराहरूको जाँच गरेर, हामीले आफूमा कति मात्रामा साँचो प्रेम सम्वर्द्धन गरेका छौं भनी जाँचेर हेर्न सक्छौं।

आत्मिक प्रेम जाँच्ने तरिका

यदि हामी त्यस्तो परिस्थितिमा गनगन गर्छौं र क्रुद्ध हुन्छौं भने, यसको मतलब यो हो कि हामीमा आत्मिक प्रेम छैन। यसले यो प्रमाणित गर्दछ कि परमेश्वर सम्बन्धी हाम्रो ज्ञान केवल मष्तिस्कमा रहेको ज्ञान हो, यो हामीले आफ्नो हृदयमा राखेर सम्वर्द्धन गरेको ज्ञान होइन। जसरी जाली नोट झट्ट हेर्दा सक्कली नोट जस्तो देखिन्छ तर वास्तवमा त्यो कागजको टुक्रा मात्रै हो, त्यसरी नै केवल ज्ञानको रूपमा मात्रै रहेको प्रेम साँचो प्रेम होइन। यसको कुनै महत्व छैन। यदि जस्तोसुकै परिस्थिति र कठिनाइमा पनि प्रभुप्रतिको हाम्रो प्रेम परिवर्तन हुँदैन र हामी परमेश्वरमा भर पर्छौं भने, तब हामीले साँचो प्रेम अर्थात् आत्मिक प्रेम सम्वर्द्धन गरेका छौं भनी हामी भन्न सक्छौं।

"अब विश्वास, आशा, प्रेम, यी तीन रहन्छन्,

तर यिनमा सर्वोत्तमचाहिँ प्रेम नै हो ।"

१ कोरिन्थी १३:१३

भाग २

प्रेमको अध्यायमा भएको प्रेम

अध्याय १ परमेश्वरले चाहनुहुने खालको प्रेम

अध्गाग २ प्रेमका गुणहरू

अध्याय ३ सिद्ध प्रेम

अध्याय १
परमेश्वरले चाहनुहुने खालको प्रेम

"मैले मानिस र स्वर्गदूतहरूको भाषामा बोलें तापनि ममा प्रेम छैन भने, म हल्ला मचाउने घण्टा र झ्याईं-झ्याइँ गर्ने झ्याली मात्र हुन्छु। मसँग अगमवाणी बोल्ने शक्ति होला, र सबै रहस्य र सबै ज्ञानहरू बुझ्न सकूँला, र पहाडहरू हटाउन सक्नेसम्मको सम्पूर्ण विश्वास मसित होला, तर ममा प्रेमचाहिँ छैन भने म केही पनि होइनँ। यदि मैले सारा सम्पत्ति बाँडिदिएँ, र मेरो शरीर जलाउनलाई दिइहालें, तर मसित प्रेम छैन भने मलाई केही लाभ हुँदैन।"

१ कोरिन्थी १३:१-३

यो घटना दक्षिण अफ्रिकाको एउटा अनाथालयमा भएको घटना हो । बच्चाहरू एक एक गरी बिरामी हुन थाले र बिरामीहरूको संख्या बढ्दै जान थाल्यो । तर, तिनीहरूले बिरामी पर्नुको ठोस कारण भने, पत्ता लगाउन सकेनन् । अनाथालयका मानिसहरूले केही प्रख्यात चिकित्सकहरूलाई त्यो रोग निरूपण गर्नको लागि आमन्त्रण गरे । पूर्ण अनुसन्धान पश्चात्, "ती बालकहरूलाई तिनीहरू बिउँझेको बेला दश मिनेटसम्म तिनीहरूलाई अंगालोमा लिनु र प्रेम प्रकट गर्नु" भनी चिकित्सकहरूले भने ।

आश्चर्यजनक रूपमा, कुनै कारण विना नै त्यो रोग निवारण हुन थाल्यो । किनभने ती बालकहरूलाई सबै भन्दा बढी न्यानो प्रेमको आवश्यकता थियो । हामीले जीविकोपार्जनको लागि चिन्ता गर्नु नपर्ने भएतापनि, प्रेम विना हामीमा जीवनको आशा वा जीवन जिउने इच्छा हुँदैन । हाम्रो जीवनमा सबै भन्दा महत्वपूर्ण कुरा प्रेम हो भनी हामी भन्न सक्छौं ।

आत्मिक प्रेमको महत्व

१ कोरिन्थी तेह्र अध्यायले प्रेमको बारेमा विस्तृत रूपमा व्याख्या गर्नुभन्दा अघि, प्रेमको महत्वको बारेमा पहिले जोड दिँदछ । किनभने यदि हामीले मानिसहरू र स्वर्गदूतहरूको भाषामा बोल्यौं तापनि हामीमा प्रेम छैन भने, हामी हल्ला मचाउने घण्टा र झ्याइँ-झ्याइँ गर्ने झ्याली मात्र हुनेछौं ।

यहाँ 'मानिसहरूको भाषा' ले पवित्र आत्माको वरदानको रूपमा प्राप्त हुने अन्य भाषालाई जनाउँदैन । यसले चाहिँ यस पृथ्वीमा मानिसहरूले बोल्ने सबै खाले भाषाहरू जस्तै अंग्रेजी, जापानिज, फ्रेन्च, रसियन, इत्यादिलाई जनाउँदछ । सभ्यता र ज्ञान व्यवस्थित हुन्छन् र भाषाको माध्यमबाट सरेर आउँछन्, अनि त्यसैले भाषाको शक्ति

ठूलो हुन्छ भनी हामी भन्न सक्छौं । भाषाद्वारा हामीले आफ्ना भावना र विचारहरू अभिव्यक्त गर्न र प्रकट गर्न सक्छौं जसद्वारा हामीले धेरै मानिसहरूलाई आफूसित सहमत गराउन र तिनीहरूको हृदयलाई छुन सक्छौं । मानिसहरूलाई प्रभावित पार्ने र धेरै कुराहरू प्राप्त गर्ने शक्ति मानिसहरूको भाषामा हुँदछ ।

'स्वर्गदूतहरूको भाषा' ले सुन्दर शब्दहरूलाई जनाउँदछ । स्वर्गदूतहरू आत्मिक प्राणीहरू हुनुहुन्छ र उहाँहरूले 'सुन्दरतालाई' चित्रण गर्नुहुन्छ । कुनै मानिसले मीठो आवाजमा मीठा कुराहरू बोल्दा, मानिसहरूले तिनीहरू स्वर्गदूतझैं छन् भनी भन्ने गर्दछन् । तर प्रेम विना मानिसको वाक्पटु शब्दहरू वा स्वर्गदूतहरू जस्तै सुन्दर शब्दहरू हल्ला मचाउने घण्टा वा झ्याइँ-झ्याइँ गर्ने झ्याली मात्र हुन् भनी परमेश्वरले भन्नुभएको छ (१ कोरिन्थी १३:१) ।

वास्तवमा, एउटा गह्रौं, स्पात वा तामाको ठोस टुक्रालाई हिर्काउँदा त्यसले चर्को आवाज निकाल्दैन । यदि कुनै तामाको टुक्राबाट चर्को आवाज निस्कन्छ भने, यसको अर्थ यो भित्रबाट खोक्रो छ वा यो पातलो र हलुको छ । झ्यालीहरू पातलो पित्तलको टुक्राबाट बनेको हुनाले यसले चर्को आवाज निकाल्छ । मानिसहरूमा पनि यही कुरा लागू हुन्छ । जब हाम्रो हृदय प्रेमले भरिएर हामी परमेश्वरका साँचो छोराछोरीहरू बन्दछौं, तब मात्र हाम्रो मूल्य गहूँको दानामा रहेको सग्लो गहूँ जस्तो हुनेछ । यसको विपरीत, जसमा प्रेम छैन तिनीहरू भुस जस्ता हुन्छन् । यस्तो किन हुन्छ त ?

१ यूहन्ना ४:७-८ ले भन्दछ "प्रिय हो, हामी एउटाले अर्कालाई प्रेम गरौं, किनभने प्रेम परमेश्वरबाट आउँछ । जसले प्रेम गर्छ त्यो परमेश्वरबाट जन्मेको हो, र परमेश्वरलाई चिन्छ । प्रेम नगर्नेले परमेश्वरलाई चिन्दैन, किनभने परमेश्वर प्रेम हुनुहुन्छ ।" नामशः तिनीहरू जो प्रेम गर्दैनन् तिनीहरूको परमेश्वरसित केही सम्बन्ध हुँदैन, र

तिनीहरू दाना नभएका भुसहरू जस्तै हुन्छन् ।

त्यस्ता मानिसहरूका शब्दहरू जति नै वाक्पटु र सुन्दर भएतापनि, तिनले अरूलाई साँचो प्रेम र जीवन दिन सक्दैनन् त्यसैले तिनको केही मूल्य हुँदैन । तर तिनीहरू हलुका र भित्रबाट खोक्रा भएकाले, हल्ला मचाउने घण्टा वा झ्याइँ-झ्याइँ गर्ने झ्यालीझैं अरूलाई असुविधा पुऱ्याउँछन् । अर्कोतिर, प्रेम दर्शाउने शब्दहरूमा जीवन दिने उदेकको शक्ति हुन्छ । हामीले येशूको जीवनमा त्यस्ता प्रकारका प्रमाणहरू पाउँछौं ।

वास्तविक प्रेमले जीवन दिन्छ

एक दिन येशू मन्दिरमा शिक्षा दिइरहनुभएको बेला शास्त्री र फरिसीहरूले एउटा स्त्रीलाई उहाँको सामुन्ने ल्याए । उनी व्यभिचारमा पक्राउ परेकी थिइन् । त्यस स्त्रीलाई त्यहाँ लिएर आउने शास्त्री र फरिसीहरूको आँखामा दयाको एक झलकसम्म पनि देखिँदै नथ्यो ।

तिनीहरूले येशूलाई भने, "गुरुज्यू, यो स्त्री व्यभिचारको कर्ममा पक्राउ परी । व्यवस्थामा मोशाले यस्ताहरूलाई ढुङ्गाले हान्ने हामीलाई आज्ञा दिएका छन् । तपाईं यसको बारेमा के भन्नुहुन्छ ?" (यूहन्ना ८:४-५)

इस्राएलमा व्यवस्था भनेको परमेश्वरको वचन र नियम हो । त्यसमा एउटा खण्ड छ, जसमा व्यभिचारीहरूलाई ढुङ्गाले हान्नू भनिएको छ । यदि येशूले व्यवस्थाअनुसार तिनीहरूले उनलाई ढुङ्गाले हान्नु पर्छ भन्नु भएको भए, आफ्नो शत्रुलाई प्रेम गर भनी उहाँले मानिसहरूलाई सिकाउनु भएको शिक्षा र आफ्नो वचनको खण्डन गर्नुहुने थियो । यदि उहाँले त्यस स्त्रीलाई माफी देऊ भनी भन्नु भएको भए, यो स्पष्ट रूपमा

व्यवस्थाको उल्लङ्घन हुने थियो । योचाहिँ परमेश्वरको वचन विरुद्ध उभिनु थियो ।

शास्त्री र फरिसीहरू येशूलाई अभियोग लगाउने मौका पायौं भन्ने सोचेर आफैंमा घमण्ड गर्दै थिए । तिनीहरूको हृदयलाई राम्ररी जान्नु भएकोले, येशूले निहुरेर भूइँमा औंलाले केही लेख्नुभयो । त्यसपछि, उहाँ खडा हुनुभएर तिनीहरूलाई भन्नुभयो, "तिमीहरूमा जो पापरहित छ, त्यसैले त्यस स्त्रीलाई पहिले ढुङ्गा हानोस्" (यूहन्ना ८:७) ।

अनि जब येशूले फेरि निहुरेर भूइँमा औंलाले केही लेख्नुभयो, तब मानिसहरू एक एक गर्दै गए र त्यस स्त्री अनि येशू मात्र रहनुभयो । व्यवस्थाको उल्लङ्घन नगरी येशूले त्यस स्त्रीको जीवन बचाउनुभयो ।

बाहिरी रूपमा शास्त्री र फरिसीहरूले जे भनी रहेका थिए त्यो गलत थिएन तिनीहरूले केवल परमेश्वरको व्यवस्थाले के भन्दछ सो व्यक्त गरिरहेका थिए । तर तिनीहरूको भनाइमा रहेको उद्देश्य येशूको भन्दा भिन्न थियो । तिनीहरू अरूलाई हानि पुऱ्याउन कोशिश गरिरहेका थिए तर येशू आत्माहरू बचाउन कोशिश गर्दै हुनुहुन्थ्यो ।

यदि हामीमा येशू जस्तै यस प्रकारको हृदय छ भने, हामी कस्ता प्रकारका वचनहरूले अरूलाई बल प्रदान गर्दछ र तिनीहरूलाई सत्यता तर्फ डोऱ्याउँछ भनी विचार गरेर प्रार्थना गर्नेछौं । हामीले बोल्ने प्रत्येक शब्दहरूद्वारा हामी जीवन दिन प्रयास गर्नेछौं । केही मानिसहरूले परमेश्वरको वचनद्वारा अरूलाई आफूसित सहमत गराउन प्रयत्न गर्छन् वा आफूलाई ठीक नलागेको अरूको व्यवहार सच्चाउनका लागि तिनीहरूका गल्ती र कमजोरीहरूलाई औंल्याइ दिन्छन् । त्यस्ता कुराहरू सत्य भएतापनि, ती प्रेमका साथ बोलिएनन् भने त्यसले मानिसहरूलाई परिवर्तन गर्न वा तिनीहरूलाई जीवन दिन सक्दैन ।

त्यसकारण, हामीले हाम्रो स्वधार्मिकता र विचारहरूको संरचना प्रयोग गरेर बोलिरहे का छौं वा हाम्रा बोली वचनमा अरूलाई जीवन दिने प्रेमका शब्दहरू छन् वा छैनन्

भनी आफैंलाई सँधै जाँचेर हेर्नुपर्दछ । चिप्लो घसिएका शब्दहरू भन्दा पनि, आत्मिक प्रेमले भरिएको एउटा शब्द, आत्माहरूको तिर्खालाई मेटाउने जीवनको पानी, र पीडामा रहेका आत्माहरूलाई आनन्द र सान्त्वना दिने बहुमूल्य रत्न बन्नसक्छ ।

आफैंलाई बलिदान गर्ने कार्यहरू सहितको प्रेम

सामान्यतया 'अगमवाणी' भनेको भविष्यमा हुनआउने घटनाहरूका बारेमा बताउनु हो । बाइबलीय अर्थअनुसार योचाहिँ विशेष उद्देश्यको लागि पवित्र आत्माको प्रेरणाद्वारा परमेश्वरको हृदय प्राप्त गर्नु र भविष्यको घटनाक्रमहरूका बारेमा भन्नु हो । अगमवाणी मानिसहरूको इच्छाबाट हुने कुरा होइन । २ पत्रुस १:२१ ले भन्दछ, "किनकि मानिसको इच्छाबाट कुनै अगमवाणी आएन, तर पवित्र आत्माबाट प्रेरणा पाएर मानिसहरूले परमेश्वरको तर्फबाट बोलेका हुन् ।" अगमवाणीको वरदान जो सुकैलाई अन्धाधुन्ध दिइँदैन । परमेश्वरले यस्तो प्रकारको वरदान पवित्रीकरणमा नगएकाहरूलाई दिनुहुन्न किनभने तिनीहरू अभिमानी बन्न सक्छन् ।

आत्मिक प्रेमको अध्यायमा भएको "अगमवाणीको वरदान" केही विशेष मानिसहरूलाई मात्र दिइने वरदान होइन । यसको मतलब येशू ख्रीष्टमा विश्वास गर्ने र सत्यतामा रहने जो कोहीले पनि भविष्यको बारेमा देख्न र भन्न सक्छ । नामशः जब प्रभु फेरि आकाशमा आउनुहुन्छ, बचाइएकाहरू बादलमा उठाइलगिनेछन् र सात वर्षे विवाह भोजमा भाग लिनेछन्, तर नबचाइएकाहरूले यस पृथ्वीमा सात वर्षे महा संकटमा कष्ट भोग्नेछन् र महान् सेतो सिंहासनको न्यायपछि तिनीहरू नरकमा फालिनेछन् । तरैपनि, परमेश्वरका सबै छोराछोरीहरूमा यसरी 'भविष्यको घटना बारे बताउने' अगमवाणीको वरदान भएतापनि, सबैजनासँग आत्मिक प्रेम हुँदैन । यदि

तिनीहरूमा आत्मिक प्रेम छैन भने, तिनीहरूले आफ्नो हितलाई पछ्याउँदै आफ्नो मनो वृत्ति परिवर्तन गर्नेछन्, र त्यसकारण अगमवाणीको वरदानले तिनीहरूलाई कुनै कुराको लाभ दिँदैन। त्यो वरदान आफैले प्रेमलाई बढाउन वा उछिन्न सक्दैन।

यहाँ 'रहस्य' ले युगौंदेखि गुप्तमा लुकिएर रहेको क्रूसको सन्देशलाई जनाउँदछ (१ कोरिन्थी १:१८)। क्रूसको सन्देश मानव मुक्तिको प्रबन्ध हो जुन परमेश्वरले आफ्नो सार्वभौमसत्तामा युगौं अघिदेखि रच्नुभयो। परमेश्वर जान्नुहुन्थ्यो कि मानिसले पाप गने छ र मृत्युको मार्गमा पतित हुनेछ। यस कारणले गर्दा उहाँले मुक्तिदाता येशू ख्रीष्टलाई युगौं अघिदेखि नै तयार गरिदिनु भएको थियो। यो प्रबन्ध पूरा नहुञ्जेल परमेश्वरले यस रहस्यलाई गुप्त राख्नुभयो। किन उहाँले यस्तो गर्नु भयो त ? मुक्तिको मार्ग बारे थाहा भएको भए, शत्रु दियाबलस र शैतानले यसमा बाधा ल्याई यो प्रबन्ध पूरा हुन दिने थिएन (१ कोरिन्थी २:६-८)। येशूलाई मारेको खण्डमा आदमको कारण प्राप्त भएको अधिकार सँधैको निम्ति हत्याउन सक्छौं भनी शत्रु दियाबलस र शैतानले सोचेका थिए। त्यसले दुष्ट मानिसहरूलाई उत्प्रेरित गरायो र येशूलाई माऱ्यो तर त्यस कारणले गर्दा मुक्तिको मार्ग खुल्ला भयो ! तरैपनि, हामीले यस्तो महान् रहस्य जानेतापनि, यदि हामीमा आत्मिक प्रेम छैन भने यस्तो ज्ञानले हामीलाई केही पनि लाभ हुँदैन।

ज्ञानमा पनि यही कुरा लागू हुन्छ। यहाँ 'सबै ज्ञान'ले औपचारिक रूपमा हासिल गरेको शिक्षालाई जनाउँदैन। यसले बाइबलमा भएको ६६ वटा पुस्तकहरूमा रहेको पर मेश्वरको ज्ञान र सत्यतालाई जनाउँदछ। हामीले एकचोटी बाइबलको माध्यमबाट परमे श्वरलाई चिनेपछि, हामीले उहाँलाई भेट्नु पर्दछ र आफैले उहाँलाई महसूस गर्नु पर्दछ र हाम्रो हृदयदेखि नै उहाँमा विश्वास गर्नुपर्दछ। नत्रता परमेश्वरको वचनको ज्ञान हाम्रो मस्तिष्कमा केवल एउटा ज्ञानको रूपमा मात्र रहनेछ। हामीले ज्ञानलाई गलत तरिकाले प्रयोग पनि गर्न सक्छौं उदाहरणको लागि, अरूको न्याय गर्न वा दोष लगाउन।

त्यसकारण, आत्मिक प्रेम विनाको ज्ञानले हामीमा केही पनि लाभ हुँदैन ।

हामीसित पहाडलाई नै हल्लाउन सक्ने ठूलो विश्वास छ भने के हुन्छ त ? ठूलो विश्वास हुँदैमा ठूलो प्रेम हुन्छ भन्ने हुँदैन । त्यसो भए, विश्वास र प्रेमको मात्रा किन समान हुँदैनन् ? चिन्हहरू अनि आश्चर्य कर्महरू र परमेश्वरका कार्यहरू देखेर विश्वास वृद्धि हुन्छ । पत्रुसले येशूले गर्नुभएका धेरै चिन्ह र आश्चर्यकर्महरू देख्नु भएको थियो र यसै कारण येशू पानीमाथि हिँड्नु हुँदा उहाँ पनि केही समयको लागि हिँड्न सक्नुभयो । तर त्यस समयमा पत्रुसले पवित्र आत्मा नपाउनु भएको कारणले गर्दा उहाँमा आत्मिक प्रेम थिएन । साथै पापहरू फालेर आफ्नो हृदयको खतना पनि गर्नुभएको थिएन । त्यसकारणले गर्दा पछि उहाँको जीवन जोखिममा परेको बेला, उहाँले तीन पटकसम्म येशूलाई इन्कार गर्नुभयो ।

किन अनुभवद्धारा हाम्रो विश्वास वृद्धि हुनसक्छ भनी हामी बुझ्न सक्छौं, तर आत्मिक प्रेम हाम्रो हृदयमा तब मात्र आउँदछ जब हामीमा सामर्थ्य, त्याग र पापहरू फाल्ने समर्पणता हुँदछ । तर यसको मतलब आत्मिक विश्वास र प्रेमको बीचमा कुनै प्रत्यक्ष सम्बन्ध छैन भन्ने होइन । हामीमा विश्वास भएकै कारणले गर्दा हामी पाप फाल्न र परमेश्वरलाई प्रेम गर्न प्रयत्न गर्न सक्छौं । हामी जति सुकै विश्वासयोग्य हुन प्रयत्न गरेतापनि प्रभुसित समरूप हुने र साँचो प्रेम सम्वर्द्धन गर्ने कार्यहरू विना परमेश्वरको राज्यको निम्ति हामीले गरेका कार्यहरूको परमेश्वरसित कुनै पनि सम्बन्ध हुनेछैन । योचाहिँ, "अनि म तिमीहरूलाई सफासँग भन्नेछु, 'मैले तिमीहरूलाई कहिल्यै चिनेको छैनँ । ए अधर्म काम गर्नेहरू हो, मबाट दूर होओ'" (मत्ती ७:२३) भनी येशूले भन्नुभएको जस्तै हो ।

स्वर्गीय इनामहरू ल्याउने प्रेम

प्राय जसो, वर्षको अन्त्यमा, धेरै संगठनहरू र व्यक्तिहरूले आवश्यकतामा परे काहरूलाई सहायता गर्नका निम्ति प्रसारण केन्द्र वा पत्रिकाका कम्पनीहरूलाई चन्दा दिने गर्दछन् । अब, यदि तिनीहरूको नाम पत्रपत्रिका वा प्रसारण केन्द्रले उल्लेख नगर्ने हो भने के हुन्छ ? त्यहाँ चन्दा दिन इच्छुक संगठन र व्यक्तिहरूको संख्या धेरै नहुने सम्भावना रहन्छ ।

येशूले मत्ती ६:१-२ मा भन्नु भएको छ, "होशियार बस, तिमीहरू मानिसहरूलाई देखाउनलाई धर्मकार्य नगर । नत्रता स्वर्गमा हुनुहुने तिमीहरूका पिताबाट तिमीहरूले केही इनाम पाउनेछैनौ । यसकारण जब तिमीहरू दान दिन्छौ, तब आफ्ना सामु तुरही नबजाओ, जस्तो पाखण्डीहरूले सभाघरहरू र सडकहरूमा मानिसहरूबाट प्रशंसा पाउनलाई गर्दछन्, साँच्चै, म तिमीहरूलाई भन्दछु, तिनीहरूले आफ्ना इनाम पाइसकेका छन् ।" यदि हामी मानिसहरूबाट सम्मान पाउनका लागि अरूको सहायता गर्दछौं भने, हामी केही क्षणको निम्ति सम्मानित हुन सक्छौं, तर हामीले परमेश्वरबाट कुनै पनि इनामहरू प्राप्त गर्न सक्दैनौं ।

यस्तो दानचाहिँ आत्म-सन्तुष्टिको लागि वा आत्म-स्तुतिको लागि मात्र हो । यदि कुनै मानिसले औपचारिक रूपमा परोपकारी कार्य गर्दछ भने उसले प्रशंसा पाउँदै जाँदा उसमा घमण्ड वृद्धि हुँदै जान्छ । यदि परमेश्वरले यस्ता प्रकारका मानिसहरूलाई आशिष् दिनुभयो भने, उसले आफूलाई परमेश्वरको नजरमा योग्य छु भनी ठान्नेछ । त्यसपछि, उसले आफ्नो हृदयको खतना गर्ने छैन र योचाहिँ उसको निम्ति हानिकारक हुनेछ । यदि तपाईं आफ्नो छिमेकीप्रतिको प्रेमको कारण परोपकारी कार्य गर्नुहुन्छ भने अरूले तपाईंको प्रशंसा गर्छन् कि गर्दैनन् भन्ने फिक्री तपाईंमा हुँदैन । किनभने तपाईंले गुप्तमा गर्नुभएका कार्यहरूलाई देख्नुहुने र तपाईंलाई इनाम दिनुहुने परमेश्वर पितामा तपाईं

विश्वास गर्नु हुन्छ (मत्ती ६:३-४) ।

प्रभुमा रहेर परोपकारी कार्यहरू गर्नुचाहिँ केवल लुगा, खाना, वा निवास जस्ता आधारभूत कुराहरूको आपूर्ति मात्र होइन । त्यो भन्दा बढी योचाहिँ आत्माहरूलाई बचाउनका लागि आत्मिक भोजन आपूर्ति गर्नु हो । आजभोलि, विश्वासी वा अविश्वासी, धेरै मानिसहरूले चर्चहरूको भूमिका बिरामी, छोडिएका र गरिबहरूलाई सहायता गर्नु हो भनी भन्ने गर्दछन् । यो गलत होइन, तर चर्चको पहिलो दायित्वचाहिँ सुसमाचार प्रचार गर्नु र आत्माहरू बचाउनु हो ताकि तिनीहरूले आत्मिक शान्ति प्राप्त गर्न सकून् । परोपकारी कार्यहरूको प्रमुख उद्देश्य यिनै उद्देश्यहरूमा निहित रहन्छ ।

त्यसकारण, हामीले अरूलाई मद्दत गर्दा, पवित्र आत्माको अगुवाइ प्राप्त गरी सही तरिकाले परोपकारी कार्य गर्नु महत्वपूर्ण हुँदछ । यदि कुनै व्यक्तिलाई अनुचित सहयोग दिएमा, त्यसले त्यस व्यक्तिलाई परमेश्वरबाट टाढिन सहयोग गर्दछ । अझै खराब परि स्थितिमा, यसले त्यस व्यक्तिलाई मृत्युको मार्गमा समेत पुऱ्याउनेछ । उदाहरणको लागि, यदि हामीले अत्याधिक मद्यपान र जुवातासको कारणले गर्दा गरीब भएकाहरू वा परमे श्वरको इच्छा विरुद्ध खडा भएको कारणले गर्दा कष्टमा परेकाहरूलाई सहायता गऱ्यौं भने, त्यस सहायताले केवल तिनीहरूलाई गलत मार्गमा अग्रसर गराउँदछ । यसको अर्थ हामीले अविश्वासीहरूलाई सहायता गर्नुहुन्न भन्ने पनि होइन । हामीले परमेश्वरको प्रेम प्रकट गर्दै अविश्वासीहरूलाई सहायता गर्नु पर्दछ । तरैपनि हामीले कहिल्यै पनि यो बिर्सनु हुन्न कि परोपकारी कार्यको मुख्य उद्देश्य भनेको नै सुसमाचार प्रचार गर्नु हो ।

कमजोर विश्वास भएका विश्वासीहरूको सन्दर्भमा, तिनीहरूको विश्वास बृद्धि नहुञ्जेलसम्म तिनीहरूलाई हामीले बलियो बनाउनु अत्यावश्यक हुँदछ । कहिलेकाहीँ विश्वास भएकाहरूमध्ये पनि कसैमा जन्मजात दुर्बलताहरू वा रोगहरू हुन्छन् र कतिपयचाहिँ दुर्घटनामा परेर जीविकोपार्जनको लागि असक्षम भएका हुन्छन् । एक्लै बस्ने वृद्धहरू वा आमाबुवाको अनुपस्थितिमा घरखर्च चलाउने बालबालिकाहरू पनि हुन्छन् ।

त्यस्ता मानिसहरूलाई परोपकारी कामको धेरै नै आवश्यकता हुन्छ । यदि हामीले वास्तविक रूपमा खाँचोमा परेकाहरूलाई सहायता गर्दछौं भने, परमेश्वरले हाम्रो प्राणको उन्नति गराउनु हुनेछ र हाम्रा सबै कुराहरू सही तवरले हुन दिनुहुन्छ ।

प्रेरित १० अध्यायमा, हामी आशिष् पाएको व्यक्ति कर्नेलियसको बारेमा पाउँछौं । कर्नेलियसले परमेश्वरको भय मान्नुहुन्थ्यो र धेरै यहूदी मानिसहरूलाई सहायता गर्नुहुन्थ्यो । उहाँ, इस्राएललाई कब्जा गरेर शासन गरिरहेको सेनाको उच्च तहको अधिकृत, एक कप्तान हुनुहुन्थ्यो । उहाँको परिस्थितिमा स्थानीय वासिन्दाहरूलाई मद्दत गर्न उहाँलाई अवश्य पनि गाह्रो भएको हुनुपर्दछ । यहूदीहरूले सावधानीपूर्वक संदिग्ध रूपमा उहाँले के गर्दै हुनुहुन्छ भनी हेरिरहेको हुनुपर्दछ र उहाँका सहकर्मीहरूले पनि उहाँको कार्यहरूको आलोचना गर्दथे होलान् । तरैपनि, परमेश्वरको भय मान्नु भएको कारणले गर्दा उहाँले असल कार्य र परोपकारी कार्यहरू गर्न रोक्नुभएन । पछि गएर पर मेश्वरले उहाँका कार्यहरू हेर्नु भयो, र प्रत्यक्ष रूपमा उहाँको परिवार मात्र नभई उहाँको घरमा उहाँको साथमा रहेका सबैले पवित्र आत्मा र मुक्ति पाऊन् भनी पत्रुसलाई उहाँकहाँ पठाउनु भयो ।

परोपकारी कार्यहरू गर्दा मात्र होइन तर हामीले परमेश्वरलाई भेटी दिँदासमेत आत्मिक प्रेमका साथ अर्पण गर्नु पर्दछ । मर्कूस १२ मा हामीले एक जना विधवाको बारे मा पाउँछौं जसले आफ्नो सम्पूर्ण हृदयदेखि भेटी अर्पण गर्नुभएको थियो र येशूले उहाँको प्रशंसा गर्नुभएको थियो । उहाँले केवल तामाका दुइ सिक्का चढाउनु भएको थियो, जुनचाहिँ उहाँको सारा जीविका थियो । त्यसो भए किन येशूले उहाँको प्रशंसा गर्नुभयो त ? मत्ती ६:२१ ले भन्दछ, "…. किनकि जहाँ तिम्रो धन हुन्छ, त्यहीँ तिम्रो मन पनि हुन्छ ।" यस पदमा भनिएझैं, जब विधवाले आफ्नो सारा जीविका चढाउनु भयो यसको अर्थ उहाँको सम्पूर्ण हृदय परमेश्वरप्रति अर्पित थियो । योचाहिँ परमेश्वरप्रति उहाँको प्रे

मको अभिव्यक्ति थियो । यसको विपरीत अनिच्छुक भएर भेटी दिने वा अरू मानिसहरूको विचार र धारणामा ध्यान दिनेले परमेश्वरलाई आनन्दित तुल्याउँदैन । फलस्वरूप, त्यस्ता भेटीहरूले ती भेटी चढाउने व्यक्तिलाई कुनै फाइदा दिँदैन ।

अब हामी आत्म-बलिदानको बारेमा हेरौं । "मेरो शरीर जलाउनलाई दिनु" भनेको यहाँ "आफूलाई पूर्ण रूपले बलिदान गर्नु" हो । प्रायजसो बलिदान प्रेमको कारण हुँदछ, तर कतिपय बलिदानहरू प्रेमरहितका पनि हुँदछन् । त्यसोभए, प्रेमविना गरिने बलिदानहरू के के हुन् त ?

परमेश्वरको कार्य गरेपछि पनि विभिन्न थोकहरूको निम्ति गुनासो गर्नु प्रेमविनाको बलिदानको उदाहरण हो । परमेश्वरको कार्यको निम्ति जब तपाईंले आफ्नो सारा सामर्थ्य, समय र पैसा खर्चनुहुन्छ, तर कसैले पनि यसलाई मान्यता दिँदैन र प्रशंसा गर्दैन तब तपाईं दुःखित बन्नुहुन्छ र गुनासो गर्न थाल्नुहुन्छ । तपाईंले आफ्ना सहकर्मीहरूलाई देख्नुहुँदा, उहाँहरूले परमेश्वर र प्रभुलाई प्रेम गर्छु भनेर दाबी गर्नु भएतापनि उहाँहरूमा तपाईंको जस्तो जोश छैन भनी तपाईं महसूस गर्नुहुन्छ । उहाँहरू अल्छी हुनुहुन्छ भन्ने तपाईंलाई लाग्दछ । अन्त्यमा, योचाहिँ तपाईंले उहाँहरूको न्याय गर्नु भएको र उहाँहरूलाई दोष लगाउनु भएको हो । यस्तो प्रकारको प्रवृत्तिभित्र गुप्त रूपमा आफ्ना योग्यताहरू मानिसहरू सामु प्रकट गर्ने, तिनीहरूबाट प्रशंसा पाउने र आफ्नो विश्वासयोग्यताको घमण्ड गर्दै फाइँफुट्टी लगाउने भित्री चाहना हुन्छ । यस्तो प्रकारको बलिदानले मानिसहरू माझ शान्ति भङ्ग गर्न सक्दछ र परमेश्वरको हृदयलाई ठेस पुऱ्याउँदछ । यसरी प्रेम विनाको बलिदानले केही पनि लाभ हुँदैन ।

तपाईंहरूले शब्दहरूद्वारा बाहिरी तवरले गुनासो गर्नु हुन्न । तर यदि कसैले तपाईंको विश्वासयोग्यताको मूल्याङ्कन गर्दैन भने तपाईं हतोत्साहित बन्नुहुनेछ र म केही पनि हो

इन भनी सोच्नुहुनेछ र परमेश्वरप्रति तपाईंको उत्साह सेलाएर जानेछ । तपाईंले आफ्नो सम्पूर्ण सामर्थ्य लगाएर आफैलाई बलिदान गर्नु हुँदा समेत यदि कसैले तपाईंका दोषहरू र कमजोरीहरू औंल्याई दिन्छन् भने, तपाईं निराश बन्नु हुनेछ र आफ्नो आलोचना गने हरूलाई दोष लगाउनु हुनेछ । यदि कसैले तपाईंभन्दा धेरै फलहरू फलाउनु भएको छ र अरूबाट प्रशंसा अनि कृपा पाउनु भएको छ भने, तपाईं उहाँप्रति डाही र ईर्ष्यालु बन्नुहुनेछ । त्यस पछि, तपाईं जति नै विश्वासयोग्य र उत्साही हुनु भएतापनि, तपाईंले आफूभित्र साँचो आनन्द प्राप्त गर्न सक्नुहुन्न । तपाईंले आफ्नो कर्तव्य समेत त्याग्न सक्नु हुनेछ ।

कतिपय मानिसहरूचाहिँ अरूले आफूलाई हेर्दा मात्रै जोशिलो बन्दछन् । अरूले आफूलाई नहेरेको समयमा चाहिँ तिनीहरू अल्छी बन्दछन् र आफ्ना कार्यहरू लापर वाहीपूर्वक वा अनुचित तरिकाले गर्ने गर्दछन् । बाहिरी तवरले नदेखिने कार्यहरूभन्दा तिनीहरू अरूको सामु देखिने कार्यहरू गर्न कोशिश गर्दछन् । योचाहिँ तिनीहरूमा आफूभन्दा उच्च तहका मानिसहरू र अन्य मानिसहरूमाझ आफूलाई प्रस्तुत गर्ने र तिनीहरूबाट प्रशंसा पाउने तिनीहरूको इच्छाको कारणले गर्दा हो ।

तब कसरी विश्वास भएको व्यक्तिले प्रेम विनाको आत्म-बलिदान गर्न सक्छ त ? योचाहिँ तिनीहरूमा आत्मिक प्रेमको अभाव भएकोले गर्दा हो । जे कुरा परमेश्वरको हो त्यो तिनीहरूकै हो र जे कुरा तिनीहरूको हो त्यो परमेश्वरकै हो भनी आफ्नो हृदयमा विश्वास गर्ने स्वामित्वको भावना तिनीहरूमा हुँदैन ।

उदाहरणको लागि, एउटा किसानले आफ्नो खेतमा काम गर्ने र ज्यालामा खेतालाले अरूको खेतमा काम गर्ने परिस्थितिलाई तुलना गरेर हेरौं । जब किसान आफ्नो खेतमा काम गर्दछ तब ऊ बिहान देखि बेलुका अबेरसम्मै परिश्रम गर्न तयार हुन्छ । उसले कुनै पनि कुरा नछुटाई खेतीको सम्पूर्ण कार्य गर्दछ । तर जब एउटा ज्यालामा काम गर्ने खे

तालाले अरूको खेतमा काम गर्दछ, उसले त्यो काम गर्नमा आफ्नो सबै बल खर्चदैन, त्यसको सट्टा उसले घाम चाँडै अस्ताए हुन्थ्यो र आफ्नो ज्याला पाएर घर फर्कन पाए हुन्थ्यो भनी इच्छा गर्दछ । यही सिद्धान्त परमेश्वरको राज्यमा पनि लागू हुन्छ । यदि मानिसहरूको हृदयमा परमेश्वरप्रति प्रेम छैन भने तिनीहरू देखावटी रूपमा ज्यालाको निम्ति काम गर्ने मानिसहरू जस्ता मात्र हुन्छन् । तिनीहरूले चाहेअनुसारको ज्याला पाएनन् भने आर्तनाद र गुनासो गर्नेछन् ।

त्यसकारण कलस्सी ३:२३-२४ ले भन्दछ, "तिमीहरू जे गर्छौ दिलोज्यानले गर्ने गर, मानिसको होइन, तर प्रभुको सेवा गरेजस्तै, यो जानेर कि तिमीहरू आफ्ना उत्तराधिकार इनामको रूपमा पाउनेछौ । तिमीहरू प्रभु ख्रीष्टको सेवा गरिरहेका छौ ।" आत्मिक प्रेम विना अरूलाई सहायता गर्नु र आफैलाई समर्पित गर्नु परमेश्वरको दृष्टिमा केही होइन, जसको अर्थ हामीले परमेश्वरबाट कुनै प्रकारको इनाम पाउनेछैनौं (मत्ती ६:२) ।

यदि हामी आफ्नो साँचो हृदयबाट बलिदान गर्न चाहन्छौं भने, हामीले आफ्नो हृदयमा आत्मिक प्रेमलाई अभिभूत गर्नु पर्दछ । यदि हाम्रो हृदय साँचो प्रेमले भरिएको छ भने, चाहे अरूले हामीलाई स्वीकार गरुन् वा नगरुन्, हामीले आफ्नो जीवनलाई र सबै कुराहरूलाई निरन्तर रूपमा परमेश्वरमा समर्पित गर्न सक्छौं । जसरी एउटा मैन बत्ती बलेर अन्धकारमा चम्कन्छ, त्यसरी हामीले पनि आफ्ना सबै थोक समर्पण गर्न सक्छौं । पुरानो करारको समयमा, पूजाहारीले पशुलाई मारेर प्रायश्चितको बलिको रूपमा परमेश्वरलाई अर्पण गर्दा, तिनीहरूले त्यसको रगतलाई वेदीमा खन्याउँथे र त्यसको बोसोलाई वेदीमा भएको आगोमा जलाउँदथे । हाम्रो प्रभु येशूले हाम्रो पापको निम्ति अर्पण गरिएको पशु जस्तै, सबै मानिसहरूलाई तिनीहरूको पापबाट मुक्ति दिन आफ्नो रगत र पानीको अन्तिम थोपा समेत बहाउनुभयो । उहाँले हामीलाई साँचो बलिदानको उदाहण देखाउनु भएको छ ।

किन उहाँको बलिदान धेरै आत्माहरूलाई मुक्ति दिनको लागि प्रभावकारी भएको छ त ? किनभने उहाँको बलिदान सिद्ध प्रेमद्वारा गरिएको थियो । आफ्नो जीवन नै बलिदान दिने बिन्दुसम्म येशूले परमेश्वरको इच्छालाई सम्पन्न गर्नु भएको थियो । क्रूसिकरणको अन्तिम क्षणसम्म पनि उहाँले आत्माहरूको निम्ति मध्यस्थयी प्रार्थना अर्पण गर्नु भएको थियो (लूका २३:२४) । यही साँचो बलिदानको लागि, परमेश्वरले उहाँलाई उच्च पार्नुभयो र उहाँलाई स्वर्गमा अति महिमित स्थान दिनुभयो ।

त्यसैले फिलिप्पी २:९-१० ले भन्दछ, “त्यसैकारण परमेश्वरले उहाँलाई अति उच्च पार्नुभयो, र उहाँलाई त्यो नाउँ प्रदान गर्नुभयो, जो हरेक नाउँभन्दा उच्च छ, कि स्वर्गमा, पृथ्वीमाथि र पृथ्वीमुनि भएको हरेक प्राणीले येशूको नाउँमा घुँडा टेक्नुपर्छ ।”

यदि हामी लोभ र अशुद्ध इच्छालाई त्याग्छौं र येशूको जस्तै शुद्ध हृदयका साथ आफै लाई अर्पण गर्छौं भने, परमेश्वरले हामीलाई उच्च तुल्याउनु हुनेछ र उच्च स्थानमा हामीलाई डोऱ्याउनु हुनेछ । हाम्रो प्रभुले मत्ती ५:८ मा “धन्य शुद्ध हृदय हुनेहरू, किनभने तिनीहरूले परमेश्वरलाई देख्नेछन्” भनी प्रतिज्ञा गर्नुभएको छ । त्यसैले, हामीले परमेश्वरलाई प्रत्यक्ष रूपमा देख्न सक्ने आशिष् प्राप्त गर्नेछौं ।

न्यायलाई माथ गर्ने प्रेम

पास्टर याङ्ग ओन सोनलाई ‘प्रेमको आणविक बम’ भनी भनिन्छ । उहाँले साँचो प्रेमद्वारा गरिएको बलिदानको उदाहरण हामीलाई प्रकट गर्नु भएको छ । उहाँले आफ्नो सबै सामर्थ्य प्रयोग गरेर कुष्ठरोगीहरूको हेरचाह गर्नुभयो । जापानले कोरियामा शासन गरेको बेला उहाँले जापनिज युद्धका समाधीहरूमा पूजा गर्न अस्वीकार गर्दा उहाँ जेलमा पनि जानु पऱ्यो । परमेश्वरको कार्य प्रतिको समर्पणताको बावजूद पनि, उहाँले

स्तब्धकारी समाचार सुन्नु पऱ्यो । अक्टोबर १९४८ मा, सत्ताधारी सरकार विरुद्धको विद्रोहमा उहाँका दुइ जना छोराहरू वामपन्थी सेनाहरूद्वारा मारिए ।

साधारण मानिसले त, "यदि परमेश्वर जीवितै हुनुहुन्छ भने, उहाँले कसरी मलाई यस्तो गर्न सक्नु हुन्छ ?" भनी परमेश्वरको सामु गुनासो गर्ने थिए । तर उहाँले आफ्ना दुइ जना छोराहरू शहीद हुनु भएको र स्वर्गमा परमेश्वरको छेउमा हुनु भएको निम्ति केवल धन्यवाद दिनु भयो । थपअझ, उहाँले आफ्ना छोराहरूलाई मार्ने विद्रोहीलाई समेत क्षमा गरिदिनु भयो र त्यो व्यक्तिलाई धर्म पुत्रको रूपमा स्वीकार गर्नुभयो । आफ्ना छोरहरूको अन्त्येष्टिमा धन्यवादका नौवटा पक्षहरूसहित उहाँले परमेश्वरलाई धन्यवाद दिनुभयो, जसले धेरै मानिसहरूको हृदयको गहिराइलाई छोएको थियो ।

"सर्वप्रथम, म अति दुष्टताले भरिएको भएतापनि मेरो वंशमा जन्मिएका मेरा छोरहरू शहीद भएकोमा म धन्यवाद दिन्छु ।

दोस्रो, म परमेश्वरलाई धन्यवाद दिन्छु कि यति धेरै विश्वासीहरूको परिवारमध्ये तपाईंले यी बहुमूल्य छोराहरूलाई मेरो परिवारको सदस्य हुन दिनु भयो ।

तेस्रो, मेरा तीन छोरा र तीन छोरीहरूमध्ये सबै भन्दा सुन्दर जेठो र माहिलो छोरहरू दुवै बलिदान भएकोमा म धन्यवाद दिन्छु ।

चौंथो, एउटा छोरा शहीद हुनु गाह्रो कुरा हो, तर मेरा त दुवै छोराहरू शहीद भएका छन् म यसको निम्ति धन्यवाद दिन्छु ।

पाँचौं, प्रभु येशूमा विश्वासका साथ शान्तिमा मर्नु आशिष् हो, म धन्यवाद दिन्छु कि तिनीहरू सुसमाचार प्रचार गर्दा मारिए र तिनीहरूले शहादतको महिमा प्राप्त गरेका

छन् ।

छैटौं, तिनीहरू संयुक्त राज्य अमेरिकामा पढाइको लागि जाने तयारी गर्दैथे, तर अब तिनीहरू स्वर्गीय राज्यमा गएका छन्, जुनचाहिँ अमेरिका भन्दा धेरै असल स्थान हो । मैले सान्त्वना पाएको छु र म धन्यवाद दिँदछु ।

सातौं, परमेश्वरले, मलाई मेरा छोराहरूलाई मार्ने शत्रुलाई धर्म पुत्रको रूपमा ग्रहण गर्न दिनुभएकोमा म उहाँलाई धन्यवाद दिँदछु ।

आँठौं, म धन्यवाद दिन्छु किनभने म विश्वास गर्दछु मेरा छोराहरूको शहादतद्वारा स्वर्गका प्रशस्त फलहरू फल्नेछन् ।

नवौं, म परमेश्वरलाई धन्यवाद दिन्छु, यस्तो कठिनाइको समयमा पनि आनन्द पाउन सक्ने परमेश्वरको प्रेम उहाँले मलाई महसूस गर्न दिनुभयो ।"

बिरामीहरूको हेरचाह गर्नको लागि, पास्टर याङ्ग ओन सोनले कोरियन युद्धको बेलामा समेत देश छोडेर जानु भएन । अन्ततः उहाँ कम्युनिष्ट सेनाहरूद्वारा शहीद हुनु भयो । अरूबाट पूर्ण रूपले त्यागिएको बिरामीहरूलाई उहाँले हेरचाह गर्नु भयो, र आफ्ना छोराहरूलाई मार्ने आफ्नो शत्रुलाई पनि उहाँले भलाइद्वारा व्यवहार गर्नु भयो । आफूले गरेका कार्यहरूद्वारा उहाँले आफैलाई समर्पण गर्न सक्नु भयो किनभने उहाँ परमेश्वर र अन्य आत्माहरूप्रतिको साँचो प्रेमले भरिनुभएको थियो ।

कलस्सी ३:१४ मा परमेश्वरले, "यी सबैभन्दा बढी बरु प्रेम धारण गर, जसले सबै थोकलाई सम्पूर्ण एकतामा एकसाथ बाँध्छ" भनी भन्नु भएको छ । यदि हामी स्वर्गदूतको

सुन्दर भाषमा बोल्छौं र अगमवाणी गर्ने क्षमता र पहाडलाई हल्लाउन सक्ने विश्वास हामीमा छ अनि खाँचोमा परेकाहरूका लागि हामी आफैंलाई समर्पण गर्न सक्छौं, तरैपनि यी कार्यहरू साँचो प्रेमद्वारा गरिँदैनन् भने यी परमेश्वरको दृष्टिमा सिद्ध हुन सक्दैनन् । अब, परमेश्वरको प्रेमको असीमित आयाममा जानको लागि साँचो प्रेममा रहेका अर्थहरूलाई हामी खोतलेर हेरौं ।

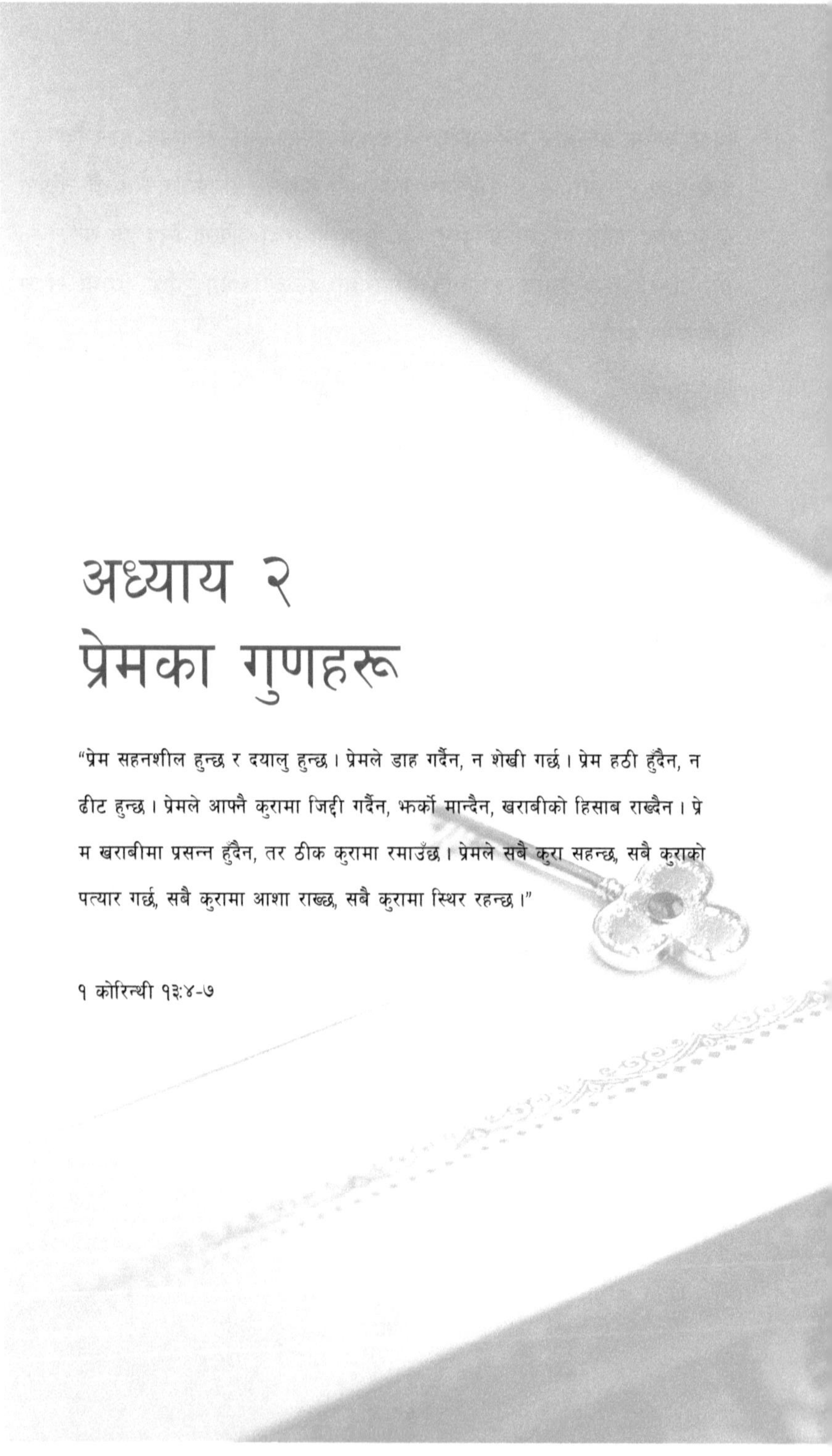

अध्याय २
प्रेमका गुणहरू

"प्रेम सहनशील हुन्छ र दयालु हुन्छ। प्रेमले डाह गर्दैन, न शेखी गर्छ। प्रेम हठी हुँदैन, न ढीट हुन्छ। प्रेमले आफ्नै कुरामा जिद्दी गर्दैन, झर्को मान्दैन, खराबीको हिसाब राख्दैन। प्रेम खराबीमा प्रसन्न हुँदैन, तर ठीक कुरामा रमाउँछ। प्रेमले सबै कुरा सहन्छ, सबै कुराको पत्यार गर्छ, सबै कुरामा आशा राख्छ, सबै कुरामा स्थिर रहन्छ।"

१ कोरिन्थी १३:४-७

मत्ती २४ अध्यायमा, हामी एउटा दृश्य पाउँदछौं जहाँ येशू आफ्नो समय नजिक आएको छ भन्ने जानेर यरूशलेमलाई हेरी विलाप गर्दै हुनुहुन्थ्यो । परमेश्वरको प्रबन्धमा उहाँ क्रूसमा टाँगिनु पर्ने थियो तर यहूदीहरू अनि यरूशलेममाथि आइपर्ने विपत्तिबारे सोचेर उहाँ विलाप नगरी रहन सक्नुभएन । चेलाहरूले अचम्म मानेर यसरी प्रश्न गरे : "यी कुरा कहिले हुनेछन्, र तपाईंको आगमन र यस युगका अन्त्यको चिन्ह के हुनेछ ?" (पद ३)

त्यसैकारण, येशूले उहाँलाई धेरै चिन्हहरूका बारेमा बताउनुभयो : "दुष्टता बढेको हुनाले धेरैको प्रेम सेलाएर जानेछ" (पद १२) ।

हिजोआज, मानिसहरूको प्रेम सेलाएर गएको हामी निश्चित रूपले महसूस गर्न सक्छौं । धेरै मानिसहरूले प्रेम खोज्दछन्, तर उनीहरूलाई साँचो प्रेम अर्थात् आत्मिक प्रेम के हो भनी थाहा हुँदैन । हामीले केवल चाहना गर्दैमा हामी साँचो प्रेम आफूमा धारण गर्न सक्दैनौं । परमेश्वरको प्रेम हाम्रो हृदयमा आएपछि हामी त्यो साँचो प्रेम प्राप्त गर्न थाल्दछौं । त्यसपछि हामीले साँचो प्रेम के हो भनी बुझ्न थाल्छौं अनि हाम्रो हृदयबाट दुष्टता फाल्न पनि शुरू गर्न सक्छौं ।

रोमी ५:५ ले भन्दछ, "आशाले हामीलाई निराशा गराउँदैन, किनकि हामीलाई दिइएका पवित्र आत्माद्वारा परमेश्वरको प्रेम हाम्रा हृदयमा खन्याइएको छ ।" यहाँ भनिएझैं, हाम्रो हृदयमा पवित्र आत्माद्वारा हामी परमेश्वरको प्रेम महसूस गर्न सक्छौं ।

१ कोरिन्थी १३:४-७ मा परमेश्वरले हामीलाई आत्मिक प्रेमको प्रत्येक गुणको बारेमा बताउनुभएको छ । परमेश्वरका सन्तानहरूले ती कुराहरू सिक्नुपर्दछ र व्यवहारमा उतार्नुपर्दछ जसले गर्दा उहाँहरू मानिसहरूलाई आत्मिक प्रेम महसूस गराउने प्रेमका दूतहर बन्न सक्नुहुन्छ ।

 १. प्रेम सहनशील हुन्छ

आत्मिक प्रेमका सबै अन्य गुणहरूमध्ये यदि कसैमा सहनशीलताको कमी छ भने, उसले सजिलैसित अरूलाई निरूत्साहित पार्न सक्दछ । मानौं, कुनै सुपरीक्षकले कसैलाई कुनै काम गर्नका निम्ति दिनुहुँदा त्यो मानिसले ठीकसित त्यो काम गरेन । त्यसैले, ती सुपरीक्षकले तुरुन्तै अरू कुनै व्यक्तिलाई त्यो काम सिध्याउन दिनुहुन्छ । त्यो कामको जिम्मा दिइएको पहिलो व्यक्तिलाई आफ्नो काममा सुधार गर्ने दोस्रो मौका नमिल्दा ऊ निराशामा डुब्न सक्दछ । परमेश्वरले 'सहनशीलता' लाई आत्मिक प्रेमको पहिलो गुणमा राख्नुभएको छ किनभने आत्मिक प्रेम सम्वर्द्धन गर्नका लागि त्यो अत्यावश्यक गुण हो । यदि हामीमा प्रेम छ भने, पर्खनु अल्छीलाग्दो हुनेछैन ।

हामीले एकपटक परमेश्वरको प्रेम अनुभव गरेपछि, हामी त्यो प्रेम आफू वरपरका मानिसहरूसित बाँड्चूड गर्न प्रयत्न गर्छौं । कहिलेकाहीँ हामीले अरूलाई यसरी प्रेम गर्न प्रयास गर्दा, हामी मानिसहरूबाट प्रतिकूल प्रतिक्रियाहरू पाउँदछौं जसले हाम्रो हृदयमा चोट पुऱ्याउन सक्दछ । त्यसपछि, ती मानिसहरू हामीलाई प्रिय लाग्दैन र हामी तिनीहरूलाई राम्ररी बुझ्न सक्दैनौं । आत्मिक प्रेम हुनका लागि, हामी यस्ता मानिसहरूसित पनि सहनशील भएर तिनीहरूलाई प्रेम गर्नुपर्दछ । तिनीहरूले हाम्रो निन्दा गरेतापनि, हामीलाई घृणा गरेतापनि वा कुनै कारणैविना हामीलाई कठिनाइमा पारेतापनि र सहनशील हुन र तिनीहरूलाई प्रेम गर्नका निम्ति हामीले आफ्नो मनलाई नियन्त्रण गर्नुपर्दछ ।

एकपटक चर्चको एक जना सदस्यले मलाई उहाँको श्रीमतीको डिप्रेसनको निम्ति प्रार्थना गरिदिन अनुरोध गर्नुभयो । उहाँले यो पनि भन्नुभयो कि उहाँलाई र क्सी पिउने लत लागेको थियो र रक्सी पिउन थालेपछि उहाँ पूर्ण रूपले अर्कै

व्यक्ति बन्नुहुन्थ्यो र आफ्नो परिवारका सदस्यहरूलाई दुःख दिने गर्नुहुन्थ्यो । तरै पनि, उहाँको श्रीमती प्रत्येक पल्ट उहाँसित सहनशील हुनुभयो र प्रेमका साथ उहाँको गल्ती ढाकछोप गर्न प्रयत्न गर्नुभयो । तर उहाँका बानीहरू कहिल्यै परि वर्तन भएनन् र समय बित्दै जाँदा उहाँ मद्यव्यवसनी बन्नुभयो । उहाँको श्रीमतीले जीवन जिउने चाहना नै गुमाउनुभयो र उहाँ डिप्रेसनको शिकार हुनुभयो ।

रक्सी पिउने बानीको कारण उहाँले आफ्नो परिवारलाई धेरै दुःख दिनुभएको थियो, तर अझै पनि आफ्नो श्रीमतीलाई प्रेम गर्ने हुनाले उहाँ मकहाँ प्रार्थना ग्रहण गर्न आउनुभयो । उहाँको कहानी सुनेपछि, मैले उहाँलाई यसो भने, “यदि तपाईं साँच्चै आफ्नो श्रीमतीलाई प्रेम गर्नुहुन्छ भने, धूम्रपान र मद्यपान छोड्न के गाऱ्हो छ र ?” उहाँले केही बोल्नुभएन र उहाँमा आत्मविश्वासको कमी देखिन्थ्यो । मलाई उहाँको परिवारको निम्ति दुःख लाग्यो । उहाँको श्रीमती डिप्रेसनबाट निको हुनुभएको होस् भनी मैले उहाँको निम्ति प्रार्थना गरिदिएँ । परमेश्वरको शक्ति उदेकलाग्दो थियो ! प्रार्थना ग्रहण गर्नासाथ उहाँले मद्यपानको बारेमा सोच्न छोड्न सक्नुभयो । त्योभन्दा अगाडि उहाँले मद्यपान छोड्न सक्ने कुनै सम्भावना थिएन, तर प्रार्थना ग्रहण गरेपछि उहाँले तत्कालै मद्यपान त्याग्नुभयो । उहाँकी श्रीमती पनि डिप्रेसनबाट निको हुनुभयो ।

सहनशील हुनु आत्मिक प्रेमको शुरूवात हो

आत्मिक प्रेम सम्वर्द्धन गर्न हामी, जस्तोसुकै प्रकारको परिस्थितिमा अरूसित सहनशील हुनु आवश्यक छ । के तपाईं आफ्नो लगनशीलताको क्रममा असजिलो महसूस गर्नुहुन्छ ? अथवा, अघिको घटनाको श्रीमतीझैं, लामो समयसम्म सहँदा पनि परिस्थितिमा कुनै सुधार नआएको खण्डमा के तपाईं निराश बन्नुहुन्छ ?

त्यसोभए, परिस्थितिमाथि वा अन्य मानिसहरूमाथि दोष थुपार्नुभन्दा अघि, हामीले पहिला आफ्नो हृदयलाई जाँचेर हेर्नुपर्दछ । यदि हामीले आफ्नो हृदयमा पूर्ण रूपले सत्यलाई सम्वर्द्धन गरेका छौं भने, हामी जस्तोसुकै परिस्थितिमा पनि सहनशील हुन सक्छौं । अर्थात् यदि हामी सहनशील हुन सक्दैनौं भने, यसको अर्थ यो हो कि, हामीमा जति मात्रामा सहनशीलताको कमी छ, त्यति नै मात्रामा हाम्रो हृदयमा असत्यताबाट आउने दुष्टता रहेको हुन्छ ।

सहनशील हुनु भनेको हामी आफैंसित र साँचो प्रेम देखाउन प्रयत्न गर्दा हामीले सामना गर्नुपर्ने सबै कठिनाइहरूसित सहनशील हुनु हो । परमेश्वरको वचन आज्ञापालन गरेर हामीले सबैलाई प्रेम गर्न प्रयास गर्दा केही अफठ्यारा परिस्थितिहरू आउन सक्छन्, र ती सबै परिस्थितिहरूमा सहनशील हुनु आत्मिक प्रेमको सहनशीलता हो ।

यो सहनशीलता गलाती ५:२२-२३ मा उल्लेख गरिएको पवित्र आत्माका नौ वटा फलहरूमध्येको एक धैर्यभन्दा फरक छ । यो कसरी फरक छ त ? पवित्र आत्माका नौं वटा फलहरू मध्येको एक "धैर्य"ले हामीलाई परमेश्वरको राज्य र धार्मिकतको निम्ति सबै कुरामा धैर्य गर्नका लागि आग्रह गर्दछ भने आत्मिक प्रेमको सहनशीलता चाहिँ आत्मिक प्रेम सम्वर्द्धन गर्नका लागि धैर्य गर्नु हो, र यसर

पवित्र आत्माका नौ वटा फलहरूमध्येको सहनशीलता

१. सहनशीलता भनेको सबै असत्यताहरूलाई त्यागेर सत्यताद्वारा हृदय सम्वर्द्धन गर्नु हो ।
२. सहनशीलता भनेको अरूलाई बुझ्नु, अरूको फाइदा खोज्नु र अरूसित शान्तिमा रहनुहो ।
३. यो चाहिँ प्रार्थनाका उत्तरहरू, मुक्ति र परमेश्वरले प्रतिज्ञा गर्नुभएका कुराहरू प्राप्त गर्नु हो ।

ी यसको अर्थ बढी साँघुरो र निश्चित छ । यो सहनशीलता पवित्र आत्माका नौ फलहरूमध्यको एक धैर्य अन्तर्गत पर्दछ भनी हामी भन्न सक्छौं ।

हिजोआज, मानिसहरू आफ्नो सम्पत्ति वा हितमा थोरै मात्र पनि नोक्सानी पुग्दा सजिलैसित अरूका विरुद्ध मुद्दा दायर गर्दछन् । मानिसहरूका बीच मुद्दाहरूको सङ्ख्या बढ्दो भेल सरह छ । धेरैचोटि त आफ्नै श्रीमान् वा श्रीमती अथवा आमाबुवा वा छोराछोरीबीच पनि उनीहरू मुद्दा दायर गर्दछन् । यदि तपाईं अरूसित सहनशील हुनुहुन्छ भने, तपाईं मूर्ख हुनुहुन्छ भनी मानिसहरूले तपाईंको उपहास समेत गर्न सक्छन् । तर येशूले के भन्नुभएको छ ?

मत्ती ५:३९ मा यस्तो लेखिएको छ, “तर म तिमीहरूलाई भन्दछु, दुष्टको मुकाबिला नगर । जसले तिम्रो दाहिने गाला चड्काउला, त्यसलाई अर्को गाला पनि थापिदेऊ” र मत्ती ५:४० ले पनि, “यदि कोही मानिसले मुद्दा चलाएर तिम्रो दौरा लिने दाबी गर्छ भने, त्यसलाई तिम्रो खास्टो पनि दिइहाल” भनी भन्दछ ।

येशूले हामीलाई खराबीको बदला खराबी नगर्नका निम्ति मात्र होइन, तर सहनशील हुन समेत भन्नु भएको छ । हामीलाई दुष्ट मानिसहरूप्रति भलाइ गर्नका लागि भनिरहनुभएको छ । हामी यस्तो सोच्न सक्छौं, “यदि हामी अति नै रिसाएका छौं वा हामीलाई चोट लागेको छ भने हामी कसरी उनीहरूप्रति भलाइको व्यवहार गर्न सक्छौं ?” यदि हामीमा विश्वास र प्रेम छ भने, हामी त्यो गर्न सक्छौं । त्यसो गर्नु हाम्रा पापहरूका निम्ति प्रायश्चित स्वरूप आफ्नो एक मात्र पुत्र हामीहरूलाई दिनुहुने परमेश्वरको प्रेममा विश्वास गर्नु हो । यदि हामीले यस्तो प्रकारको प्रेम प्राप्त गरेका छौं भनी हामी विश्वास गर्छौं भने, हामीलाई धेरै कष्ट र चोट पुऱ्याउने मानिसहरूलाई समेत हामी क्षमा गर्न सक्छौं । यदि हामी हाम्रो निम्ति आफ्नो एक मात्र पुत्र समेत दिनुभएर हामीलाई प्रेम गर्नुहुने परमेश्वर लाई प्रेम गर्छौं भने, र यदि हामी हाम्रो निम्ति आफ्नो जीवन दिनुहुने प्रभुलाई प्रेम गर्छौं भने, हामी जोसुकैलाई र सबैलाई प्रेम गर्न सक्छौं ।

कुनै सीमाविनाको सहनशीलता

कतिपय मानिसहरू आफ्नो सहनशीलताको सीमा नाघेर अन्त्यमा विस्फोट नहुञ्जेलसम्म आफ्नो घृणा, रीस वा क्रोध र अन्य नकरात्मक भावनाहरूलाई दबाएर राख्दछन् । कोही अन्तर्मुखी स्वभावका मानिसहरूले सजिलैसित आफ्ना भावनाहरू व्यक्त गर्दैनन् तर केवल आफ्नो हृदयमा कष्टित बन्दछन्, र यसले अत्याधिक तनावको कारण स्वास्थ्यमा प्रतिकूल असर पुऱ्याउँदछ । यस्तो सहनशीलता भनेको धातुको स्प्रिङ्ग वा उत्प्लवलाई आफ्नो हातले दबाएर राखेझैं हो । यदि तपाईं आफ्नो हात हटाउनु हुन्छ भने, त्यो स्प्रिङ्ग फेरि उफ्रिएर पहिलेकै स्थानमा आउनेछ ।

परमेश्वरले हामीमा चाहनुभएको सहनशीलता भनेको अन्तसम्मै परिवर्तन नभई सहनशील हुनु हो । निश्चित रूपले भन्नुपर्दा, यदि हामीमा यस्तो प्रकारको धैर्य छ भने, हामी कुनै पनि कुरामा सहनशील भइरहनै पर्दैन । हामी आफ्ना हृदयमा घृणा र द्वेष राख्दैनौं तर त्यस्ता असहज भावनाहरू उत्पन्न गराउने मौलिक दुष्ट स्वभावलाई हटाउँदछौं र त्यसलाई प्रेम अनि करुणामा परिवर्तन गर्छौं । यो नै सहनशीलताको आत्मिक अर्थको सार हो । यदि हाम्रो हृदयमा कुनै दुष्टता छैन तर केवल आत्मिक प्रेमको भरपूरी छ भने, हाम्रा शत्रुहरूलाई समेत प्रेम गर्न गाऱ्हो हुँदैन । वास्तवमा, हामी कसैसित शत्रुता नै कमाउँदैनौं ।

यदि हाम्रो हृदय घृणा, कलह, ईर्ष्या र डाहले भरिएको छ भने, अन्य मानिसहरू वास्तवमा असल हृदयको भएपनि, हामी शुरूमा अरूका नकारात्मक पक्षहरूलाई नै हेर्नेछौं । योचाहिँ हामीले सनग्लास (घाममा लगाउने चस्मा) लगाउँदा सबै कुरा अँध्यारो देखिएझैं हो । अर्कोतिर, यदि हाम्रो हृदय प्रेमले भरिएको छ भने, दुष्टतापूर्वक व्यवहार गर्ने मानिसहरू पनि हामीलाई प्रिय लाग्दछ । उनीहरूमा जस्तो सुकै प्रकारको कमजोरी, त्रुटि, गल्ती वा दुर्बलता भएपनि हामी उनीहरूलाई घृणा गर्दैनौं । उनीहरूले हामीलाई घृणा गरेतापनि र हामीप्रति दुष्ट

व्यवहार गरेतापनि, हामी उनीहरूलाई घृणा गर्दैनौं ।

सहनशीलता येशूको हृदयमा पनि छ जसले, 'फुटेको निगालो भाँच्नु हुन्न वा धिपधिप भइरहेको सलेदो निभाउनुहुन्न' । यो स्तिफनसको हृदयमा छ जसले आफूलाई ढुङ्गा हान्ने मानिसहरूका निम्ति पनि यसो भनेर प्रार्थना गरिदिनुभयो, "हे प्रभु, यो पापको दोष यिनीहरूलाई नलागोस्" (प्रेरित ७:६०) । तिनीहरूलाई सुसमाचार प्रचार गरेकै कारण तिनीहरूले उहाँलाई ढुङ्गा हाने । के पापीहरूलाई प्रेम गर्न येशूको निम्ति कठिन थियो ? कदापि होइन ! किनभने उहाँको हृदय आफैंमा सत्यको हृदय थियो ।

एकदिन पत्रुसले येशूलाई एउटा प्रश्न गर्नुभयो, "प्रभु, मेरो भाइले कति पल्ट मेरो विरुद्धमा अपराध गरे मैले त्यसलाई क्षमा गर्ने ? के सात पल्टसम्म ?" (मत्ती १८:२१) । अनि येशूले भन्नुभयो, "म तिमीलाई भन्दछु, सात पल्ट होइन, तर सत्तरी गुणा सात पल्ट" (पद २२) ।

यसको मतलब हामीले केवल सात गुणा सत्तरी पल्ट अर्थात् ४९० पटकसम्म मात्रै क्षमा दिनुपर्दछ भन्ने होइन । आत्मिक अर्थमा सातले सिद्धतालाई जनाउँदछ । त्यसकारण, सात गुणा सत्तरी पल्टले सिद्ध क्षमाशीलतालाई जनाउँदछ । हामी येशूको असीमित प्रेम र क्षमाशीलता महसूस गर्न सक्छौं ।

आत्मिक प्रेमलाई पूरा गर्ने सहनशीलता

अवश्य पनि एकै रातमा हाम्रो घृणालाई प्रेममा परिवर्तन गर्न सजिलो छैन । हामी निरन्तर लामो समयसम्म सहनशील हुनुपर्दछ । एफिसी ४:२६ ले भन्दछ, "क्रोध गर, तर पाप नगर । घाम अस्ताउन अघि नै तिमीहरूको रीस मरोस् ।"

यहाँ 'क्रोध गर' भनेर ती मानिसहरूलाई भनिएको छ जसको विश्वास

कमजोर छ । परमेश्वरले ती मानिसहरूलाई भनिरहनुभएको छ कि यदि विश्वासको कमीको कारणले गर्दा तिनीहरू रिसाउँछन् भने पनि, सूर्यास्तसम्म तिनीहरूले रीसलाई मनमा लिइरहनु हुँदैन, अर्थात् 'लामो समयसम्म' क्रोध गर्नु हुँदैन तर ती भावनाहरूलाई हटाउनुपर्दछ । हरेकको विश्वासको नापअनुरूप, यदि कुनै व्यक्तिको हृदयमा नराम्रा भावनाहरू वा क्रोध आउँदछ र यदि उसले सहनशीलता र धैर्यका साथ ती भावनाहरूलाई त्याग्ने प्रयत्न गर्दछ भने, उसले आफ्नो हृदयलाई सत्यतामा परिवर्तन गर्न सक्दछ र अलिअलि गर्दै उसको हृदयमा आत्मिक प्रेम वृद्धि हुनेछ ।

पवित्र आत्माको भरपूरीमा जोशीलो भई प्रार्थना गर्दा हृदयको गहिराइमा जरा गाडेको पापमय स्वभावलाई त्याग्न सकिन्छ । हामीलाई मन नपर्ने मानिसहरूलाई कृपादृष्टिले हेर्ने प्रयत्न गर्नु र उनीहरूप्रति भलाइका कार्यहरू प्रकट गर्नु अत्यन्तै महत्वपूर्ण छ । हामीले त्यसो गर्दा, हाम्रो हृदयमा भएको घृणा चाँडै हटेर जानेछ, र हामीले ती मानिसहरूलाई प्रेम गर्न सक्नेछौं । हाम्रो कसैसित झगडा हुँदैन र हामी कसैलाई घृणा गर्नेछैनौं । "किनभने हेर, परमेश्वरको राज्य तिमीहरूकै बीचमा छ" (लूका १७:२१) भनी प्रभुले भन्नुभएझैं, हामी स्वर्गमा झैं गरी खुशीसाथ जीवन बिताउन सक्नेछौं ।

अत्यन्तै खुशी हुँदा मानिसहरू स्वर्गमा छौं भनी भन्ने गर्दछन् । त्यसैगरी, स्वर्गको राज्य हाम्रो बीचमा छ भन्नुको अर्थ यो हो कि हामीले हृदयबाट सबै असत्यताहरूलाई त्यागेर त्यसमा सत्यता, प्रेम र भलाइ भरेका छौं । त्यसपछि तपाईं सहनशील भइरहनु पनि पर्दैन किनभने तपाईं सँधै खुशी र आनन्दित अनि अनुग्रहले भरिपूर्ण हुनुहुनेछ, र तपाईंले आफू वरपरका सबैलाई प्रेम गर्नुहुनेछ । जति बढी तपाईं दुष्टतालाई त्यागेर भलाइ सम्वर्द्धन गर्नुहुन्छ, त्यति नै मात्रामा तपाईं सहनशील भइरहनुपर्दैन । तपाईंले जति आत्मिक प्रेम आफूमा धारण गर्नुहुन्छ, त्यति नै मात्रामा आफ्ना भावनाहरूलाई दबाएर तपाईं सहनशील हुनुपर्दैन, प्रेमद्वारा अरू परिवर्तन हुनका निम्ति तपाईंले धैर्य र शान्तिका साथ पर्खन

सक्नुहुनेछ ।

स्वर्गमा कुनै आँसु, दुःख र पीडा हुँदैन । त्यहाँ दुष्टता पटक्कै नहुने तर केवल भलाइ र प्रेम हुने भएकोले, तपाईंले कसैलाई घृणा गर्नु हुनेछैन, कसैसित रिसाउनु वा झर्किनु हुनेछैन । त्यसैकारण, तपाईंले आफ्ना भावनाहरूलाई रोक्नु र नियन्त्रण गरिरहनु पर्दैन । अवश्य पनि, हाम्रो परमेश्वर कुनै कुरामा सहनशील भइरहनु पर्दैन किनकि उहाँ स्वयम् प्रेम हुनुहुन्छ । बाइबलले 'प्रेम सहनशील हुन्छ' भनेर भन्नुको कारण यो हो कि, मानिसहरू भएकोले हामीमा प्राण र सोचाइहरू अनि मानसिक संरचनाहरू हुँदछन् । परमेश्वर मानिसहरूलाई बुझाउन चाहनुहुन्छ । तपाईंले जति बढी दुष्टता त्याग्नुभएर भलाइ सम्वर्द्धन गर्नु हुन्छ, त्यति नै मात्रामा तपाईं सहनशील भइरहनु पर्दैन ।

सहनशीलताद्वारा शत्रुलाई मित्रमा परिवर्तन गर्नु

संयुक्त राज्य अमेरिकाको १६ औं राष्ट्रपति, अब्राहाम लिकंन, र एडविन स्टचान्टन वकिल हुँदा ती दुइ बीच राम्रो सम्बन्ध थिएन । स्टचान्टन सम्पन्न परिवारका थिए र तिनले राम्रो शिक्षा हासिल गरेका थिए । लिंकनका पिता भने एक गरीब व्यक्ति थिए जसले जुत्ता बनाउने काम गर्दथे अनि तिनले प्राथमिक तहको शिक्षा पनि पूरा गरेका थिएनन् । स्टचान्टनले कटु शब्दहरूद्वारा लिंकनको उपहास गर्ने गर्दथे । तर लिकंन कहिल्यै रिसाएनन्, र कहिल्यै पनि तिनको विरोध गरेनन् ।

लिंकन राष्ट्रपति भएपछि, तिनले स्टचान्टनलाई रक्षा सचीव नियुक्त गरे, जुनचाहिँ मन्त्रिपरिषद्को सबैभन्दा महत्वपूर्ण पदहरूमध्ये एक थियो । त्यो पदको लागि स्टचान्टन सही व्यक्ति थिए भनी लिंकनलाई थाहा थियो । पछि, फोर्डस् थिएटरमा लिंकनलाई गोली लाग्दा, धेरै मानिसहरू आफ्नो ज्यान जोगाउन भागे । तर स्टचान्टन दौडेर सोझै लिंकनकहाँ पुगे । लिंकनलाई आफ्नो अङ्गालोमा राखेर

आँखाभरि आँसु लिई तिनले भने, "यिनी संसारकै सबैभन्दा महान् व्यक्ति हुन् । यिनी इतिहासका एक महान् नेता हुन् ।"

आत्मिक प्रेममा हुने सहनशीलताले शत्रुहरूलाई मित्रहरूमा परिवर्तन गर्ने आश्चर्यकर्महरू समेत गराउँदछ । मत्ती ५:४५ ले भन्दछ, "....... र तिमीहरू स्वर्गमा हुनुहुने आफ्ना पिताका छोराहरू हुनेछौ । उहाँले दुष्ट र सज्जन दुवैलाई सूर्यको ताप दिनुहुन्छ, र धर्मी र पापी दुवैलाई वृष्टि दिनुहुन्छ ।"

दुष्टचाँइ गर्ने व्यक्तिहरू पनि कुनै दिन परिवर्तन होऊन् भन्ने चाहनाका साथ परमेश्वर तिनीहरूसित सहनशील हुनुहुन्छ । यदि हामी दुष्ट मानिसहरूप्रति दुष्टचाँइपूर्वक नै व्यवहार गर्छौं भने, यसको मतलब हामी पनि दुष्ट नै छौं, तर यदि हामीलाई इनाम दिनुहुने परमेश्वरतिर आफ्नो दृष्टि लगाएर हामी ती दुष्टहरूप्रति सहनशीलता र प्रेमका साथ व्यवहार गर्छौं भने, पछि स्वर्गमा हामीले सुन्दर निवासस्थानहरू प्राप्त गने छौं (भजनसंग्रह ३७:८-९) ।

२. प्रेम दयालु हुन्छ

ईसप (Aesop) का नीतिहरूमध्ये घाम र हावाको एउटा कथा छ। एकदिन बाटोमा हिँडिरहेको एउटा बटुवाको ओभरकोट कसले फुकालिदिन सक्छ भनी घाम र हावाले बाजी थापे। हावाले पहिलो प्रयास गर्‍यो र रूख नै ढल्ने गरी जोडसित हावाको वेग फुक्यो। तर त्यो मानिसले अझ बलियो गरी ओभरकोटले आफूलाई लपेट्न थाल्यो। त्यसपछि घामले, मुहारमा मुस्कान लिएर न्यानो ताप दियो। न्यानो हुन थालेपछि, त्यो मानिसलाई गर्मी भयो र चाँडै नै उसले आफ्नो ओभरकोट खोल्यो।

यो कथाले हामीलाई राम्रो शिक्षा दिँदछ। हावाले त्यस मानिसको कोट फुकाल्नका लागि उसमाथि बल प्रयोग गर्न खोज्यो, तर घामले त्यस मानिसलाई उसको स्वेच्छाले कोट फुकाल्न लगायो। दया पनि यस्तै हुन्छ। दया भनेको शारीरिक बल वा दबाब प्रयोग गर्नु होइन तर भलाइ र प्रेमले अरूको हृदय छुनु र जित्नु हो।

दयाले जस्तोसुकै व्यक्तिलाई पनि ग्रहण गर्दछ

दया भएको व्यक्तिले जस्तोसुकै मानिसलाई पनि ग्रहण गर्न सक्छ, र धेरै मानिसहरू ऊकहाँ आएर विश्राम गर्न सक्छन्। शब्दकोशको परिभाषाअनुसार दया भनेको 'दयालु हुने गुण वा अवस्था' हो र दयालु हुनु भनेको धैर्य धारण गर्ने सक्ने स्वभाव हुनु हो। यदि तपाईंले कपासको टुक्रालाई सम्झनुभयो भने, दयालाई राम्रोसित बुझ्न सक्नुहुन्छ। कपासमा कुनै वस्तु ठोकिदाँ पनि कुनै आवाज आउँदैन। त्यसले अन्य सबै वस्तुहरूलाई अँगाल्छ।

त्यस्तै, दयालु व्यक्ति त्यो रूख जस्तो हो जहाँ धेरै मानिसहरू विश्राम गर्न सक्छन् । यदि तपाईं अति नै गर्मी दिनमा चर्को घामबाट बच्न कुनै ठुलो रूखमुनि जानुहुन्छ भने, तपाईंलाई कति शीतल र आनन्द महसूस हुनेछ । त्यसैगरी, यदि कसैको हृदय दयालु छ भने, धेरै मानिसहरू त्यो व्यक्ति नजिक आउन र विश्राम गर्न चाहन्छन् ।

प्रायजसो, यदि कुनै मानिस अत्यन्तै करुणामय र कोमल छ अनि आफूलाई दुःख दिनेहरूसित पनि रिसाउँदैन, र आफ्नै कुरामा जिद्दी गर्दैन भने, उसलाई विनम्र र दयालु हृदयको व्यक्ति भन्ने गरिन्छ । तर ऊ जति नै कोमल र विनम्र भएपनि, यदि त्यो भलाइलाई परमेश्वरले मान्यता दिनुभएको छैन भने उसलाई वास्तवमा विनम्र भन्न मिल्दैन । कतिपय मानिसहरूको स्वभाव नै कमजोर र पुरातनवादी भएकोले तिनीहरू अरूको आज्ञापालन गर्दछन् । कतिले भने अरूले दुःख दिँदा मनमा व्याकुलता भएपनि आफ्नो रीसलाई दबाएर राख्छन् । तर तिनीहरूलाई दयालु भन्न मिल्दैन । हृदयमा कुनै पनि दुष्टता नभई केवल प्रेम हुनेहरूले आत्मिक नम्रताका साथ दुष्ट मानिसहरूलाई ग्रहण गर्न र सहन सक्छन् ।

परमेश्वर आत्मिक दया चाहनुहुन्छ

आत्मिक दया कुनै पनि दुष्टता विनाको आत्मिक प्रेमको भरपूरीबाट आउँदछ । यस्तो आत्मिक दयाद्वारा तपाईं कसैको विरुद्धमा उठ्नु हुन्न तर कुनै मानिस जति नै खराब भएतापनि तपाईं उसलाई ग्रहण गर्नुहुन्छ । त्यस्तै, तपाईं बुद्धिमानी हुनुभएकोले गर्दा पनि तपाईं सहनु हुन्छ । तर हामीले याद राख्नुपर्ने कुराचाहिँ के हो भने हामीले विना शर्त अरूलाई बुझेर क्षमा दिँदैमा र सबैप्रति नम्र हुँदैमा हामी दयालु ठहरिँदैनौं । अरूलाई अगुवाइ गर्न र प्रभाव पार्न सक्ने व्यक्ति बन्नका लागि हामीमा धार्मिकता, प्रतिष्ठा र

अख्तियार पनि हुनुपर्दछ । त्यसकारण, आत्मिक रूपमा दयालु व्यक्ति भनेको केवल विनम्र मानिसमात्र होइन तर बुद्धिमानी र सच्चा मानिस हो । त्यस्तो व्यक्तिले एक उदाहरणीय जीवन जिउँदछ । आत्मिक दयाको बारेमा अझ निश्चित रूपले भन्नुपर्दा, हृदयभित्र नम्रता हुनु र बाहिरचाहिँ सदाचारी उदारता हुनु नै आत्मिक दया हो ।

हामीसित कुनै दुष्टता नभएको तर केवल भलाइले भरिएको दयालु हृदय भएतापनि, यदि हामीमा केवल भित्री नम्रता छ भने, त्यो नम्रताले मात्रै हामीलाई अरूलाई अँगाल्न सक्ने र अरूमाथि सकारात्मक प्रभाव जमाउन सक्ने व्यक्ति बनाउँदैन । त्यसैले, जब हामीसत भित्री दया मात्र नभएर, बाहिरी रूपमा पनि सदाचारी उदारताको गुण हुँदछ, तब मात्रै हाम्रो दया सिद्ध हुन सक्दछ र हामीले महान् शक्ति प्रकट गर्न सक्छौं । यदि हामीमा दयालु हृदयका साथै उदारता छ भने, हामी धेरै मानिसहरूको हृदय जित्न र अन्य धेरै कुराहरू गर्न सक्छौं ।

जब कुनै व्यक्तिसित हृदयमा भलाइ र दया, करुणाको भरपूरी र अरूलाई सही मार्ग निर्देशन गर्न सक्ने सदाचारी उदारता हुँदछ तब त्यो व्यक्तिले अरूलाई साँचो प्रेम देखाउन सक्दछ । अनि, उसले मुक्तिको सही मार्गमा धेरै आत्माहरूलाई डोऱ्याउन सक्दछ । बाहिरी रूपमा देखिने सदाचारी उदारताविना भित्री दयाले आफ्नो प्रकाश छर्न सक्दैन । अब सर्वप्रथम भित्री दया सम्वर्द्धन गर्नका लागि हामीले के गर्नु पर्दछ भनी हामी हेर्नेछौं ।

भित्री दयालाई मापन गर्ने मापदण्ड चाहिँ पवित्रीकरण हो ।

दयाले परिपूर्ण हुन, सर्वप्रथम, हामीले हृदयबाट दुष्टतालाई त्याग्नु पर्दछ र पवित्र बन्नुपर्दछ । दयालु हृदय भनेको कपास जस्तै हो, र यदि कसैले झगडालु र आक्रामक

तरिकाले व्यवहार गर्छ भने, त्यसले कुनै आवाज निकाल्दैन तर केवल त्यो व्यक्तिलाई अँगाल्दछ । दयालु हृदय भएको व्यक्तिमा कुनै दुष्टता हुँदैन र उसले कुनै व्यक्तिसित झगडा गर्दैन । तर यदि हामीसित घृणा, डाह र ईर्ष्या वा स्व-धार्मिकता र अनमनीय संरचनाहरूले भरिएको कठोर हृदय छ भने, अरूलाई अँगाल्न हामीलाई कठिन हुनेछ ।

यदि एउटा ढुङ्गा खसेर अर्को ढुङ्गा वा कुनै कडा धातुको वस्तुमाथि बजारिन्छ भने, त्यसले आवाज निकाल्दछ र त्यो उछिट्टिन्छ । त्यसैगरी, यदि हामीमा शारीरिक स्वभाव छ भने, अरूले थोरै मात्र पनि असुविधा पुऱ्याउँदा, हामी आफूलाई असजिलो महसूस भएका भावनाहरू प्रकट गरिहाल्छौं । मानिसहरूको स्वभाममा कमजोरीहरू र अन्य गल्तीहरू भेटिँदा, हामी ती कुराहरूलाई लुकाउने, ढाकछोप गर्ने वा बुझ्ने प्रयास गर्दैनौं तर उल्टो हामी ती मानिसहरूको न्याय गर्ने तिनीहरूलाई दोष लगाउने, तिनीहरूको कुरा काट्ने र निन्दा गर्ने गर्दछौं । यसको मतलब हामी सानो भाँडो जस्ता छौं, जसमा केही कुरा राख्ने प्रयास गर्नासाथ त्यो भरिएर पोखिहाल्दछ ।

त्यो सानो हृदय हो जहाँ धेरै फोहोर कुराहरू छन् र त्यहाँ अन्य कुनै पनि कुरा अटाउने ठाउँ नै छैन । उदाहरणको लागि, अरूले हाम्रा गल्तीहरू औंल्याइदिँदा हामी अपमानित महसूस गर्छौं । अथवा अरूले कानेखुसी गरेको देख्दा, हामीलाई यस्तो लाग्छ कि तिनीहरू हाम्रै बारेमा कुरा गरिरहेका छन् र त्यो के कुरा होला भनी हामी सोच्न थाल्दछौं । कसैले हामीतिर झ्वट्ट हेर्दा मात्रै पनि हामी तिनीहरूको न्याय गर्न सक्छौं ।

हृदयभित्र कुनै दुष्टता नहुनुचाहिँ दया सम्वर्द्धन गर्ने आधारभूत शर्त हो । यसको कारण यो हो कि जब हामीमा कुनै दुष्टता हुँदैन तब हामी अरूलाई आफ्नो हृदयमा अमूल्य ठान्न सक्छौं र अरूलाई भलाइ र प्रेमद्वारा हेर्न सक्छौं । एउटा दयालु व्यक्तिले सँधै अरूलाई कृपा र करुणाका साथ हेर्ने गर्दछ । अरूको न्याय गर्ने वा अरूलाई दोष लगाउने जस्ता कुनै अभिप्राय उसमा हुँदैन, उसले केवल प्रेम र भलाइका साथ अरूलाई

बुझ्न प्रयत्न गर्दछ, र उसको न्यानोपनाले दुष्ट मानिसहरूको हृदयलाई समेत पगाल्दछ ।

विशेषगरी अरूलाई सिकाउने र अगुवाइ गर्ने व्यक्तिहरू पवित्र हुनु आवश्यक छ । ती मानिसहरूमा जति मात्रामा दुष्टता हुन्छ, त्यति नै तिनीहरूले आफ्नै शारीरिक सोचाइहरू प्रयोग गर्नेछन् । अनि, त्यति नै मात्रामा तिनीहरूले बगालको अवस्था सही तरिकाले पहिचान गर्न सक्दैनन्, र तिनीहरूले आत्माहरूलाई हरियो खर्क र शान्त पानीको छेउमा डोऱ्याउन सक्दैनन् । हामी पूर्ण रूपले पवित्र हुँदा मात्रै पवित्र आत्माको अगुवाइ प्राप्त गरेर बगालको अवस्था बुझी हामी ती बगाललाई सही तवरले डोऱ्याउन सक्छौं । परमेश्वरले पनि पूर्ण रूपले पवित्र भएकाहरूलाई मात्र साँच्चै दयालु व्यक्तिको रूपमा मान्यता दिन सक्नुहुन्छ । कस्ता मानिसहरू दयालु मानिसहरू हुन् भन्ने बारेमा विभिन्न मानिसहरूको विभिन्न मापदण्डहरू हुँदछन् । तर मानिसहरूको दृष्टि र परमेश्वरको दृष्टिमा हुने दयाचाहिँ फरक हुँदछन् ।

मोशाको दयालाई परमेश्वरले मान्यता दिनुभयो

बाइबलमा, मोशाले आफ्नो दयाको निम्ति परमेश्वरबाट मान्यता पाउनुभयो । परमेश्वरबाट मान्यता पाउनु कति महत्वपूर्ण छ भन्ने कुरा हामी गन्ती १२ अध्यायबाट थाहा पाउन सक्छौं । एकपटक मोशाले एक कूशी स्त्रीसित विवाह गर्नुभएको कारणले गर्दा मोशाको दाजु हारुन र उहाँकी दिदी मिरियमले उहाँको आलोचना गर्नुभयो ।

गन्ती १२:२ ले भन्दछ, "तिनीहरूले भने, 'के परमप्रभुले केवल मोशाद्वारा मात्र कुरा गर्नुभएको छ र ? के उहाँले हामीद्वारा पनि कुरा गर्नुभएको छैन र ?' अनि परमप्रभुले यो कुरा सुन्नुभयो ।"

उहाँहरूले भन्नुभएको कुरा सम्बन्धी परमेश्वरले के भन्नुभयो त ? "त्यससँग म

गुप्त रीतिले होइन, तर आमनेसामने प्रष्टसँग बात गर्छु र मेरो स्वरूप त्यसले हेर्छ । यसैकारण मेरो दास मोशाको विरुद्धमा बोल्न तिमीहरूलाई किन डर लागेन ?" (गन्ती १२:८)

हारुन र मिरियमले मोशाको न्याय गरेर टिका टिप्पणी गरेको कारण परमेश्वर क्रोधित हुनुभयो । त्यस कारणले गर्दा मिरियम कोरी हुनुभयो । हारुन मोशाको निम्ति प्रवक्ता झैं हुनुहुन्थ्यो र मिरियम पनि समुदायका अगुवाहरूमध्येको एक हुनुहुन्थ्यो । आफूले पनि परमेश्वरबाट प्रेम र मान्यता पाएको छु भन्ने सोचेर, मोशाले केही गलत कुरा गरेको अनुभव हुँदा उहाँहरूले तुरुन्तै मोशाको आलोचना गर्नुभयो ।

हारुन र मिरियमले आफ्नै सोचाइ प्रयोग गरेर मोशालाई दोष लगाएको र उहाँको विरुद्धमा बोलेको परमेश्वरले स्वीकार्नु भएन । मोशा कस्तो प्रकारको व्यक्ति हुनुहुन्थ्यो त ? पृथ्वीमा भएका मानिसहरूमध्ये सबैभन्दा नम्र र विनीत व्यक्तिको रूपमा उहाँले परमेश्वरबाट मान्यता पाउनुभएको थियो । उहाँ परमेश्वरको सम्पूर्ण घरानामा पनि विश्वासयोग्य हुनुहुन्थ्यो र यस कारणले गर्दा परमेश्वरले उहाँलाई यति धेरै भरोसा गर्नुहुन्थ्यो कि उहाँ परमेश्वरसित आमने सामने कुराकानी गर्नुहुन्थ्यो ।

यदि हामी इस्राएलका मानिसहरू मिश्रबाट उम्केर कनान भूमि प्रवेश गर्ने प्रक्रियालाई हेर्छौं भने, परमेश्वरले मोशालाई किन त्यति धेरै मान्यता दिनुभएको थियो भनी बुझ्न सक्छौं । मिश्रबाट आएका मानिसहरूले परमेश्वरको इच्छाविरुद्ध गएर निरन्तर पापहरू गरिरहे । स-साना कठिनाइहरूका निम्ति पनि उनीहरूले मोशाको विरुद्धमा गनगन गरेसरह थियो । प्रत्येक पल्ट, उनीहरूले गनगन गर्दा मोशाले परमेश्वरको कृपाको निम्ति पुकारा गर्नुभयो ।

एउटा घटनाले मोशाको दया आश्चर्यजनक रूपमा प्रकट गर्दछ । मोशा आज्ञाहरू

प्राप्त गर्न सीनै पर्वतमा जानुहुँदा, मानिसहरूले एउटा मूर्ति-सुनको बाछो- बनाए, अनि तिनीहरूले त्यसको पूजा गरे र खानपान गर्नलाई बसे र भोगविलासमा मग्न भए। मिश्रीहरूले गोरू र गाई जस्तो देखिने देवताहरूको पूजा गर्दथे, र तिनीहरूले तिनै देवताहरूको नक्कल गरे। परमेश्वर उनीहरूको साथमा हुनुहुन्छ भनी परमेश्वरले उनीहरूलाई धेरै पटक देखाउनुभएको थियो, तर उनीहरूले परिवर्तनको कुनै लक्षण नै देखाएनन्। अन्तत, परमेश्वरको क्रोध उनीहरूमाथि पऱ्यो। तर त्यो समयमा, मोशाले आफ्नो जीवन नै धितो राखेर उनीहरूका निम्ति अन्तर्बिन्ती गर्नुभयो, "तापनि तपाईंले तिनीहरूको पाप क्षमा गर्नुहुन्छ होला हुन्न भनेता, तपाईंले लेख्नुभएको पुस्तकबाट मेरो नाउँनिशानै मेटिदिनुहोस्" (प्रस्थान ३२:३२)।

'तपाईंले लेख्नुभएको पुस्तक' ले जीवनको पुस्तकलाई जनाउँदछ जहाँ बाँचेका आत्माहरूका नामहरूको अभिलेख राखिएको हुन्छ। यदि तपाईंको नाम जीवनको पुस्तकबाट मेटियो भने, तपाईं बाँच्न सक्नु हुन्न। यसको मतलब तपाईंले मुक्ति नपाउने मात्रै होइन तर तपाईं सदाको निम्ति नरकमा पीडित हुनुपर्नेछ। मोशालाई मृत्युपछिको जीवनको बारेमा राम्रोसित थाहा थियो, तर आफ्नो मुक्तिलाई गुमाउने मूल्य चुकाएर भएपनि उहाँ मानिसहरूलाई बचाउन चाहनुहुन्थ्यो। मोशाको यस्तो हृदय परमेश्वरको हृदयसित मिल्दोजुल्दो थियो जो कोही पनि नष्ट भएको चाहनुहुन्न।

परीक्षाहरूद्वारा मोशाले दया सम्वर्द्धन गर्नुभयो

अवश्य पनि, मोशामा शुरूदेखि नै यस्तो दया थिएन। उहाँ एक हिब्रू हुनुभएतापनि एक मिश्री राजकुमारीको छोराको रूपमा हुर्कनुभएको थियो र उहाँलाई कुनै कुराको अभाव थिएन। उहाँले उच्च तहको मिश्री शिक्षा हासिल गर्नुभएको थियो र युद्ध

कलाहरू सिक्नुभएको थियो । उहाँमा अहम् र स्व-धार्मिकता पनि थियो । एक दिन, एक मिश्रीले एक हिब्रूलाई पिटिरहेको उहाँले देख्नुभयो र आफ्नो स्व-धार्मिकतामा उहाँले त्यो मिश्रीलाई मार्नुभयो ।

त्यसैले गर्दा, उहाँ एकै रातमा फरार भएर भागिहिँड्ने व्यक्ति बन्नुपऱ्यो । भाग्यवश, मिद्यानको एक पूजाहारीको सहायताद्वारा उहाँ उजाडस्थानमा एक गोठालो बन्नुभयो, तर उहाँले सबै कुरा गुमाइ सक्नुभएको थियो । बगाल चराउने कामलाई मिश्रीहरूले एकदमै तुच्छ ठान्दछन् । आफूले तुच्छ ठानेको काम उहाँले चालीस वर्षसम्म गर्नु पऱ्यो । त्यो समयमा परमेश्वरको प्रेम र जीवनबारे धेरै कुराहरू महसूस गर्दै उहाँले आफूलाई पूर्ण रूपले नम्र तुल्याउनु भयो ।

इस्राएलका मानिसहरूको अगुवा हुनका निम्ति परमेश्वरले मिश्रको राजकुमार, मोशालाई बोलाउनु भएको थिएन । परमेश्वरले बोलाउनुहुँदा समेत आफूलाई बारम्बार नम्र तुल्याउनुहुने गोठालो मोशालाई परमेश्वरले बोलाउनुभएको थियो । परीक्षाहरूद्वारा उहाँले आफूलाई पूर्ण रूपमा नम्र तुल्याउनुभयो र आफ्नो हृदयबाट दुष्टता त्याग्नु भयो, र यस कारणले गर्दा उहाँले ६,००,००० भन्दा बढी मानिसहरूलाई मिश्रबाट निकालेर कनान भूमिमा डोऱ्याउन सक्नुभयो ।

त्यसैले, दया सम्वर्द्धन गर्दा महत्वपूर्ण कुरा भनेको, हामी जुन परीक्षाहरूबाट गुज्रन्छौं त्यो क्रममा हामीले आफूलाई परमेश्वरको अघि नम्र तुल्याएर भलाइ र प्रेम सम्वर्द्धन गर्नु हो । हामी जति मात्रामा नम्र बन्छौं त्यति नै मात्रामा दयालु पनि हुन्छौं ।

सदाचारी उदारताले आत्मिक दयालाई सिद्ध तुल्याउँछ

आत्मिक दया सम्वर्द्धन गर्नका लागि हामीले हरेक प्रकारको दुष्टतालाई त्यागेर

पवित्र बन्ने मात्र होइन, तर सदाचारी उदारता पनि सम्वर्द्धन गर्नु पर्दछ । सदाचारी उदारता भनेको अरूलाई खुला हृदयका साथ बुझ्नु र निष्पक्षताका साथ ग्रहण गर्नु; मानिसको कर्तव्यअनुसार सही कार्य गर्नु, र शारीरिक बल प्रयोग गरेर होइन तर मानिसहरूका कमजोरीहरूलाई बुझेर उनीहरूलाई ग्रहण गरी उनीहरूको हृदय जित्न र अभिभूत गराउन सक्ने स्वभाव हुनु हो । यस्ता मानिसहरूसित अरूमा विश्वास र भर ोसा प्रोत्साहित गर्न सक्ने प्रेम हुँदछ ।

सदाचारी उदारता भनेको मानिसहरूले लगाउने लुगाझैं हो । हामी भित्री रूपमा जति असल भएतापनि, यदि हामी नग्न अवस्थामा छौं भने, हामी अरूबाट अपमानित हुने छौं । त्यसैगरी, हामी जति दयालु भएतापनि, यदि हामीमा यस्तो सदाचारी उदारता छैन भने हामी साँचो रूपमा हाम्रो दयाको महत्व प्रकट गर्न सक्दैनौं । उदाहरणको लागि, कुनै मानिस भित्री रूपमा दयालु छ, तर अरूसित कुराकानी गर्दा उसले धेरै अनावश्क कुराहरू बोल्दछ । त्यसो गर्नुको पछाडि, त्यस्तो व्यक्तिको कुनै गलत अभिप्राय हुँदैन, तर अरूले ऊमाथि भरोसा गर्न सक्दैनन् किनभने ऊ राम्रो शिष्टाचार भएको वा शिक्षा पाएको व्यक्ति जस्तो देखिँदैन । कतिपय मानिसहरूमा दया भएको कारणले गर्दा उनीहरूमा कुनै वैमनस्यको भावना हुँदैन र उनीहरू अरूलाई हानि पुऱ्याउँदैनन् । तर यदि उनीहरूले अरूलाई सक्रियताका साथ सहायता गर्दैनन् वा कोमलतापूर्वक अरूको हेरचाह गर्दैनन् भने उनीहरूलाई धेरै मानिसहरूको हृदय जित्न गाह्रो हुन्छ ।

सुन्दर रङ्ग वा मीठो सुबास्ना नभएका फूलहरूमा जति धेरै पुष्परस भएतापनि त्यस्ता फूलहरूले कुनै पनि माहुरी वा पुतलीलाई आफूतिर आकर्षित गर्न सक्दैनन् । त्यसैगरी, हामी अत्यन्तै दयालु भएतापनि र कसैले हाम्रो एउटा गालामा थप्पड हान्दा हामीले अर्को गाला थाप्न सक्ने भएतापनि, हाम्रा शब्द र कार्यहरूमा सदाचारी उदारता नभएसम्म हाम्रो दया वास्तवमा प्रकाशमा आउन सक्दैन । साँचो दया त्यतिबेला पूरा

हुन्छ र त्यसले त्यतिखेर मात्र आफ्नो वास्तविक महत्व प्रकट गर्न सक्छ जब भित्री दयाले बाहिरी सदाचारी उदारताको पोशाक पहिरेको हुन्छ ।

योसेफमा यस्तो सदाचारी उदारता थियो । उहाँ सबै इस्राएलका पिता, याकूबको एघारौं छोरो हुनुहुन्थ्यो । उहाँका दाजुहरूले उहाँलाई घृणा गर्नुहुन्थ्यो र सानै उमेरमा उहाँहरूले योसेफलाई दासको रूपमा मिश्र देशमा बेचिदिनुभयो । तर परमेश्वरको सहायताद्वारा उहाँ तीस वर्षको उमेरमा मिश्र देशको प्रधानमन्त्री बन्नुभयो । मिश्र देश त्यो समयमा नील नदीमा केन्द्रीत एउटा निकै बलियो राष्ट्र थियो । त्यो चार प्रमुख 'सभ्यताका उद्‌भवस्थलहरू' मध्येको एक थियो । त्यहाँका शासकहरू र जनताहरू दुवैले आफूमा अत्यन्तै गर्व गर्दथे र कुनै विदेशी त्यहाँको प्रधानमन्त्री हुनु सजिलो कुरो थिएन । उहाँमा कुनै पनि गल्ती भेट्टाइएको खण्डमा उहाँले तुरुन्तै राजिनामा दिनु पर्ने थियो ।

तर, त्यस्तो परिस्थितिमा पनि, योसेफले मिश्र देशमा एकदमै राम्रो सित अनि बुद्धिमतापूर्वक शासन चलाउनुभयो । उहाँ दयालु र नम्र हुनुहुन्थ्यो, र उहाँका वचन र कार्यहरूमा कुनै खोट लगाउने ठाउँ थिएन । शासकको रूपमा उहाँसित बुद्धि र ओजस्विता पनि थियो । उहाँसित राजाभन्दामुनि दोस्रो तहको अख्तियार थियो, तर उहाँले मानिसहरूलाई दमन गर्न वा तडकभडक गरेर आफ्नो शान देखाउन प्रयास गर्न चाहनु भएन । उहाँ आफैंप्रति सख्त हुनुहुन्थ्यो, तर अरूप्रति उदार र नम्र हुनुहुन्थ्यो । त्यसकारण राजा र अन्य मन्त्रीहरू उहाँसित सङ्कोच मान्नु र होशियार भइरहनु पर्दैनथ्यो वा तिनीहरूले उहाँको डाह गर्नु आवश्यक थिएन, तिनीहरूले उहाँमाथि पूर्ण भरोसा गरेका थिए । अनिकालबाट बच्नको लागि कनानबाट मिश्रमा पुगेका योसेफका परिवारलाई मिश्रीहरूले गरेको न्यानो स्वागतबाट पनि हामी यो तथ्यलाई बुझ्न सक्छौं ।

योसेफको दयामा सदाचारी उदारता थियो

यदि कसैमा यस्तो सदाचारी उदारता छ भने, यसको मतलब उहाँको हृदय विशाल छ, र आफ्नो वचन र कार्यमा आफू सही भएतापनि आफ्नै मापदण्ड प्रयोग गरेर उहाँ अरूको न्याय गर्नुहुन्न र अरूलाई दोष लगाउनु हुन्न । योसेफको यस्तो स्वभाव त्यतिबेला स्पष्टसित देखिन्छ जब उहाँलाई मिश्र देशमा दासको रूपमा बेचिदिने उहाँका दाजुहरू अन्न लिनका लागि मिश्र देशमा पुग्नुभएको थियो ।

शुरुमा, ती दाजुहरूले योसेफलाई चिन्नु भएन । यो कुरा बुझ्न सकिन्छ किनकि उहाँहरूले योसेफलाई नदेख्नुभएको बीस वर्षभन्दा बढी भइसकेको थियो । थपअझ, योसेफ मिश्र देशको प्रधानमन्त्री बन्ने कुरा उहाँहरू कल्पना पनि गर्न सक्नु हुन्नथ्यो । अब, आफूलाई मार्न तम्सने र अन्ततः दासको रूपमा मिश्रमा बेचिदिने आफ्ना दाजुहरूलाई देख्दा योसेफलाई कस्तो महसूस भयो ? उहाँहरूलाई उहाँहरूका पापको मूल्य चुकाउन लगाउने शक्ति उहाँसित थियो । तर योसेफले बदला लिन चाहनुभएन । उहाँले आफ्नो परिचय लुकाउनुभयो र आफ्ना दाजुहरूको हृदय पहिलेकोझैं छ कि छैन भनी दुइ पटक उहाँहरूको जाँच गर्नुभयो ।

योसेफले वास्तवमा उहाँहरूलाई उहाँहरूको पापको निम्ति परमेश्वर सामु पश्चात्ताप गर्ने मौका दिइरहनुभएको थियो, किनकि आफ्नै भाइलाई मार्ने योजना बनाउनु र अर्को देशमा एउटा दासको रूपमा बेचिदिनु सानोतिनो पाप थिएन । उहाँले ती दाजुहरूलाई अविवेकपूर्ण त्यत्तिकै क्षमा वा दण्ड दिनुभएन, तर परिस्थितिहरूलाई यस्तो प्रकारले डोऱ्याउनुभयो जसले गर्दा उहाँका दाजुहरू आफैंले उहाँहरूका पापको निम्ति पश्चात्ताप गर्न सक्नुभयो । अन्ततः दाजुहरूले आफ्नो गल्ती सम्झेर पछुतो गरे पछि मात्रै, योसेफले आफ्नो परिचय खुलाउनुभयो ।

त्यो क्षणमा, उहाँका दाजुहरू डराउनुभयो । उहाँहरूको जीवन अब आफ्नो भाइ

योसेफको हातमा थियो, जो त्यसबेला पृथ्वीको सबैभन्दा बलियो राष्ट्र, मिश्रको प्रधानमन्त्री हुनुहुन्थ्यो । तर उहाँहरूले पहिला जे गर्नुभयो त्यसको कारण सोध्ने चाहना योसेफमा थिएन । "अब तिमीहरूले आफ्ना पापहरूको मूल्य चुकाउनेछौ" भनेर उहाँले आफ्ना दाजुहरूलाई थर्काउनुभएन । तर उल्टो उहाँहरूलाई सान्त्वना दिने प्रयास गर्दै उहाँहरूलाई चिन्ता मुक्त पार्नका लागि उहाँले यसो भन्नुभयो, "तिमीहरूले मलाई बेचेकोमा अब दुःख नमान । आफैमाथि रीस पनि नगर, किनकि प्राणहरू बचाउनका निम्ति परमेश्वरले मलाई तिमीहरूका अगि यहाँ पठाउनुभएको हो" (उत्पत्ति ४५:५) ।

सबै कुरा परमेश्वरकै योजना थियो भनी उहाँले स्वीकार गर्नुभयो । योसेफले आफ्नो हृदयदेखि नै आफ्ना दाजुहरूलाई केवल क्षमा मात्र दिनुभएन तर पूर्ण रूपले उहाँहरूलाई बुझेर मन छुने वचनहरूद्वारा उहाँहरूको हृदयमा सान्त्वना पनि दिनुभयो । यसको मतलब योसेफले गर्नुभएको कामले शत्रुहरूको मनलाई समेत छुन सक्यो, जुनचाहिँ बाहिर देखिने सदाचारी उदारता हो । सदाचारी उदारतासहितको योसेफको दया त्यो शक्तिको स्रोत थियो जसले मिश्रभित्र र वरपरका धेरै जीवनहरूलाई बचायो अनि त्यो शक्ति परमेश्वरको उदेकपूर्ण योजना पूरा गर्ने आधार पनि थियो । अहिलेसम्म व्याख्या गरिएअनुसार, सदाचारी उदारताचाहिँ भित्री दयाको बाहिरी अभिव्यक्ति हो, र यसले धेरै मानिसहरूको हृदय जित्न र ठूलो शक्ति प्रकट गर्न सक्दछ ।

सदाचारी उदारता हुन पवित्रीकरण आवश्यक छ

जसरी पवित्रीकरणद्वारा भित्री दया प्राप्त गर्न सकिन्छ, त्यसरी नै हामीले दुष्टतालाई त्यागेर पवित्र बन्दा सदाचारी उदारता पनि सम्वर्द्धन गर्न सकिन्छ । अवश्य पनि, कुनै व्यक्ति पवित्र नभएतापनि शिक्षाद्वारा वा विशाल हृदयका साथ जन्मिएको कारण उसले

केही हदसम्म सदाचारी र उदार कार्यहरू देखाउन सक्छ । तर साँचो सदाचारी उदारता त्यस्तो हृदयबाट आउन सक्छ जुन हृदय दुष्टतारहित हुँदछ र जसले केवल सत्यलाई पछ्याउँदछ । यदि हामी पूर्ण रूपले सदाचारी उदारता सम्वर्द्धन गर्न चाहन्छौं भने हाम्रो हृदयमा भएका दुष्टताको मुख्य जरामात्रै उखेल्नु पर्याप्त छैन । हामीले दुष्टताको अत्युल्प मात्रालाई समेत त्याग्नु पर्दछ (१ थेसलोनिकी ५:२२) ।

मत्ती ५:४८ मा यसो भनेर उल्लेख गरिएको छ, "यसकारण जस्तो तिमीहरूका स्वर्गमा हुनुहुने पिता सिद्ध हुनुहुन्छ, तिमीहरू पनि त्यस्तै सिद्ध हुनुपर्दछ ।" जब हामीले हृदयबाट सबै प्रकारका दुष्टताहरूलाई फालेर हाम्रा बोलीवचन, काम र व्यवहारमा हामी दोषरहित बन्दछौं, तब हामी दया सम्वर्द्धन गर्न सक्छौं जसले गर्दा धेरै मानिसहरूले हामीमा विश्राम लिन सक्नेछन् । यस कारणले गर्दा, हामी अन्त्यमा घृणा, ईर्ष्या, डाह, घमण्ड र क्रोध जस्ता दुष्टताहरूलाई त्याग्ने तहसम्म नपुगुञ्जेल सन्तुष्ट बन्नु हुँदैन । परमेश्वरको वचन र जोशिला प्रार्थनाद्वारा अनि पवित्र आत्माको अगुवाइ प्राप्त गरेर हामीले शरीरका स-साना दुष्कर्महरूलाई समेत फाल्नुपर्दछ र सत्यताका कार्यहरू प्रकट गर्नुपर्दछ ।

शरीरका दुष्कर्महरू के हुन् त ? रोमी ८:१३ ले भन्दछ, "किनकि पाप-स्वभावअनुसार जिउँछौ भने, तिमीहरू मर्छौ, तर यदि पवित्र आत्माद्वारा शरीरका कार्यहरू तिमीहरूले निर्मूल पार्‍यो भने, तिमीहरू जिउनेछौ ।"

शरीरले यहाँ सामान्यता हाम्रो भौतिक शरीरलाई जनाउँदैन । शरीरले आत्मिक अर्थमा मानिसको त्यो शरीरलाई जनाउँदछ जसबाट सत्यता रित्तिसकेको हुँदछ । त्यसकारण, शरीरका कार्यहरूले ती कार्यहरूलाई जनाउँदछन् जो शरीरमा गिरेका मावन जातिलाई भर्ने असत्यताहरूबाट आउँछन् । शरीरका कार्यहरूमा प्रत्यक्ष पापहरू मात्रै हो इन तर सबै प्रकारका असिद्ध कार्य वा कामहरू पर्दछन् ।

विगत्मा मैले अनौठो कुरा अनुभव गरेको थिएँ । मैले जुनै पनि कुरालाई छुँदा, मलाई विधुत्को झट्का लागेको अनुभव हुन्थ्यो र त्यो झट्काले मेरो हात च्वाट्ट तान्ने गर्दथे । मलाई कुनै पनि कुरा छुन डर लाग्यो । त्यसपछि स्वभाविक रूपमा, मैले कुनै पनि वस्तुलाई छुँदा, प्रभुलाई पुकार्दै मनमनै प्रार्थना गर्दथेँ । अत्यन्तै सावधानीपूर्वक कुनै कुरालाई छुँदा मलाई त्यस्तो अनुभव हुँदैनथ्यो । ढोका खोल्दा, म ढोकाको ह्यान्डिललाई एकदमै हल्का तरिकाले समात्ने गर्दथेँ । चर्चका सदस्यहरूसित हात मिलाउँदा पनि म अत्यन्तै होशियार हुनुपर्दथ्यो । यस्तो घटना केही महिनासम्म भइरह्यो र मेरा सबै व्यवहारहरू अत्यन्तै सावधान र कोमल बन्दै गए । पछि मैले महसूस गरेँ कि त्यस्ता अनुभवहरूद्वारा परमेश्वरले शरीरका मेरा कार्यहरूलाई सिद्ध बनाउनुभएको थियो ।

यो कुरा हामीलाई मामुली लाग्न सक्छ तर कुनै पनि व्यक्तिको व्यवहार गर्ने तरिका अत्यन्तै महत्वपूर्ण हुँदछ । कतिपय मानिसहरूको अरूसित हाँस्दा वा बोल्दा आफू वरपर भएकाहरूलाई छुने बानी हुन्छ । कतिले समय र स्थानको ख्यालै नराखी ठूलो स्वरमा बो लेर अरूलाई असजिलो पुऱ्याउने गर्दछन् । यी बानी-व्यवहारहरू ठूला अपराधहरू हो इनन्, तरैपनि यी शरीरका असिद्ध दुष्कर्महरू हुन् । सदाचारी उदारता हुनेहरूको दैनिक जीवनमा सही आचरण हुने गर्दछ र त्यस्ता व्यक्तिहरू कहाँ आएर अन्य धेरै मानिसहरूले विश्रा मगर्न चाहन्छन् ।

हृदयको प्रकृतिलाई परिवर्तन गर्नुहोस्

दोस्रा, सदाचारी उदारता प्राप्त गर्नका लागि हामीले आफ्नो हृदयको प्रकृतिलाई सम्वर्द्धन गर्नु पर्दछ । हृदयका प्रकृतिहरूले हृदयको आकारलाई जनाउँदछन् । हरेकको हृदयको प्रकृतिअनुसार कतिपय मानिसहरूले आफूले गर्नुपर्ने भन्दा बढी गर्दछन् भने

कतिले आफूलाई दिइएको जिम्मा जति मात्र काम गर्दछन् अथवा कतिले चाहिँ आफूले गर्नुपर्ने भन्दा पनि कम गर्दछन् । सदाचारी उदारता भएको व्यक्तिको हृदय ठूलो र चौडा हुँदछ, त्यसैले उसले केवल आफ्ना व्यक्तिगत मामिलाहरूलाई मात्र हेर्दैन तर अरूको पनि हेरचाह गर्दछ ।

फिलिप्पी २:४ ले भन्दछ, "तिमीहरू हरेकले आफ्नै हित मात्र नखोज, तर अरूका हितलाई पनि हेर ।" सबै परिस्थितिहरूमा हामीले आफ्नो हृदयलाई कति मात्रामा फर ाकिलो पार्छौं सोही अनुरूप हाम्रो हृदयको प्रकृतिमा परिवर्तन आउँदछ, त्यसैले हामी निर न्तर प्रयासद्वारा यसलाई परिवर्तन गर्न सक्छौं । यदि हामी धीरज धारण गर्न नसकी के वल आफ्ना व्यक्तिगत कुराहरूलाई मात्रै ध्यान दिन्छौं भने पहिला अरूको फाइदा खोज्ने अनि अरूका परिस्थितिहरू बुझ्न सक्ने खालको हृदय हाम्रो होस् भन्ने हेतुले हाम्रो साँघुर ो मनलाई फराकिलो बनाउन हामीले विस्तृत रूपमा प्रार्थना गर्नु पर्दछ ।

मिश्र देशमा दासको रूपमा बेचिएर नपुगुञ्जेलसम्म, योसेफ एक हरित गृहमा हुर्काइएको विरुवा र फूलझैं हुनुहुन्थ्यो । उहाँ घरका सबै जिम्मेवारीहरू बहन गर्न वा आफ्नो पिताबाट प्रेम नपाएका आफ्ना दाजुहरूको हृदय र परिस्थितिहरू बुझ्न सक्नु हुन्नथ्यो । तर, विभिन्न परीक्षाहरूद्वारा, उहाँको हृदय आफू वरपरका प्रत्येक कुनालाई अवलोकन र व्यवस्थापन गर्न सक्ने खालको हृदय बन्न पुग्यो र उहाँले पहिला अरूको हृदयको ख्याल गर्न सिक्नुभयो ।

योसेफ मिश्रको प्रधानमन्त्री बन्नुहुने समयको लागि परमेश्वरले योसेफको हृदय तयार गरिदिनुभएको थियो । यदि हामीमा दया र दोषरहित हृदयका साथ यस्तो प्रकृतिको हृदय हुन सक्यो भने, हामी कुनै ठूलो संस्थालाई पनि राम्ररी व्यवस्थापन गरेर चलाउन सक्छौं । यो एक अगुवामा हुनैपर्ने गुण हो ।

दयालुहरूले पाउने आशिष्हरू

हृदयबाट दुष्टता हटाएर बाहिर प्रकट हुने सदाचारी उदारता सम्वर्द्धन गरी सिद्ध दया आफूमा पूर्ण गर्नेहरूले कस्ता प्रकारका आशिष्हरू पाउनुहुन्छ त ? मत्ती ५:५ मा, "धन्य नम्रहरू, किनभने तिनीहरूले पृथ्वीको अधिकार पाउनेछन् " भनी लेखिएझैं र भजनसग्रह ३७:११ मा, "तर नम्रहरूले देश अधिकार गर्नेछन्, र विशाल शान्ति उपभोग गर्नेछन्" भनी उल्लेख गरिएझैं, उहाँहरूले जमीनको अधिकार पाउनुहुनेछ । जमीनले यहाँ स्वर्गीय राज्यको निवासस्थानलाई जनाउँदछ, र जमीन अधिकार गर्नुको अर्थ "भविष्यमा स्वर्गमा ठूलो अधिकार उपभोग गर्नु" हो ।

किन उहाँहरूले स्वर्गमा ठूलो अधिकार पाउनुहुन्छ ? दयालु व्यक्तिले हाम्रो पिता परमेश्वरको हृदय लिएर अन्य आत्माहरूलाई बलियो पार्नु हुन्छ र ती आत्माहरूको हृदयलाई छुनुहुन्छ । कुनै व्यक्तिमा जति बढी नम्रता हुन्छ, त्यति नै बढी आत्माहरूले उहाँमा विश्राम लिनेछन् र उहाँद्वारा मुक्तिमा डोऱ्याइनेछन् । यदि हामी, धेरै मानिसहरू हामीकहाँ आएर विश्राम गर्न सक्ने महान् व्यक्ति बन्न सक्यौं भने, यसको अर्थ यो हो कि हामीले धेरै मात्रामा अरूको सेवा गरेका छौं । सेवा गर्नेहरूलाई स्वर्गीय अख्तियार प्रदान गरिनेछ । मत्ती २३:११ ले भन्दछ, "तिमीहरूमध्ये जो सबैभन्दा उच्च छ, त्यो तिमीहरूको सेवक हुनेछ ।"

त्यसैगरी, कुनै नम्र व्यक्ति स्वर्ग पुग्नुभएपछि उहाँले ठूलो अख्तियार उपभोग गर्न पाउनु हुनेछ र निवासस्थानको रूपमा फराकिलो र चौडा भूमि प्राप्त गर्नुहुनेछ । यही पृथ्वीमा पनि धेरै शक्ति, धन-सम्पत्ति, मान-प्रतिष्ठा र अख्तियार हुनेहरूलाई थुप्रै मानिसहरूले पछ्याउँदछन् । तर यदि ती मानिसहरूले आफूसित भएका कुराहरू गुमाए भने तिनीहरूले आफ्नो प्रायः सबै अधिकार गुमाउनेछन् र तिनीहरूलाई पछ्याउने धेरै

मानिसहरूले तिनीहरूलाई त्याग्नेछन् । दयालु व्यक्तिसित हुने आत्मिक अख्तियार यस संसारको अख्तियारभन्दा फरक हुन्छ । यो कहिल्यै पनि हराउँदैन वा परिवर्तन हुँदैन । यस पृथ्वीमा, उहाँको प्राणको उन्नति हुँदा, उहाँ सबै कुरामा सफल बन्नु हुन्छ । त्यस्तै, स्वर्गमा परमेश्वरले उहाँलाई सदासर्वदा अत्यन्तै प्रेम गर्नुहुनेछ र उहाँलाई अनगिन्ती आत्माहरूले आदर गर्नेछन् ।

३. प्रेमले डाह गर्दैन

केही उत्कृष्ट विधार्थीहरूले विगत्का जाँचहरूमा आफूले समाधान गर्न छुटाएका प्रश्नहरूको उत्तर खोज्दछन् र नोटहरू मिलाउँदछन् । आफूले ती प्रश्नहरूको सही उत्तर मिलाउन नजानेको कारण उनीहरू पत्ता लगाउँदछन् र अर्को पटकको तयारीको निम्ति विषयवस्तुलाई राम्रो सित बुझ्दछन् । गाऱ्हो विषयलाई छोटो समयमा सिक्ने यो प्रभावकारी तरिका हो भनी उनीहरू भन्दछन् । आत्मिक प्रेम सम्वर्द्धन गर्ने क्रममा पनि यही तरिका अपनाउन सकिन्छ । यदि हामीले आफ्ना कार्यहरू र बोलीवचनहरूलाई विस्तृत रूपमा जाँचेर एकएक गरी हाम्रा कमजोरीहरूलाई त्याग्यौं भने, हामी छोटो समयावधिमा नै आत्मिक प्रेमले परिपूर्ण हुन सक्छौं । अब हामी आत्मिक प्रेमको अर्को गुणलाई हेरौं-'प्रेमले डाह गर्दैन' ।

ईर्ष्यालु तिक्तता र अप्रसन्नताको भावना अत्याधिक मात्रामा बृद्धि भएर कुनै व्यक्तिविरुद्ध दुष्ट कार्यहरू प्रकट हुन्छन् भने त्यो डाह उत्पन्न भएको हो । यदि हाम्रो मनमा डाह र ईर्ष्याको भावना छ भने, अरू कसैले प्रशंसा वा कृपा पाएको देख्दा हामीमा दुर्भावनाहरू आउनेछन् । आफूभन्दा बढी ज्ञान, धन-सम्पत्ति र क्षमता भएको व्यक्ति देख्दा, वा हाम्रा सहकर्मीहरमध्ये कसैको उन्नति र प्रशंसा भएको देख्दा, हामी ईर्ष्यालु बन्न सक्छौं । कहिलेकाहीं हामीमा त्यो व्यक्तिप्रति घृणा, ऊसित भएका सबै थोक लुटेर उसलाई कुल्चीमिल्ची गर्ने चाहना उत्पन्न हुन सक्छ ।

अर्कोतिर, हामी यस्तो सोचेर निराश हुन सक्छौं, "सबैले उसको प्रशंसा गर्दछन्, तर मचाहिँ को हुँ र ? म कोही पनि होइन !" अर्को शब्दमा, हामी निराश हुन्छौं किनकि हामी आफूलाई अरूसित तुलना गर्छौं । हामीले निराश महसूस गर्दा हामीमध्ये कतिलाई

त्यो डाह होइन भन्ने लाग्न सक्छ । तर, प्रेम सत्यतामा रमाउँछ । अर्को शब्दमा भन्नुपर्दा, यदि हामी निराश हुँदै आफैंलाई गाली गर्छौं, वा सत्यतामा रमाउँदैनौं भने, यो चाहिँ हाम्रो अहम् वा 'पुरानो मनुष्यत्व' अझै सक्रिय भएको कारणले गर्दा हो । हाम्रो ' पुरानो मनुष्यत्व' जीवितै रहेको कारणले गर्दा, आफू अरूभन्दा कम भएको महसूस हुँदा हाम्रो अहम्मा चोट पुग्छ ।

ईर्ष्यालु मन वृद्धि हुँदा, त्यो दुष्ट शब्द र कार्यहरूमा बाहिर प्रकट हुन्छ । यो प्रेमको अध्यायले चर्चा गरेको डाह यही हो । यदि डाहले उग्र रूप लिने हो भने, मानिसले अरूलाई हानि पुऱ्याउन वा अरूको हत्या गर्न पनि सक्छ । दुष्ट र फोहोर हृदय नै डाहको रूपमा बाहिर प्रकट हुँदछ, र त्यसैकारण डाह हुनेहरूका लागि मुक्ति प्राप्त गर्न कठिन हुन्छ (गलाती ५:१९-२१) । किनभने डाह शरीरको प्रत्यक्ष कार्य हो, जुन बाहिर दे खिने गरी प्रकट हुने पाप हो । डाहलाई विभिन्न प्रकारमा वर्गीकरण गर्न सकिन्छ ।

प्रेम सम्बन्धहरूमा हुने डाह

डाह त्यतिखेर कार्यमा प्रकट हुन्छ जब प्रेम सम्बन्धमा भएको कुनै व्यक्तिले अर्को व्यक्तिबाट आफूले पाइरहेको भन्दा बढी प्रेम र निगाह प्राप्त गर्ने चाहना राख्दछ । उदाहरणको लागि, याकूबका दुइ पत्नीहरू लेहा र राहेल, एक अर्काको डाह गर्दथे र दुवै मा याकूबबाट बढी निगाह पाउने चाहना थियो । लेआ र राहेल दिदी बहिनी थिए, दुवै जना याकूबका मामा लाबानका छोरीहरू थिए ।

आफ्नो इच्छाविपरीत मामा लाबानको छलको कारणले गर्दा याकूबले लेआसित विवाह गर्नुभएको थियो । याकूबले वास्तवमा लेआकी बहिनी, राहेललाई प्रेम गर्नुहुन्थ्यो र

आफ्नो मामाको १४ वर्षसम्म सेवा गरेर उहाँले राहेललाई आफ्नी पत्नीको रूपमा पाउनुभएको थियो । याकूबले शुरदेखि नै लेआलाई भन्दा बढी राहेललाई प्रेम गर्नुहुन्थ्यो । तर लेआले चार जना सन्तानहरूलाई जन्म दिइन् अनि राहेलकोचाहिँ कुनै पनि सन्तान भएन ।

त्यो समयमा सन्तान नहुनु महिलाहरूको निम्ति लज्जासपद कुरो थियो, र राहेलले आफ्नी दिदी लोआसित डाह गर्न लागिन् । तिनी डाहले गर्दा यति अन्धो भएकी थिइन् कि तिनले आफ्नो पति याकूबलाई पनि दुःख दिन थालिन् । "मलाई पनि सन्तान दिनुहोस्, नत्र म मर्नेछु" (उत्पत्ति ३०:१) ।

राहेल र लेआ दुवैले अनन्यतापूर्वक याकूबको प्रेम पाउनका लागि आ-आफ्ना कमारीहरू याकूबको उपपत्नी हुनलाई दिए । यदि ती दुइले आफ्ना हृदयमा थोरै मात्र पनि साँचो प्रेम राखेका भए, दुइमध्ये कुनै एकले पतिबाट बढी निगाह पाउँदा तिनीहरू दुवै रमाउन सक्थे । डाहले तिनीहरू सबै- लेआ, राहेल र याकूबलाई- दुःखी तुल्यायो । थपअझ, यसले तिनीहरूका सन्तानलाई समेत असर पुऱ्यायो ।

अरूका परिस्थितिहरू सौभाग्यपूर्ण हुँदा उत्पन्न हुने डाह

प्रत्येक व्यक्तिले जीवनमा कुन कुरालाई महत्व दिँदछ सोही अनुरूप हरेकले गर्ने डाह फरक प्रकारको हुँदछ । तर प्रायजसो अरू हामीभन्दा बढी धनी हुँदा, अरूसित हामीमा भन्दा बढी ज्ञान र क्षमता हुँदा वा अरूले हामीले भन्दा बढी निगाह र प्रेम पाउँदा, हामी डाही हुन सक्छौं । जब हामीभन्दा अरूको परिस्थिति राम्रो हुँदा डाहको भावना उत्पन्न हुँदछ तब विद्यालय, कार्य क्षेत्र र घरमा पनि हामीले आफूलाई डाह उत्पन्न हुने परिस्थितिहरूमा भेट्टाउन कठिन हुँदैन । हाम्रो समकालीन कुनै व्यक्ति अघि

बढ्दा वा हाम्रोभन्दा बढी उसको प्रगति हुँदा, हामी उसलाई घृणा गर्न र उसको बदख्याइँ गर्न सक्छौं । धेरै उन्नति गर्न र बढी निगाह पाउन हामीले अरूमाथि कुल्चीमिल्ची गर्नुपर्छ भन्ने हामीलाई लाग्न सक्छ ।

उदाहरणको लागि, कतिपयले मानिसहरूले आफ्नो कम्पनीमा पदोन्नति पाउनका लागि कार्य क्षेत्रमा अरूका गल्ती र कमजोरीहरू प्रकट गरिदिन्छन् र तिनीहरूलाई हाकिमहरूको नजरमा अन्यायपूर्ण आशङ्का र छानबिनको घेरामा पारिदिन्छन् । जवान विद्यार्थीहरू पनि यसो गर्ने गर्दछन् । कतिपय विद्यार्थीहरूले शैक्षिक स्तरमा राम्रो गर्ने विद्यार्थीहरूलाई दु:ख दिने गर्दछन् वा शिक्षहरूबाट बढी प्रेम पाएका विद्यार्थीहरूलाई धम्काउने र तर्साउने गर्दछन् । घरपरिवारमा, छोराछोरीहरूले आमाबुवाबाट बढी मान्यता र लाभ पाउनका लागि आफ्ना दाजुभाइ र दिदीबहिनीहरूसित झगडा गर्दछन् र तिनीहरूको निन्दा गर्दछन् । कतिले आफ्ना आमाबुवाबाट उत्तराधिकारको रूपमा प्राप्त हुने सम्पत्ति बढी प्राप्त गर्नका लागि यसो गर्छन् ।

मानव इतिहासको पहिलो हत्यारा कयिनले पनि यही गरेका थिए । परमेश्वरले केवल हाबिलको मात्रै भेटी ग्रहण गर्नुभयो । कयिनलाई आफू तिरस्कृत भएको अनुभव भयो र आफूभित्रको डाह बढ्दै गएपछि तिनले अन्ततः आफ्नै भाइको हत्या गरे । आफ्ना आमाबुवाबाट तिनले पशुको रगतको बलिदानबारे निरन्तर सुनेको हुनुपर्दछ । आदम र हब्बालाई त्यसबारे राम्रोसित थाहा भएको हुनुपर्दछ ।“वास्तवमा, व्यवस्थाअनुसार रगतले प्रायः सब थोक शुद्ध पार्दछ, र रगत नबगाईकन पापको क्षमा हुनै सक्दैन” (हिब्रू ९:२२) ।

तरैपनि, तिनले आफ्नो जमीनको उब्जनिबाट बलिदानहरू चढाए । यसको ठीक विपरीत, हाबिलले परमेश्वरको इच्छाअनुरूप आफ्नो हृदयदेखि नै भेडाको पहिले जन्मेको पाठोबाट बलिदान चढाउनु भयो । हाबिल गोठालो नै हुनुभएको कारण उहाँलाई पाठोको

बलिदान चढाउन गाऱ्हो थिएन भनी कतिले भन्न सक्छन् तर त्यसो होइन । उहाँले आफ्ना आमाबुवाबाट परमेश्वरको इच्छा के हो भनी सिक्नुभएको थियो र उहाँ परमेश्वरको इच्छालाई पछ्याउन चाहनुहुन्थ्यो । यसकारणले गर्दा परमेश्वरले केवल हाबिलको बलिदान ग्रहण गर्नुभयो । आफ्नो गल्तीको निम्ति पछुतो गर्नुको साटो कयिन आफ्नो भाइप्रति डाही भए । कयिनको डाहको ज्वाला एकपटक दन्किएपछि त्यो निभ्न सकेन, र अन्ततः तिनले आफ्ना भाइ हाबिलको हत्या गरे । यसको कारणले गर्दा आदम अनि हब्बालाई कति पीडा भएको हुनुपर्दछ !

विश्वासी दाजुभाइहरूबीच हुने डाह

रोलक्रम, ओहदा, विश्वास वा परमेश्वरप्रतिको विश्वासयोग्यतामा आफूभन्दा अगाडि रहेका कुनै विश्वासी दाजुभाइ वा दिदीबहिनीलाई देख्दा कतिपय विश्वासीहरूलाई डाह हुने गर्दछ । त्यो व्यक्ति आफूसित उमेरमा, ओहदामा, विश्वासी भएको समय अवधिमा मिल्दो जुल्दो हुँदा, वा त्यो व्यक्तिलाई आफूले राम्रोसित चिनेको खण्डमा यस्तो डाहको भावना उत्पन्न हुने गर्दछ ।

मत्ती १९:३० ले, "तर धेरै जो पहिला छन् पछि पर्नेछन्, र पछि हुनेहरूचाहिँ पहिला हुनेछन्," भनी उल्लेख गरेझैं, कहिलेकाहीं हामीभन्दा विश्वासी जीवनको अवधि र उमेरमा कान्छो हुनेहरू र चर्चको पदमा हामीभन्दा तल हुनेहरू पनि हामीभन्दा धेरै अघि जान सक्छन् । त्यस्तो बेला, हामीमा उनीहरूप्रति तीव्र डाहको भावना उत्पन्न हुन सक्छ । यस्तो डाह केवल एउटै चर्चका विश्वासीहरूमाझ मात्रै हुँदैन । यो पास्टर र चर्चका सदस्यहरूबीच, चर्चहरूबीच वा विभिन्न इसाई संघसस्थाहरूबीच पनि हुने गर्दछ । कुनै व्यक्तिले परमेश्वरलाई महिमा दिँदा, सबैजना सँगै आनन्दित हुनुपर्दछ तर अन्य

मानिसहरू वा संघसस्थालाई बदनाम गर्नका लागि तिनीहरू अरूलाई झूटा भनी दोष लगाउँछन् । छोराछोरीहरूले एकआपसमा झगडा र घृणा गर्दा आमाबुवालाई कस्तो महसूस हुन्छ ? छोराछोरीहरूले आमाबुवालाई राम्रो खाना र असल थोकहरू दिएतापनि, ती आमाबुवालाई खुशी मिल्दैन । अनि एउटै परमेश्वरका सन्तान रहेका विश्वासीहरू यदि एक आपसमा झैंझगडा गर्छन् र कलह मच्चाउँछन् भने, वा चर्चहरूबीच डाह हुँदछ भने, यसले हाम्रो प्रभुलाई अत्यन्तै शोकित तुल्याउनेछ ।

दाऊदविरुद्ध शाऊलको डाह

शाऊल इस्राएलको पहिलो राजा थिए । तिनले आफ्नो जीवन दाऊदको डाह गरेर खेर फाले । शाऊलको निम्ति दाऊद एक सहयोगी योद्धा हुनुहुन्थ्यो जसले तिनको देशलाई बचाउनु भएको थियो । पलिश्तीहरूको गोल्यतदेखि त्रसित भएर सेनाको मनोबल गिर्दा, दाऊद अचानक खडा हुनु भएर घुँयेत्रोको एकै प्रहारद्वारा पलिश्तीहरूको वीरलाई पराजित गर्नुभयो । यसले गर्दा इस्राएल विजयी भयो । त्यसपछि, पलिश्तीहरूको आक्रमणबाट देशलाई बचाउँदै दाऊदले थुप्रै प्रशंसनीय कार्यहरू गर्नुभयो । यही समयमा, शाऊल र दाऊदबीच समस्या खडा भयो । युद्धभूमिमा विजय प्राप्त गरेर फर्कनुहुने दाऊदलाई भीडले स्वागत गर्दा शाऊलले तिनलाई निकै चिन्तित तुल्याउने कुरो सुने । मानिसहरूले यसो भनिरहेका थिए, “शाऊलले हजारौं हजारलाई ध्वसं गरे, र दाऊदले त लाखौं लाखलाई ध्वंस गरे” (१ शमूएल १८:७) ।

शाऊललाई अत्यन्तै असजिलो महसूस भयो र तिनले सोचे, “कसरी तिनीहरू मलाई दाऊदसित तुलना गर्न सक्छन् ? ऊ त केही पनि होइन तर केवल भेडाबाख्रा चराउने ठिटो मात्रे हो ।”

त्यो भनाइको बारेमा सोच्दै जाँदा तिनको रीस झन् बढ्यो । मानिसहरूले दाऊदको त्यति प्रशंसा गर्नु स्वभाविक नै हो भनी तिनले सोचेनन्, र त्यहाँदेखि तिनलाई दाऊदका कार्यहरू शंकास्पद लाग्न थाल्यो । दाऊदले मानिसहरूको हृदयमा आफूतिर खिँच्नका लागि प्रयास गर्दैछन् भनी शायद शाऊलले सोचे । अब, शाऊलको क्रोधको वाण दाऊदतिर तेर्सियो । तिनले सोचे, “यदि दाऊदले मानिसहरूको हृदय जितिसकेका छन् भने त, कुनै पनि बेला विद्रोह हुन सक्छ !”

तिनमा यस्ता सोचाइहरू वृद्धि हुँदै जाँदा, शाऊलले दाऊदलाई मार्ने अवसर खोज्न थाले । एकपटक, शाऊललाई दुष्ट आत्माहरूले आक्रमण गर्दा दाऊदले तिनको निम्ति वीणा बजाइरहनुभएको थियो । शाऊलले यही मौका छोपेर दाऊदलाई आफ्नो भालाले प्रहार गरे । भाग्यवश दाऊदले त्यो प्रहारलाई छल्नुभयो र त्यहाँबाट उम्कनुभयो । तर शाऊलले दाऊदलाई मार्ने प्रयास गर्न छोडेनन् । आफ्नो सेना लिएर निरन्तर तिनले दाऊदलाई लखेटिरहे ।

यी सबै कुराको बावजूद पनि, शाऊललाई हानि पुऱ्याउने चाहना दाऊदमा कत्ति पनि थिएन किनभने तिनलाई परमेश्वरले राजाको रूपमा अभिषेक गर्नुभएको थियो, र र ाजा शाऊललाई पनि यो कुरा थाहा थियो । तर शाऊलको डाहको ज्वाला दन्केको थियो र त्यो सेलाएन । आफ्नो डाहको कारण उत्पन्न हुने बाधापूर्ण सोचाइहरूबाट शाऊल पीडित भइरहे । पलिश्तीहरूसितको युद्धमा मृत्यु नभएसम्म नै दाऊदप्रतिको ढाहको कारण शाऊलले विश्राम पाएनन् ।

मोशाको डाह गर्नेहरू

गन्ती १६ अध्यायमा, हामी कोरह, दातान र अबीरामको बारेमा पाउँछौं । कोरह एक लेवी थिए, अनि दातान र अबीराम रुबेनको कुलका थिए । तिनीहरूले मोशा र उहाँको दाजु अनि सहायक हारुनका विरुद्ध डाह गर्न लागे । मोशा पहिले मिश्रको राजकुमार भएकोले र एक फरार व्यक्ति अनि मिद्यानको गोठालो भएर पनि तिनीहरूको अगुवा बने कोले तिनीहरू मोशाप्रति क्रुद्ध थिए । अर्को शब्दमा भन्नु पर्दा, तिनीहरू आफैं नै अगुवा बन्न चाहन्थे । त्यसैले, अरूलाई आफ्नो समूहमा सम्मिलित गर्न तिनीहरूले मानिसहरूसित सम्पर्क गर्न थाले ।

कोरह, दातान र अबीरामले आफूलाई पछ्याउन २५० जना मानिसहरू भेला गराए र तिनीहरूले शक्ति प्राप्त गर्नेछौं भनी सोचे । तिनीहरू मोशा र हारुनकहाँ गएर तिनीहरूसित बहस गर्न थाले । तिनीहरूले भने, “तपाईंहरूले अति गर्नुभयो ! समुदायका सबै जना पवित्र छन्, र परमप्रभु तिनीहरूका बीचमा हुनुहुन्छ । तपाईंहरू किन आफूलाई सबैभन्दा उच्च तूल्याउनुहुन्छ ?” (गन्ती १६:३)

तिनीहरूले कुनै संयम नै नराखी उहाँको विरोध गरेतापनि, मोशाले तिनीहरूलाई केही भन्नुभएन । उहाँले केवल प्रार्थना गर्नका लागि परमेश्वर सामु घुँडा टेक्नुभयो र तिनीहरूलाई तिनीहरूको गल्ती बारे बुझाउन प्रयास गर्नुभयो र परमेश्वर सित उहाँको इन्साफको निम्ति मोशाले अन्तर्बिन्ती गर्नुभयो । त्यसबेला कोरह, अबीराम र दातानको विरुद्धमा परमेश्वरको क्रोध दन्कियो । धर्ती फाट्यो र कोरह, दातान अनि अबीरामलाई तिनीहरूका जहान र छोराहरू अनि बालबच्चासमेत जिउँदै चिहानमा पुरिए । अनि परमप्रभुकहाँबाट आगो निस्केर धूप चढाउने दुइ सय पचास जनालाई भस्म पाऱ्यो ।

मोशाले मानिसहरूलाई कुनै हानि पुऱ्याउनु भएको थिएन (गन्ती १६:१५) । ती मानिसहरूलाई अगुवाइ गर्न उहाँले सक्दो प्रयत्न गर्नुभयो । उहाँले एकपटक चिन्ह र आश्चर्यकर्महरूद्वारा परमेश्वर तिनीहरूसित हुनुहुन्थ्यो भन्ने कुरा प्रमाणित गरिदिनुभयो ।

मिश्रमा उहाँले तिनीहरूलाई दश विपत्तिहरू देखाउनुभयो; लाल समुद्रलाई दुइ भाग गरी तिनीहरूलाई बीचको सुख्खा जमीनबाट हिँडाउनुभयो; उहाँले तिनीहरूका निम्ति चट्टानबाट पानी निकालिदिनुभयो र उजाडस्थानमा मन्ना र बट्टाइँहरू खुवाउनुभयो । तरै पनि, मोशाले आफैंलाई उचाल्नुभयो भनी तिनीहरूले उहाँको निन्दा गरे र उहाँ विरुद्ध खडा भए ।

मोशाको डाह गर्नु कति ठूलो पाप थियो भनी परमेश्वरले मानिसहरूलाई पनि जान्न दिनुभयो । परमेश्वरद्वारा नै स्थापित व्यक्तिको न्याय गर्नु र उहाँलाई दोष लगाउनु भने को स्वयम् परमेश्वरकै न्याय गर्नु र उहाँलाई दोष लगाउनु सरह हो । त्यसकारण, प्रभुको नाममा कार्य गर्ने चर्च वा संघसंस्थानहरूलाई हामीले गलत वा झूटो भनी जथाभावी रूपमा आलोचना गर्नुहुँदैन । हामी सबै परमेश्वरमा दाजु भाइ र दिदीबहिनीहरू भएकाले हामीबीच डाह हुनु परमेश्वरको सामु ठूलो पाप हो ।

व्यर्थका कुराहरूको लागि डाह

के डाह गर्दैमा हामी आफूले चाहेका कुराहरू प्राप्त गर्न सक्छौं ? कदापि होइन ! हामीले अरूलाई अफठेरो परिस्थितिहरूमा पारेतापनि र हामीले उनीहरूलाई उछिनेकोझैं लागेतापनि, हामी आफूले चाहेको सबै थोक प्राप्त गर्न सक्दैनौं । याकूब ४:२ ले भन्दछ, “तिमीहरू इच्छा त गर्दछौ, तर तिमीहरू पाउँदैनौ । तिमीहरू हत्या गर्दछौ र लोभ गर्छौ, तर पाउन सक्दैनौ । तिमीहरू झगडा गर्दछौ र लडाइँ गर्छौ । तिमीहरूसित हुँदैन, किनभने तिमीहरू परमेश्वरसँग माग्दैनौ ।”

डाह गर्नुको साटो अयूब ४:८ मा लेखिएको कुरालाई हामी याद गरौं, “मैले देखेको

छ, कि अधर्म जोत्ने र दुःख छर्नेहरूले, आफैले छरेको कुराको कटनी गर्छन् ।" तपाईंले गर्नुभएको दुष्टता बूमऱ्याङ्ग (अस्ट्रेलियाका आदिवासीले प्रयोग गर्ने कडा काठको बाङ्गो लट्ठी जो प्रहार गर्दा तोकेको ठाउँमा नलागेको खण्डमा आफैतिर फर्केर आउँदछ) झैं तपाईंतिर नै फर्केर आउनेछ ।

तपाईंले रोप्नुभएको दुष्टताको दण्ड स्वरूप, तपाईंको परिवार वा कार्य क्षेत्रमा विपत्तिहरू आइपर्न सक्छन् । हितोपदेश १४:३० ले, "शान्त हृदयले शरीरलाई जीवन दिन्छ, तर डाहले हड्डी मकाउँछ," भनी भनेझैं डाहले आफैंलाई हानि पुऱ्याउँछ, त्यसैले यो पूर्ण रूपमा व्यर्थ छ । त्यसकारण, यदि तपाईं अरूभन्दा अघि जान चाहनुहुन्छ भने, डाहका सोचाइ अनि कार्यहरूमा आफ्नो बल व्यर्थमा खर्चनुको साटो तपाईंले सबै थोक नियन्त्रण गर्नुहुने परमेश्वरसित माग्नुपर्दछ ।

अवश्य पनि, आफूले मागेका सबै थोक तपाईं प्राप्त गर्न सक्नु हुन्न । याकूब ४:३ ले भन्दछ, "तिमीहरू माग्छौ तर पाउँदैनौ, किनकि आफ्ना अभिलाषा पूरा गर्नलाई बेठीकसित माग्छौ ।" यदि तपाईं कुनै कुरा आफ्नो मोजमज्जामा खर्चनका निम्ति माग्नु हुन्छ भने, तपाईं त्यो प्राप्त गर्न सक्नुहुन्न किनभने त्यो परमेश्वरको इच्छाअनुरूप हुँदैन । तर प्रायजसो अवस्थाहरू मानिसहरूले केवल आफ्नो अभिलाषालाई पछ्याएर माग्दछन् । तिनीहरू आफ्नै सुविधा अनि अहम्को लागि धन-सम्पत्ति, प्रतिष्ठा र शक्ति माग्दछन् । मेरो सेवाकाइको क्रममा मलाई यो कुराले दुःखित तुल्याउँछ । वास्तविक र साँचो आशिष् भनेको धन-सम्पत्ति, प्रतिष्ठा र शक्ति होइन तर हाम्रो प्राणको उन्नति हो ।

तपाईंसित जति धेरै कुराहरू भएतापनि, यदि तपाईं मुक्ति प्राप्त गर्नुहुन्न भने त्यसको के अर्थ रहन्छ र ? हामीले के याद गर्नु पर्दछ भने यस पृथ्वीका सबै थोकहरू कुइरोझैं बिलाएर जानेछन् । १ यूहन्ना २:१७ ले भन्दछ, "संसार बितिजान्छ र त्यसको अभिलाषा पनि बितिजान्छ, तर परमेश्वरको इच्छा पूरा गर्नेचाहिँ सँधैको निम्ति रहन्छ,"

अनि उपदेशक १२:८ ले भन्दछ, "'व्यर्थ ! व्यर्थ ! सबै व्यर्थ !' उपदेशकले भन्दछन् ।"

म आशा गर्दछु संसारका अर्थहीन कुराहरूमा अल्भेर तपाईंले आफ्ना दाजुभाइ र दिदीबहिनीहरूको डाह गर्नु हुनेछैन तर परमेश्वरको दृष्टिमा सही हृदय आफूमा र ाख्नुहुनेछ । अनि, परमेश्वरले तपाईंको हृदयका इच्छाहरूको उत्तर दिनुहुनेछ र तपाईंलाई अनन्त स्वर्गीय राज्य प्रदान गर्नु हुनेछ ।

डाह र आत्मिक चाहना

मानिसहरू परमेश्वरमा विश्वास गर्दछन् तरैपनि थोरै विश्वास र प्रेम भएको कारणले गर्दा तिनीहरू डाह गर्दछन् । यदि तपाईंमा परमेश्वरप्रतिको प्रेमको कमी छ र स्वर्गीय राज्यप्रतिको विश्वास थोरै छ भने, यस संसारको धन-सम्पत्ति, प्रतिष्ठा र शक्ति प्राप्त गर्न तपाईं डाही बन्न सक्नुहुन्छ । यदि तपाईंसित परमेश्वरको सन्तानलाई प्राप्त हुने अधिकार र स्वर्गको नागरिकताको पूर्ण निश्चयता छ भने, ख्रीष्टमा रहेका दाजुभाइ र दिदीबहिनीहरू तपाईंलाई आफ्नो सांसारिक परिवारभन्दा बढी अमूल्य लाग्दछ । किनभने स्वर्गमा तपाईं उहाँहरूसित सदाको निम्ति सँगै बस्नुहुनेछ भनी तपाईं विश्वास गर्नु हुन्छ ।

येशू ख्रीष्टलाई ग्रहण नगरेका अविश्वासीहरूसमेत अमूल्य छन् किनभने तिनीहरू ती मानिसहरू हुन् जसलाई हामीले स्वर्गीय राज्यमा डोऱ्याउनु पर्दछ । यो विश्वासद्वारा हामीले आफूमा साँचो प्रेम सम्वर्द्धन गरेपछि हामी आफ्ना छिमेकीहरूलाई आफूलाईझैं प्रे म गर्न थाल्ने छौं । अनि अरूको उन्नति हुँदा हामी आफ्नै उन्नति भएझैं खुशी हुनेछौं । साँचो विश्वास भएकाहरूले यस संसारका अर्थहीन कुराहरू खोज्नु हुनेछैन, तर स्वर्गीय राज्यलाई बलजफतीसित पक्रनका लागि उहाँहरू प्रभुको काममा जोशिलो हुन प्रयत्न

गर्नु हुनेछ । अर्थात्, उहाँहरूमा आत्मिक चाहना हुनेछ ।

बप्तिस्मा-दिने यूहन्नाको समयदेखि अहिलेसम्म स्वर्गको राज्य जोडले अगि बढिरहेको छ, अनि शक्तिशाली मानिसहरू बलजफतीसँग यसलाई पक्रन्छन् (मत्ती ११:१२)

आत्मिक चाहना निश्चय नै डाहभन्दा फरक हुन्छ । प्रभुको काममा जोशिलो र विश्वासयोग्य हुने चाहना राख्नु महत्वपूर्ण हुन्छ । तर यदि त्यो जोशले सीमा नाघेर सत्यको मार्गबाट बहकिन्छ वा अरूलाई ठेस पुऱ्याउँछ भने त्यो ग्रहण योग्य हुँदैन । प्रभुको निम्ति हाम्रो काममा जोशिलो हुँदै हामीले आफू वरपरका मानिसहरूको आवश्यकतालाई हेरविचार गर्नु पर्दछ, अरूको फाइदा खोज्नु पर्दछ र सबैसित शान्तिमा रहनु पर्दछ ।

४. प्रेमले शेखी गर्दैन

कतिपय मानिसहरू आफ्नै बारेमा धेरै प्रशंसा गर्दछन् । आफूले शेखी गर्दा अरूलाई कस्तो महसूस हुन्छ भनी तिनीहरू विचार पुऱ्याउँदैनन् । अरूबाट मान्यता पाउन तिनीहरू आफूसित भएका कुराहरूमा फाइँफुट्टी लगाउँदछन् । योशेफ सानो छँदा उहाँले आफ्नो सपना बारे धाक लगाएर सुनाउने गर्नु हुन्थ्यो । यसकारणले गर्दा उहाँका दाजुहरूले उहाँलाई घृणा गर्न थाल्नुभयो । उहाँले आफ्नो बुवाबाट विशेष प्रेम पाउनु भएको कारणले गर्दा उहाँले आफ्ना दाजुहरूको हृदयलाई बुझ्न सक्नु भएन । तरपछि आत्मिक प्रेम सम्वर्द्धन गर्नका लागि उहाँ कमाराको रूपमा मिश्रदेशमा बेचिनु भयो र धेरै कष्टहरूबाट गुज्रनु भयो । मानिसहरूले आत्मिक प्रेम सम्वर्द्धन गर्नु अघि, धाक लगाएर र आफैंलाई उचालेर शान्ति भङ्ग गर्न सक्छन् । त्यसकारण परमेश्वर भन्नु हुन्छ, "प्रेमले शेखी गर्दैन" ।

सामान्य अर्थमा भन्नु पर्दा, शेखी गर्नु भनेको आफैलाई प्रकट गर्नु र उचाल्नु हो । यदि मानिसहरूसित अरूकोमा भएको भन्दा केही उत्तम कुरा छ भने प्रायजसो तिनीहरू मान्यता पाउन चाहन्छन् । यस्तो शेखीको असर कस्तो हुनेछ ?

उदाहरणको लागि, आफ्नो सन्तानको पढाइ राम्रो छ भने केही आमाबुवाहरूले धाक र फाइँफुट्टी लगाउँदछन् । अनि अरू मानिसहरू तिनीहरूसँगै आनन्दित हुन सक्छन्, तर धेरैको अहम्मा चोट पुग्न सक्छ र तिनीहरूले त्यसबारे नराम्रो महसूस गर्न सक्छन् । तिनीहरूले विना कारण आफ्नो बच्चालाई गाली गर्न सक्छन् । तपाईंको बच्चा उसको पढाइमा जति राम्रो भएतापनि, यदि अरूको भावनाको बारेमा विचार पुऱ्याउने थोरै मात्र पनि भलाइ तपाईंमा छ भने, तपाईंले आफ्नो बच्चाको बारेमा यसरी धाक लगाउनु

हुनेछैन । आफ्नो छिमेकीको बच्चाले पनि राम्रो पढोस् भन्ने तपाईंले चाहनुहुनेछ र उसले राम्ररी पढ्दा तपाईंले खुशीसाथ उसको प्रशंसा गर्नुहुनेछ ।

शेखी गर्ने मानिसहरू अरूको राम्रो कामको प्रशंसा गर्न नसक्ने र अरूलाई मान्यता दिन नचाहने प्रवृत्तिका हुन्छन् । तिनीहरू कुनै न कुनै प्रकारले अरूलाई होच्याउन प्रयास गर्छन् किनभने अरूले मान्यता पाउँदा आफू छायामा परिन्छ भन्ने तिनीहरू सोच्दछन् । यसरी शेखी गर्नाले समस्या निम्त्याउँछ । यसो गर्दा, शेखी गर्ने हृदय साँचो प्रेमदेखि धेरै टाढा हुन्छ । तडकभडक गरेर आफूलाई देखाउँदा मान्यता पाइन्छ भन्ने तपाईं सोच्न सक्नुहुन्छ तर त्यसो गर्दा साँचो आदर र प्रेम पाउन तपाईंलाई झन् कठिन हुन्छ । तपाईं वरपरका मानिसहरूले तपाईंको ईर्ष्या गर्नुको साटो त्यसले तपाईंप्रति उनीहरूको द्वेष र डाहलाई वृद्धि गराउनेछ । "तर अहिले तिमीहरू आ-आफ्ना शेखीमा धाक लाउँछौ । यस्तो सबै शेखी खराब हो" (याकूब ४:१६) ।

जीवनको शेखी संसारप्रतिको प्रेमबाट आउँदछ

मानिसले किन आफूमा घमण्ड गर्छ ? उनीहरू त्यसो गर्छन् किनभने उनीहरूमा जीवनको शेखी हुँदछ । जीवनको शेखी भन्नाले, "यो संसारको मोजमज्जामा तडकभडक गरी देखाउने स्वभाव" हो । यो संसारप्रतिको प्रेमबाट आउँदछ । मानिसहरूले प्रायः आफूले महत्वपूर्ण ठानेका कुराहरूमा घमण्ड गर्छन् । पैसालाई प्रेम गर्नेहरूले पैसाको बारेमा घमण्ड गर्छन् र बाहिरी आवरणहरूलाई महत्वपूर्ण ठान्नेहरू, त्यसैको बारेमा घमण्ड गर्छन् । अर्थात्, उनीहरूले पैसा, बाहिरी आवरण, प्रसिद्धि, वा सामाजिक शक्तिलाई परमेश्वरभन्दा अगाडि राख्छन् ।

हाम्रो चर्चको एकजना सदस्यले कोरियाको एउटा व्यापार कम्पनीहरूको संगठनलाई कम्प्युटर बेचेर एउटा व्यवसायमा ठूलो सफलता हात पार्नुभएको थियो । उहाँ आफ्नो व्यापार विस्तार गर्न चाहनुहुन्थ्यो । उहाँले विभिन्न प्रकारका ऋणहरू लिनुभयो र इन्टर नेट क्याफे विस्तारको अधिकार र इन्टरनेट प्रसारणमा लगानी गर्नुभयो । उहाँले शुरुको लगानीको रूपमा दुई अर्ब वन लगानी गरेर एउटा कम्पनी स्थापना गर्नुभयो, जुन लगभग बीस लाख अमेरिकी डलर जति हुन आउँछ ।

तर कारोबार ढिलो भयो र घाटा धेरै बढ्न थाल्यो जसले गर्दा अन्ततः कम्पनी टाँट पल्ट्यो । उहाँको घर लिलामी गर्नुपर्ने भयो र ऋणदाताहरू उहाँको पीछा लाग्न थाले । उहाँ सानो घरको भुइँ तल्ला र छतको कोठामा बस्नुपर्ने अवस्था आयो । तब उहाँले आफैंलाई फर्केर हेर्न थाल्नुभयो । आफ्नो सफलतामा घमण्ड गर्ने इच्छा र रूपैंयापैसाको लोभ आफूमा भएको उहाँले महसूस गर्नुभयो । उहाँले आफ्नो क्षमताभन्दा माथि गएर व्यापार विस्तार गरी वरपरका मानिसहरूलाई पनि कठिन परिस्थितिमा पुऱ्याएको कुरा महसूस गर्नुभयो ।

आफ्नो सारा हृदयले परमेश्वरको सामु राम्ररी पश्चात्ताप गरेर आफ्नो लोभ फ्याँक्नुभएपछि, उहाँले ढल निकासका लाइनहरू र सेप्टिक टयांक सफाइको काम गर्दा पनि खुशी हुनसक्नुभयो । परमेश्वरले उहाँको परिस्थिति विचार गर्नुभएर उहाँलाई एक नयाँ व्यापार शुरु गर्ने बाटो देखाउनुभयो । अब, उहाँ हरसमय सही बाटो हिँडिरहनु भएकोले गर्दा, उहाँको व्यापार फस्टाइ रहेको छ ।

१ यूहन्ना २:१५-१६ ले भन्दछ, "संसारलाई वा संसारमा भएका कुनै पनि थोकलाई प्रेम नगर । यदि कुनै मानिसले संसारलाई प्रेम गर्दछ भने पिताको प्रेम त्यसमा हुँदैन । किनकि संसारमा भएका सबै थोक, अर्थात् शरीरको अभिलाषा, आँखाको अभिलाषा,

जीवनको शेखी पिताबाट आएका होइनन्, तर संसारबाट आएका हुन् ।"

हिजकियाह, दक्षिणी यहूदाका तेह्रौं राजा, परमेश्वरको नजरमा धर्मी हुनुहुन्थ्यो र उहाँले मन्दिर पनि शुद्ध गर्नुभएको थियो । उहाँले प्रार्थना गरेर अश्शूरका आक्रमणमाथि विजयी हुनुभयो ; उहाँ बिरामी हुनुहुँदा, उहाँले आँसुका साथ प्रार्थना गर्नुभयो र आफ्नो जीवनमा १५ वर्ष थप आयु प्राप्त गर्नुभयो । तर अझै पनि उहाँमा जीवनको शेखी बाँकी थियो । उहाँको रोग निको भएपछि, बेबिलोनले आफ्ना कूटनीतिज्ञहरू पठायो ।

हिजकियाह तिनीहरू आउँदा अत्यन्तै खुशी हुनुभयो र उहाँले आफ्नो सम्पूर्ण ढुकुटी देखाएर, आफ्नो चाँदी र सुन अनि मसला र बहुमूल्य तेल र त्यसैगरी आफ्नो सारा हातहतियार र ढुकुटीमा भएको सबैथोक देखाउनुभयो । यसरी फाइँफुट्टी लगाएको कारणले गर्दा बेबिलोनले दक्षिणी यहूदालाई आक्रमण गऱ्यो र उनीहरूले उहाँका सबै धनसम्पत्ति पनि लगे (यशैया ३९:१-६) । जीवनको शेखी संसारप्रतिको प्रेमबाट आउँछ, र यसको मतलब त्यस्तो व्यक्तिमा परमेश्वरको प्रेम हुँदैन । त्यसकारण, साँचो प्रेम सम्वर्द्धन गर्न, हामीले आफ्नो हृदयदेखि जीवनको शेखी फ्याँक्नु पर्छ ।

प्रभुमा घमण्ड गर्नु

एक किसिमको घमण्ड हुन्छ, जुनचाहिँ राम्रो हुन्छ । त्यो २ कोरिन्थी १०:१७ मा भनिएको घमण्डजस्तो हो, "घमण्ड गर्नेले परमप्रभुमा घमण्ड गरोस् ।" प्रभुमा घमण्ड गर्नु भनेको परमेश्वरलाई महिमा दिनु हो, त्यसैले त्यो जति धेरै भयो त्यति नै राम्रो हुन्छ । यस्तो घमण्डको एउटा राम्रो उदाहरण "गवाहीहरू" हुन् ।

पावलले, गलाती ६:१४ मा भन्नुभयो, "हाम्रा प्रभु येशू ख्रीष्टको क्रूस बाहेक अरू कुनै पनि कुरामाथि घमण्ड गर्ने कुरा मदेखि दूर रहोस्, जसद्वारा मचाहिँ संसारको लेखि, र संसार मेरो लेखि क्रूसमा झुण्डचाएको छ।"

उहाँले भन्नुभएझैं, हामीलाई मुक्ति र स्वर्गीय राज्य दिनुहुने येशू ख्रीष्टमा हामी घमण्ड गर्छौं। हामी हाम्रो पापको कारण अनन्त मृत्युका भागीदार थियौं, तर क्रूसमा हाम्रा पापको मोल तिरिदिनुहुने येशूलाई धन्यवाद होस्, जसको कारण हामीले अनन्त जीवन प्राप्त गर्न सक्यौं। यसको लागि हामी कत्ति कृतज्ञ हुनुपर्छ!

यसैकारणले गर्दा प्रेरित पावलले आफ्नो कमजोरीमा घमण्ड गर्नुभयो। २ कोरिन्थी १२:९ "तर मलाई उहाँ (प्रभु) ले भन्नुभयो, 'मेरो अनुग्रह तेरो निम्ति पर्याप्त छ, किनभने मेरो शक्ति दुर्बलतामा नै सिद्ध हुन्छ।' यसकारण ख्रीष्टको शक्ति ममाथि वास गरोस् भनेर म बरु मेरो दुर्बलतामा बढी खुशीसाथ गर्व गर्नेछु।"

वास्तवमा भन्ने हो भने, पावलले धेरै चिन्ह र आश्चर्यकर्महरू गर्नुभयो र मानिसहरूले उहाँलाई छुवाइएको रूमाल वा एप्रोनहरू बिरामीहरूकहाँ ल्याउँदा समेत उनीहरू निको हुन्थे। उहाँले तीनवटा मिशनरी यात्राहरूद्वारा प्रभुमा धेरै मानिसहरूलाई डोऱ्याउनुभयो र धेरै शहरहरूमा चर्च स्थापना गर्नुभयो। तर ती सबै कामहरू गर्ने आफू होइन भनी उहाँ भन्नुहुन्छ। उहाँले गर्नुभएको काम गर्ने अनुमति दिनुहुने परमेश्वर को अनुग्रह र प्रभुको शक्तिमा मात्र उहाँले घमण्ड गर्नुभयो।

आज, धेरै मानिसहरूले आफ्नो दैनिक जीवनमा जीवित परमेश्वरलाई भेटेको र अनुभव गरेको साक्षी दिन्छन्। उनीहरूले परमेश्वरलाई खोजी गरेर उहाँप्रति प्रेमका कार्यहरू देखाउँदा प्राप्त गरेको चंगाइ, आर्थिक आशिष् र परिवारमा आएको शान्ति बारे

गवाही दिँदै परमेश्वरको प्रेम बाँड्छन् ।

जस्तै, हितोपदेश ८:१७ मा, "मलाई प्रेम गर्नेहरूलाई म प्रेम गर्छु, मलाई खोज्नेहरूले मलाई भेट्टाउँछन्," लेखिए जस्तै उनीहरू परमेश्वरको महान् प्रेमको अनुभव गरेर ठूलो विश्वास प्राप्त गर्न सकेकोमा कृतज्ञ हुन्छन्, जसको मतलब उनीहरूले आत्मिक आशिष्हरू पाएका हुन्छन् । प्रभुमा गरेको यस प्रकारको घमण्डले परमेश्वरलाई महिमा दिन्छ र यसले मानिसहरूको हृदयमा विश्वास र जीवन रोप्दछ । यसो गरेर उनीहरूले स्वर्गमा इनाम थुपार्छन् र उनीहरूको हृदयको चाहनाहरूको पनि तुरुन्तै उत्तरहरू दिइन्छ ।

तर हामी यहाँ एउटा कुरामा होशियार हुनुपर्छ । कतिपय मानिसहरूले परमेश्वरलाई महिमा दिन्छौं भनेर भन्छन् तर वास्तवमा तिनीहरूले आफैलाई वा आफूहरूले गरेका कामहरू अरूहरूमाझ परिचित गराउने प्रयास गरिरहेका हुन्छन् । आफ्नै प्रयासले गर्दा ती आशिष् प्राप्त गर्न तिनीहरू सक्षम भएको भनेर तिनीहरूले अप्रत्यक्ष रूपले सङ्केत गरिरहेका हुन्छन् । तिनीहरूले परमेश्वरको महिमा गरिरहेकोझैं देखिन्छ, तर वास्तवमा उनीहरू सबै श्रेय आफैंलाई दिइरहेका हुन्छन् । यस्तो मान्छेको विरुद्ध शैतानले दोष लगाउँदछ । आखिरमा, आफ्नै बारेमा घमण्ड गरेको परिणाम प्रकट हुँदछ ; तिनीहरूले विभिन्न प्रकारका परीक्षाहरू सामना गर्नुपर्ने हुनसक्छ र यदि कसैले तिनीहरूलाई मान्यता नदिएको खण्डमा उनीहरू परमेश्वरबाट अलग्गिन्छन् ।

रोमी १५:२ ले भन्दछ, "हामी प्रत्येकले आफ्नो छिमेकीको आत्मिक सुधार होस् भनेर तिनको भलाइको लागि तिनलाई प्रसन्न राखौं ।" यहाँ भनिएझैं, हामीले सँधै हाम्रो छिमेकीहरूको उन्नतिको निम्ति र उनीहरूमा विश्वास र जीवन रोप्ने हेतुले उनीहरूसँग बोल्नुपर्छ । फिल्टरको माध्यमले पानी शुद्ध भएको जस्तै, हामीले आफ्ना शब्दहरूले सुन्ने

व्यक्तिहरूको उन्नति हुन्छ वा हुँदैन अथवा ती कुराहरूले उनीहरूका भावनामा चोट पुऱ्याउँछ कि भनेर बोल्नुभन्दा पहिला हाम्रा वचनहरूलाई जाँच गरी फिल्टर गर्नुपर्दछ।

जीवनको शेखी त्याग्न

मानिसहरूसँग घमण्ड गर्ने कुरा धेरै भएतापनि, कोही पनि सदाको लागि बाँच्न सक्दैन। पृथ्वीमा यस जीवनको अन्त्य पछि, सबैजना कि त स्वर्ग कि नरक जान्छन्। स्वर्गमा, हामीले हिँड्ने सडक समेत सुनले बनेको हुन्छ र त्यहाँको प्रचुरतालाई यस संसारको सम्पन्नतासँग तुलना गर्न सकिँदैन। यसको अर्थ संसारमा घमण्ड गर्नुको कुनै औचित्य नै छैन। कुनै व्यक्तिसँग धेरै धन, प्रतिष्ठा, ज्ञान र शक्ति छ भने पनि यदि ऊ नरक जान्छ भने, के उसले ती कुराहरूमा घमण्ड गर्न सक्छ?

येशूले भन्नुभयो, "सारा जगत् प्राप्त गरेर पनि आफ्नो प्राण गुमायो भने, मानिसलाई के लाभ हुन्छ? अथवा मानिसले आफ्नो प्राणको सट्टामा के दिन सक्छ? किनकि मानिसको पुत्र आफ्ना पिताको महिमामा आफ्ना स्वर्गदूतहरूसँग आउनेछ, र त्यस बेला उसले हरेक मानिसलाई त्यसको कामअनुसार प्रतिफल दिनेछ" (मत्ती १६:२६-२७)।

संसारका कुराहरू प्रतिको घमण्डले कहिल्यै अनन्त जीवन वा सन्तुष्टि दिन सक्दैन। तर बरु त्यसले अर्थहीन चाहनाहरू वृद्धि गराउदछ र विनाशतर्फ डोऱ्याउँदछ। हामी यस्तो तथ्य महसूस गरेर हाम्रो हृदयलाई स्वर्गको आशाले भर्दै जाँदा, हामीले जीवनको शेखीलाई त्याग्ने बल प्राप्त गर्दछौं। योचाहिँ एउटा बालकले एउटा बिल्कुलै नयाँ खेलौना पाउनासाथ पुरानो र थोरै महत्वको खेलौनालाई सजिलै बिर्सन सकेको जस्तै हो। हामीलाई स्वर्गीय राज्यको उज्ज्वल सुन्दरताको बारेमा थाहा भएकोले गर्दा, हामी यस

संसारका कुराहरूमा झुण्डिदैनौं वा ती प्राप्त गर्नलाई संघर्ष गर्दैनौं ।

हामीले एक पल्ट जीवनको शेखी त्यागनसाथ, हामी येशू ख्रीष्टमा मात्र घमण्ड गर्छौं । हामीलाई यस संसारको कुनै पनि कुरा गर्व गर्ने लायकको लाग्नेछैन बरु, हामीले केवल स्वर्गीय राज्यमा अनन्तका लागि पाउने महिमामा गर्व महसूस गर्नेछौं । त्यसपछि, हामी पहिले कहिल्यै महसूस नगरेको आनन्दले भरिपूर्ण हुनेछौं । हामीले हाम्रो जीवनका कदमहरूमा केही कठिन घडीहरूको सामना गर्नुपरेता पनि, ती त्यति गाह्रो नभएको हामी महसूस गर्छौं । हामी केवल हामीलाई बचाउन आफ्नो एकमात्र पुत्र येशू दिनुहुने परमेश्वरको प्रेमको लागि धन्यवाद दिनेछौं र यसरी हामी सबै परिस्थितिहरूमा आनन्दले भरिन्छौं । यदि हामी जीवनको शेखीलाई खोज्दैनौं भने अरूबाट प्रशंसा पाउँदा, हामी उचालिएको महसूस गर्दैनौं र भनाइहरू खेप्नुपर्दा हामी हतोत्साहित पनि हुँदैनौं । हामी प्रशंसा पाउँदा झन् बढी मात्रामा नम्रताका साथ आफैलाई जाँचेर हेर्नेछौं र हप्की पाउँदा केवल धन्यवाद दिएर आफूलाई परिवर्तन गर्ने प्रयास गर्नेछौं ।

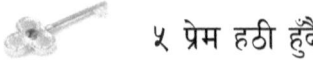

५ प्रेम हठी हुँदैन

आफ्नो बारेमा धाक लाउनेहरूले सजिलैसित आफूलाई अरूभन्दा असल ठान्छन् र अहङ्कारी बन्छन् । आफ्नो सबै कुराहरू राम्रो हुँदा, तिनीहरूले आफूले राम्रो काम गरेको कारण त्यसो भएको हो भनी सोच्छन् र अभिमानी वा अल्छी भएर जान्छन् । बाइबलले बताउँदछ कि परमेश्वरलाई सबै भन्दा मन नपर्ने कुरा चाहिँ घमण्ड हो । परमेश्वरसँग प्रतिस्पर्धा गर्न मानिसहरूले बाबेलको धरहराको निर्माण गर्नुको कारण पनि अहंकार नै हो, जुन घटनाले गर्दा परमेश्वरले भाषाहरू अलग गर्नुभयो ।

अहंकारी मानिसहरूका स्वभावहरू

अहंकारी मानिसले अरूलाई आफूभन्दा श्रेष्ठ ठान्दैन र तिनीहरूले अरूलाई अवहेलना र बेवास्ता गर्छन् । त्यस्तो व्यक्तिले सबै पक्षमा आफूलाई अरूभन्दा श्रेष्ठ महसूस गर्छ । उसले आफैंलाई सबैभन्दा राम्रो सम्झन्छ । उसले अरूलाई तिरस्कार गर्छ, तुच्छ सम्झन्छ र सबै कुरामा अरूलाई सिकाउन खोज्छ । आफूभन्दा कमजोर देखिने सबैप्रति उसले अहङ्कारको मनोवृत्ति देखाउँछ । कहिलेकाहीँ, आफ्नो अत्यधिक अहङ्कारमा, उसले आफ्ना शिक्षकहरू र अगुवाहरू अनि व्यापार वा समाजको पदानुक्रममा आफूभन्दा माथिल्लो ओहदामा भएकाहरूलाई समेत उपेक्षा गर्छ । आफ्ना अग्रजहरूले दिने सल्लाह, खप्की र परामर्शलाई पनि सुन्न ऊ इच्छुक हुँदैन । उसले यस्तो सोचेर त्यसबारे गनगन गर्छ, "मेरा अग्रजहरूलाई यो कुराको बारेमा जानकारी नभएकोले उनीहरू यसो भन्दैछन्" वा "मलाई सबैकुरा थाहा छ र म धेरै राम्रो तरिकाले यो गर्न सक्छु" ।

त्यस्तो व्यक्तिले अरूसित वादविवाद र झगडा गर्दछ । हितोपदेश १३:१० ले भन्दछ, "घमण्डले केवल झगडा पोस्दछ, तर सरसल्लाह लिनेहरूमा बुद्धि पाइन्छ ।"

२ तिमोथी २:२३ ले भन्दछ, "तर मूर्ख र बेसमझका सवाल जवाफलाई इन्कार गर- तिमी जान्दछौ यिनीहरूबाट झगडा हुन्छ ।"

प्रत्येक व्यक्तिसँग फरक अन्तस्करण र फरक ज्ञान हुँदछ । किनकि प्रत्येक व्यक्ति उसले देखेको, सुनेको, अनुभव गरेको र सिकेको कुराहरू अनुसार फरक हुँदछ । तर मानिसको ज्ञान धेरैजसो गलत हुँदछ र तीमध्ये केही अनुचित तवरले भण्डार गरिएका हुन्छन् । ती ज्ञान लामो समयसम्म हामीभित्र थुप्रिएर रहँदा स्वधार्मिकता र संर चनाहरूको निर्माण हुँदछ । आफ्नो राय मात्र सही हो भनेर जिद्दी गर्नु स्वधार्मिकता हो, र यो दृढ भएर रह्यो भने त्यो सोचाइको संरचना बन्न पुग्दछ । कतिपय मानिसहरूले आफ्नो व्यक्तित्व वा आफूसँग भएको ज्ञानले आफ्नो संरचना निर्माण गर्दछन् ।

संरचना भनेको मानव शरीरको हड्डीहरूको प्रणाली जस्तै हो । यसले प्रत्येक मानिसको आकारको निर्माण गर्दछ र एकचोटि यसको निर्माण भएपछि, यो तोड्न गाह्रो हुन्छ । मानिसका धेरैजसो सोचाइहरू स्वधार्मिकता र यस्ता संरचनाहरूबाट आउँछन् । यदि मानिसहरूले हीनताबोधको भावना भएको कुनै व्यक्तिमाथि औंला ठड्याए भने उसले निकै संवेदनशीलतापूर्वक त्यसको प्रतिक्रिया दिँदछ । एउटा भनाइ पनि छ, कि कुनै धनी मानिसले उसको लुगामात्र मिलायो भने पनि मानिसहरूले उसले आफ्नो पहिर नबारे शान वा दिखावा गर्न त्यसो गर्दैछ भनेर सोच्छन् । कसैले कुनै कठिन वा भारी शब्दावली प्रयोग गर्दा पनि, उसले आफ्नो ज्ञानको दिखाबा गर्दैछ र अरूलाई निचा दे खाउँदैछ भनेर मानिसहरू सोच्ने गर्छन् ।

मैले मेरो प्राथमिक विद्यालयको शिक्षकबाट स्वतन्त्रताको मूर्ति (स्टेच्यू अफ लिबर्टी) सान फ्रान्सिस्कोमा छ भनेर सिकेको थिएँ । उहाँले कसरी तस्वीर र संयुक्त राज्य अमेरि

काको नक्साकासाथ सिकाउनुभएको थियो भनेर म स्पष्टसँग सम्झना गर्नसक्छु । ९० को दशकको शुरुतिर, म एक संयुक्त जागृति सभाको अगुवाइ गर्न संयुक्त राज्य अमेरिकामा गएको थिएँ । त्यतिबेला मात्रै मैले स्टेच्यू अफ लिबर्टी न्यू योर्क शहरमा अवस्थित छ भनेर थाहा पाएँ ।

मलाई स्टेच्यू अफ लिबर्टी सान फ्रान्सिस्कोमा हुनुपर्छ भन्ने लागेको थियो, यसैले यो न्यूयोर्क शहरमा किन थियो भनेर मैले बुझ्न सकिनँ । मैले मेरो वरपरका मानिसहरूलाई सोधेँ र तिनीहरूले वास्तवमा त्यो न्यूयोर्क मा नै थियो भनेर भने । मैले साँचो हो भनी विश्वास गरेको त्यो ज्ञानको जानकारी वास्तवमा सही थिएन भन्ने कुरा मैले महसूस गरेँ । त्यसैबेला, मैले ठीक भनेर सोचेको कुराहरू गलत पनि हुँदा रहेछन् भनेर सोचेँ । धेरै मानिसहरू गलत कुरामा विश्वास र जिद्दी गर्ने गर्छन् ।

तिनीहरू गलत नै हुँदा पनि, अहंकारी मानिसहरू त्यसलाई स्वीकार गर्दैनन् तर उनीहरूकै रायमा जिद्दी गरिरहन्छन् र यसले झगडा निम्त्याँउछ । तर नम्र व्यक्तिहरू अरू नै व्यक्ति गलत भएता पनि झगडा गर्दैनन् । उनीहरूलाई आफू सही भएको १०० % नै पक्का भएता पनि आफू गलत पनि हुन सक्छु भनी उनीहरू सोच्दछन्, किनकि उनीहरूमा अरूलाई तर्क-बितर्क गरी जित्ने मनसाय हुँदैन ।

नम्र हृदयमा अरूलाई राम्रो ठान्ने आत्मिक प्रेम हुन्छ । अरूहरू कम भाग्यशाली, कम शिक्षित, वा सामाजिक शक्तिमा कम भएतापनि, हामीले नम्र मनका साथ, आफ्नो हृदयदेखि आफूलाई भन्दा अरूलाई राम्रो ठान्नुपर्छ । हामीले सबै आत्माहरूलाई बहुमूल्य हुन् भनेर बुझ्नुपर्छ किनकि उनीहरू सबैका खातिर येशूले आफ्नो रगत बहाउनुभएको छ ।

शारीरिक अहंकार र आत्मिक अहंकार

कसैले बाहिरी व्यवहारहरूबाट आफ्नो दिखावा गर्छ, आफूलाई प्रदर्शन गर्ने र अरूलाई निचा देखाउने काम गर्छ भने, त्यस्तो घमण्डलाई सजिलै चिन्न सकिन्छ । प्रभुलाई ग्रहण गरेर सत्य चिनिसकेपछि, शारीरिक अहंकारका यी गुणहरूबाट हामीले सजिलै छुटकारा पाउन सक्छौं । यसको विपरीत, आत्मिक अहङ्कारलाई चिन्न र यसलाई त्याग्न सजिलो छैन ।

तपाईं लामो समयावधिसम्म चर्चमा उपस्थित हुनुभएपछि, परमेश्वरको वचनबारे धेरै ज्ञान आफूमा भण्डार गर्नुहुन्छ । तपाईंले चर्चमा कुनै पद र ओहदा पनि पाउन सक्नु हुन्छ र तपाईं अगुवाका रूपमा छानिन सक्नुहुन्छ । त्यसपछि तपाईंले आफ्नो हृदयमा पर मेश्वरको वचनबारे धेरै मात्रामा ज्ञान थुपार्नुभएको छ भन्ने ठान्न सक्नुहुन्छ जसको कारणले गर्दा तपाईंले यसरी सोच्न सक्नुहुन्छ, "मैले धेरै कुरा हासिल गरेको छु । म धेरै जसो कुराहरूमा सही हुनुपर्छ !" आफूले मात्र सत्यताकासाथ सही र गलत छुटयाउने गर्दछु भन्ने सोचेर, तपाईंले ज्ञानको रूपमा जम्मा भएको परमेश्वरको वचनद्वारा अरूलाई गाली गर्ने, न्याय गर्ने र दोष लगाउने गर्न सक्नुहुन्छ । चर्चका कतिपय अगुवाहरू आफ्नै फाइदालाई पछ्याउन् हुन्छ र आफूले पालन गर्नुपर्ने नियम र आज्ञाहरू तोड्नुहुन्छ । उहाँहरूले कार्यहरूमै चर्चका नियमहरू तोड्नुहुन्छ तरपनि उहाँहरू यस्तो सोच्नुहुन्छ, "मेरो लागि यो ठीकै छ किनकि म यो पदमा रहेको हुनाले, म अपवादमा पर्छु" । यसरी आफूलाई उच्च ठान्ने मन आत्मिक घमण्ड हो ।

आफूलाई उच्च ठान्ने हृदयका साथ यदि हामी परमेश्वरका नियमहरू र आज्ञाहरूलाई बेवास्ता गर्दै उहाँलाई प्रेम गरेको दाबी गर्छौं भने, त्यो स्वीकारोक्ति साँचो होइन । यदि हामी अरूको न्याय गर्छौं र अरूलाई दोषी ठहऱ्याउँछौं भने, हामीमा साँचो

प्रेम भएको मान्न सकिँदैन । सत्यले हामीलाई केवल अरूको बारेमा असल कुराहरू मात्र हेर्न, सुन्न र बोल्न सिकाउँछ ।

भाइ हो, एउटाले अर्काको विरुद्धमा खराब कुरा नगर । जसले आफ्नो भाइको विरुद्धमा खराब बोल्छ, अथवा आफ्नो भाइलाई दोष लाउँछ, त्यो व्यवस्थाको विरुद्धमा बोल्छ, र त्यसले व्यवस्थाको दोष देखाउँछ । तर यदि तिमीले व्यवस्थाको दोष देखाउँछौ भने त तिमी व्यवस्थाबमोजिम चल्ने भएनौ, तर व्यवस्थाको न्यायकर्ता पो भयौ (याकूब ४:११) ।

अन्य मानिसहरूको कमजोरी भेट्टाउँदा तपाईंलाई कस्तो लाग्छ ?

ज्याक कर्नफिल्डले, आफ्नो पुस्तक क्षमा, दया र शान्तिको कला मा अकुशल कार्यहरूसँग व्यवहार गर्ने फरक तरिका बारे लेख्दछन् ।

"दक्षिण अफ्रिकाको बाबेम्बा प्रजातिमा, कुनै व्यक्तिले गैरजिम्मेवारपूर्ण वा अन्यायपूर्ण तरिकाले कार्य गर्दा उसलाई नबाँधीकन एक्लै गाउँको केन्द्रमा राखिन्छ । सबै कामहरू र ोकिन्छन् र गाउँका प्रत्येक पुरुष, महिला र बालबालिकाहरू त्यस आरोप लागेको व्यक्तिको वरिपरि एक ठूलो घेरामा जम्मा हुन्छन् । त्यसपछि त्यस कुलको प्रत्येक व्यक्ति पालै पालो गरी त्यस आरोप लागेको व्यक्तिकहाँ गएर, उसले आफ्नो जीवनकालमा गरे का असल कुराहरूको सम्झना गर्दै ऊसँग बोल्न थाल्छन् । पूर्ण विस्तृत रूपमा र सही रूपमा सम्झिन सकिने हरेक घटना र अनुभवलाई वर्णन गरिन्छ । उसका सबै सकार ात्मक गुणहरू, असल काम, बलिया पक्षहरू, दयालु गुणहरू ध्यानपूर्वक र विस्तारमा वर्णन गरिन्छ । यो जातिको यस समारोह प्राय धेरै दिनसम्म रहिरहन्छ । अन्तमा, त्यो घेरा हालेर बसेको जमात तितरबितर हुन्छन् र खुशीयाली मनाउने एउटा उत्सव शुरु हुन्छ र उक्त व्यक्तिलाई प्रतीकात्मक र शाब्दिक दुवै अर्थमा कुलमा फेरि स्वागत गरिन्छ ।"

यस प्रक्रियाद्वारा, गलत काम गर्नेहरूले आफ्नो आत्मसम्मान पुर्नप्राप्त गर्छन् र उनीहरूले फेरि आफ्नो समाजलाई योगदान दिने निर्णय गर्छन् । यस्तो अद्वितीय रीतिको लागि धन्यवाद होस्, जसले गर्दा भनिन्छ कि उनीहरूको समाजमा विरलै अपराधहरू हुने गर्छन् ।

अन्य मानिसहरूले गल्ती गरेको देख्दा, हामी उनीहरूको न्याय गर्छौं र दोष लगाउने काम गर्छौं कि दया र सहानुभूतिको हृदयले उनीहरूसित व्यवहार गर्छौं भनी हामी आफ्नो बारेमा विचार गर्न सक्छौं । यस मापदण्डद्वारा, हामीले कति धेरै नम्रता र प्रेम सम्वर्द्धन गरेका छौं भनेर आफैंलाई जाँचेर हेर्न सक्छौं । लगातार आफैलाई जाँच गर्दै, केवल लामो समयसम्म विश्वासी हुँदैमा आफूले पूरा गरेका कुराहरूमा मात्र हामी सन्तुष्ट भएर बस्नु हुँदैन ।

पूर्ण रूपले पवित्र हुनुअघि मानिसमा घमण्ड वृद्धि हुने प्रवृत्ति हुँदछ । तसर्थ, यो अहंकारको स्वभावलाई जरै देखि बाहिर उखेल्नु अति नै महत्वपूर्ण छ । तीव्र प्रार्थनाहरूको माध्यमद्वारा हामीले पूर्णतया त्यसलाई नउखेलुन्जेल त्यो जुनसुकै समयमा बाहिर देखा पर्न सक्छ । योचाहिँ तपाईंले झारहरू पूर्ण रूपमा नउखेली काट्नु मात्रै भएर त्यां फेरि बढेर आएको जस्तै हो । अर्थात्, पापी स्वभाव पूर्ण रूपले हृदयबाट हटेको छैन भने, लामो समयसम्म विश्वासमा जीवन बिताएपछि अहंकार तिनीहरूको मनगा फेरि आउँदछ । त्यसैकारण, हामीले सँधै प्रभुको अगाडि उहाँको सन्तानको रूपमा आफूलाई नम्र तुल्याउनु पर्छ, अरूलाई आफूभन्दा श्रेष्ठ सम्झिनु पर्छ र निरन्तर आत्मिक प्रेम सम्वर्द्धन गर्ने कोशिश गर्नुपर्छ ।

अहंकारी मानिसहरू आफैमाथि विश्वास गर्छन्

नबूकदनेसर राजाले महान् बेबिलोनको सुनौलो युग शुरु गरे । प्राचीन आश्चर्यहरूमध्ये एक, लत्रिएको बगैंचा (हेङगिङ गार्डेन) उनको समयमा निर्माण भएको थियो । उनका सम्पूर्ण राज्य र कामहरू उनको विशाल शक्तिद्वारा भएको कुरामा उनलाई घमण्ड थियो । उनले आफ्नो मूर्ति बनाए र मानिसहरूलाई त्यसको उपासना गर्न अह्राए । दानिएल ४:३० ले भन्दछ, “राजाले टहलिँदै भने, ‘के यो महान् बेबिलोन हो इन, जुन मैले आफ्नो कीर्तिका महिमाको लागि मेरो ठूलो शक्ति- द्वारा आफ्नो शाही निवासस्थान बनाएको छु ?’”

परमेश्वरले अन्ततः उनलाई संसारको वास्तविक शासक को हुनुहुन्छ भनी बुझ्न दिनुभयो (दानियल ४:३१-३२) । उनी दरबारबाट बाहिर निकालिए, गाई जस्तै घाँसमा चरे र सात वर्षसम्म उजाडस्थानमा एक जङ्गली पशु जस्तै गरी जिए । त्यो क्षणमा उनको सिंहासनको अर्थ के थियो ? परमेश्वरले अनुमति दिनुभएन भने हामी केही पनि हासिल गर्न सक्दैनौं । नबूकदनेसर सात वर्षपछि आफ्नो ठीक मनस्थितिमा फर्के । उनले आफ्नो अहङ्कारलाई बुझे र परमेश्वरलाई मान्यता दिए । दानिएल ४:३७ ले यसो भन्दछ, “अब, म नबूकदनेसरले स्वर्गका महाराजाको प्रशंसा, बढिबढाउ र महिमा गर्दछु, किनभने उहाँले जे गर्नुहुन्छ ठीक गर्नुहुन्छ र उहाँका सबै मार्गहरू न्यायसङ्गत छन् । अनि उहाँले घमण्डीहरूलाई नम्र बनाउन सक्नुहुन्छ ।”

यो कुरा नबूकदनेसरको मामलामा मात्र लागू हुँदैन । संसारका कतिपय अविश्वासीहरूले “म आफैंमाथि विश्वास गर्छु” भनेर भन्छन् । तर संसारलाई जित्न तिनीहरूलाई त्यति सजिलो छैन । मानवीय क्षमताबाट हल गर्न नसकिने समस्याहरू संसारमा धेरै छन् । आँधी र भूकम्पजस्ता प्राकृतिक प्रकोप अनि अन्य अप्रत्याशित्

विपत्तिहरूको अघि विज्ञानको सर्वोत्तम ज्ञान र अत्याधुनिक प्रविधिको समेत केही लाग्दैन ।

अनि धेरै प्रकारका रोगहरू छन् जुन आधुनिक औषधिहरूद्वारा निको पार्न सकिँदैन । तर धेरैजसो मानिसहरूले समस्याको सामना गर्दा परमेश्वरमा नभएर आफैमा भरोसा गर्छन् । तिनीहरू आफ्नो विचार, अनुभव र ज्ञानमा भर पर्छन् । तर तिनीहरू सफल नहुँदा र अझै पनि समस्याको सामना गरिरहनु पर्दा, परमेश्वरप्रतिको अविश्वासको बावजूद पनि तिनीहरू परमेश्वरको विरुद्धमा गनगन गर्छन् । तिनीहरूको हृदयमा अहंकारले वास गरेको कारण त्यस्तो भएको हो । त्यस अहंकारले गर्दा, तिनीहरूले आफ्नो कमजोरी स्वीकार गर्दैनन् र नम्र भएर परमेश्वरलाई चिन्न असफल हुन्छन् ।

अझै बढी दयनीय कुरा के छ भने, केही विश्वासीहरू पनि परमेश्वरको साटो संसार र आफैंमा भर पर्छन् । परमेश्वर आफ्ना सन्तानहरूको समृद्धि भएको र तिनीहरू उहाँको सहायतामा बाँचेको चाहनुहुन्छ । तपाईं आफ्नो अहङ्कारले गर्दा, परमेश्वरको अघि आफूलाई नम्र बनाउन तयार हुनुहुन्न भने, परमेश्वरले तपाईंलाई मद्दत गर्न सक्नुहुन्न । त्यसपछि, तपाईं शत्रु शैतानबाट सुरक्षित हुन वा आफ्नो तरिकामा समृद्ध बन्न सक्नुहुन्न । परमेश्वरले हितोपदेश १८:१२ मा, “आफ्नो पतन अघि मानिसको हृदय घमण्डी हुन्छ, तर आदर आउन अघि नम्रता आउँछ ” भनी भन्नु भएझैं तपाईंलाई असफल बनाउने र विनाशमा डोऱ्याउने तत्व चाहिँ तपाईंकै अहङ्कार हो ।

परमेश्वरले अहङ्कारीहरूलाई मूर्ख ठान्नुहुन्छ । स्वर्गलाई सिंहासन र पृथ्वीलाई पाउदान बनाउनु हुने परमेश्वरको तुलनामा मानिसको उपस्थिति कत्ति सानो छ ? सबै मानिसहरू परमेश्वरको स्वरूपमा सृष्टि गरिएका छन् र हामी सबै उच्च वा तल्लो ओहदामा भएता पनि, परमेश्वरको सन्तानको रूपमा बराबर हौं । हामीले संसारको जतिसुकै कुरामा घमण्ड गरेता पनि, यो संसारको जीवन केवल एउटा सानो क्षण मात्र हो । यो छोटो जीवन अन्त हुँदा, हरेक मानिसको परमेश्वर सामु इन्साफ हुनेछ । अनि

हामीले यस पृथ्वीमा नम्रतामा गरेका कुराहरू अनुसार स्वर्गमा हामी उच्च तुल्याइनेछौं । किनभने याकूब ४:१० मा, "प्रभुको सामने आफूलाई विनम्र तुल्याओ, र उहाँले तिमीहरूलाई उच्च पार्नुहुनेछ" भनी भनिएझैं परमेश्वरले हामीलाई उच्च पार्नुहुन्छ ।

एउटा सानो खाल्डोमा पानी जम्यो भने, त्यो स्थिर अवस्थामा रहेर कुहिन थाल्छ र कीराहरूले भरिन्छ । तर पानी निरन्तर रूपमा तलतिर बगिरह्यो भने, त्यो अन्ततः समुद्रमा पुगेर धेरै जीवित प्राणीहरूलाई जीवन दिँदछ । त्यसरी नै, हामी परमेश्वरको नजरमा उच्च हुनका लागि आफूलाई नम्र तुल्याउनु पर्दछ ।

आत्मिक प्रेमका गुणहरू	
	१. प्रेम सहनशील हुन्छ
	२. प्रेम दयालु हुन्छ
	३. प्रेमले डाह गर्दैन
	४. प्रेमले शेखी गर्दैन
	५. प्रेम हठी हुँदैन

 ६. प्रेम ढीट हुँदैन

"आचरण" वा "शिष्टाचार" भनेको सामाजिक रूपले व्यवहार गर्ने सही तरिका हो, जुन मानिसहरूले अरू मानिसहरूसँग राख्ने मनोवृत्ति र गर्ने व्यवहारहरूसित सम्बन्धित हुँदछ । बोलीबचनहरू, खानपिन गर्ने तरिका वा चलचित्र हलहरूजस्ता सार्वजनिक स्थलहरूमा देखाउनु पर्ने शिष्टाचारहरू जस्ता हाम्रो दैनिक जीवनका सांस्कृतिक शिष्टाचारहरूको स्वरूपमा व्यापक अनेकताहरू हुन्छन् ।

उचित आचरण हाम्रो जीवनको एक महत्वपूर्ण भाग हो । हरेक ठाउँ र अवसरको लागि उपयुक्त समाजमा स्वीकार्य व्यवहारले सामान्यतया अरूमा अनुकूल छाप छोड्दछ । यसको विपरीत, हामीले उचित व्यवहार देखाउँदैनौं र हामी आधारभूत शिष्टाचारलाई बेवास्ता गर्छौं भने, त्यसले हाम्रो वरपरका मानिसहरूलाई असुविधा पुऱ्याउँछ । यसको अतिरिक्त, यदि हामी कसैलाई प्रेम गर्छौं भनेर भन्छौं तर त्यस व्यक्तिप्रति अनुचित व्यवहार गर्छौं भने, हामीले वास्तवमै त्यस व्यक्तिलाई प्रेम गरेको कुरा त्यस व्यक्तिलाई विश्वास गर्न गाह्रो हुनेछ ।

मेरियम-वेब्सटर्सको अनलाइन शब्दकोशले "अनुचित" शब्दलाई 'कसैको ओहदा वा जीवन स्तरको मापदण्डहरू अनुसार उपयुक्त नभएको' भनी बुझाउँछ । हाम्रो दैनिक जीवनमा अभिवादन र बोलीचालीमा पनि थुप्रै प्रकारका शिष्टाचारका मापदण्डहरू रहेका छन् । अझ अचम्मको कुरा त यो हो कि, धेरैजसो मानिसहरूलाई आफूले कठोर व्यवहार गरेपछि पनि तिनीहरूलाई आफूले अनुचित व्यवहार गरेको पत्तो हुँदैन । विशेषगरी, झन् हाम्रा नजिकका मानिसहरूसँग हामी सजिलैसित अनुचित व्यवहार गर्छौं । किनकि कतिपय मानिसहरूसँग हामीले सहज महसूस गर्न थाले पछि, हामी कठोरता वा

उचित आचरण विना व्यवहार गर्न थाल्छौं ।

तर हामीमा साँचो प्रेम छ भने, हामी कहिल्यै अनुचित तरिकाले व्यवहार गर्दैनौ । मानौं तपाईंसँग अति नै मूल्यवान र सुन्दर रत्न छ । त्यसो भए, के तपाईंले त्यसलाई लापरवाही तरिकाले सम्हाल्नुहुन्छ ? त्यो फुट्ला, त्यसलाई केही हानि होला वा हराउला भनी तपाईं सतर्क भएर त्यसलाई सम्हाल्नुहुन्छ । त्यसरी नै, तपाईं साँच्चै कसैलाई प्रेम गर्नुहुन्छ भने, उक्त व्यक्तिलाई तपाईं कति मूल्यावान् तवरले व्यवहार गर्नुहुन्छ ?

तपाईंले अनुचित व्यवहार गर्ने दुइ खालका परिस्थितिहरू हुन्छन् : परमेश्वरप्रतिको अशिष्टता र मानिसहरूप्रतिको अशिष्टता ।

परमेश्वरप्रति अनुचित व्यवहार

परमेश्वरलाई विश्वास र प्रेम गर्छु भन्ने मानिसहरूको कार्य देख्दा र उनीहरूको बो ली सुन्दा, उनीहरू मध्ये धेरै जना नै परमेश्वरको प्रेमबाट टाढा रहेको हामी पाउँदछौं । उदाहरणका लागि, आराधना सेवाको समयमा निद्रा झुल्नु परमेश्वरको सामु ठूलो अशिष्टता हो ।

आराधना सेवाको समयमा निद्रा झुल्नु भनेको स्वंय परमेश्वरको उपस्थितिमा निद्रा झुल्नु जस्तै हो । कुनै एक देशको राष्ट्रपति वा कुनै कम्पनीको सीईओको अगाडि निद्रा झुल्नु अति अशिष्ट मानिन्छ । त्यसोभए, हामीले परमेश्वरको सामु निद्रा झुल्नु अझ कति बढी अनुचित हो ? परमेश्वरलाई प्रेम गर्छु भन्ने तपाईंको स्वीकारोक्तिमा यसले प्रश्न चिन्ह खडा गर्छ । अथवा, मानौं तपाईं आफ्नो प्रेमीलाई भेट्दा उक्त व्यक्तिको अगाडि निद्रा झुल्नुहुन्छ । त्यसपछि, तपाईंले त्यस व्यक्तिलाई साँच्चै प्रेम गर्नुहुन्छ भनेर

हामी कसरी भन्न सक्छौं ?

त्यसैगरी तपाईं आराधना सेवाको समयमा आफ्नो आसपासका अन्य मानिसहरूसँग व्यक्तिगत कुराकानी गर्नुहुन्छ वा तपाईं दिउँसै सपना देख्न थाल्नुहुन्छ भने, यो पनि अनुचित व्यवहार हो । यस्तो खालको व्यवहारले उक्त आराधकमा परमेश्वरप्रति श्रद्धा र प्रेम छैन भन्ने जनाउँदछ ।

यस्तो व्यवहारले प्रचारकहरूलाई पनि असर पुर्‍याउँछ । मानौं कुनै एउटा विश्वासी आफ्नो नजिकको अर्को व्यक्तिसँग कुरा गर्नु हुँदैछ, वा उहाँ व्यर्थका कुराहरू सोचेर टोलाएर वा निद्रा झुल्दै बसिरहनुभएको छ । त्यसो हुँदा, प्रचारकलाई आफूले दिइरहेको सन्देश पर्याप्त मात्रमा अनुग्रहले नभरिएको महसूस हुँदछ । उहाँले पवित्र आत्माको प्रेरणा गुमाउन सक्नुहुन्छ, र आत्माको भरपूरीकासाथ प्रचार गर्न सक्षम नहुन सक्नुहुन्छ । यी सबै कार्यहरूले अन्ततः अन्य आराधकहरूलाई पनि बेफाइदा पुर्‍याउनेछ ।

सेवाको बीचमा पवित्र भवन छोडेर जानु पनि यस्तै हो । अवश्य पनि, आराधना सेवामै मद्दत गर्न आफ्ना जिम्मेवारीहरूको कारण बाहिर निस्कनुपर्ने केही स्वंयसेवकहरू हुन्छन् । तापनि, अति नै विशेष अवस्थामा बाहेक, सेवा पूर्ण रूपले सिद्दिसकेपछि मात्र बाहिर जानु उचित हुन्छ । केही मानिसहरूले "हामीले खालि वचन मात्र सुन्नुपर्ने हो" भनेर सोच्छन् अनि सेवा सिद्धिन अघि नै निस्कन्छन्, तर यो पनि अनुचित व्यवहार हो ।

आजको आराधना सेवा पुरानो नियमको समयको होमबलिसँग मिल्दोजुल्दो छ । तिनीहरूले होमबलि दिँदा जनावरहरूलाई टुक्राहरूमा काटेर त्यसपछि ती सबै भागहरू जलाइदिन्थे (लेवी १:९) ।

आजको समयमा यसको अर्थ यो हो कि, हामीले निश्चित विधि र प्रक्रिया अनुसार शुरुदेखि अन्तसम्म नै उचित र पूर्ण आराधना सेवा अर्पण गर्नुपर्छ । हामीले शुरुको मौन प्रार्थनादेखि अन्तिम आशिष्को प्रार्थना वा प्रभुको प्रार्थनासम्म, आराधना सेवाको अनुक्रमको प्रत्येक क्रमलाई आफ्नो सारा हृदयले पालना गर्नुपर्छ । हामीले प्रशंसाका गीतहरू गाउँदा वा प्रार्थना गर्दा, वा भेटी वा सूचनाको समयमा समेत आफ्नो सारा हृदय लगाउनुपर्छ । चर्चका आधिकारिक सेवाहरू बाहेक, प्रार्थना सभा, स्तुतिप्रशंसाको सेवा, वा सानो झुण्डको सेवामा पनि आफ्नो सारा हृदय अर्पण गर्नुपर्छ ।

आफ्नो सारा हृदयले परमेश्वरको आराधना गर्न, सर्वप्रथम हामी सेवामा ढिलो आइपुग्नु हुँदैन । अरू मानिसहरूसँग पनि भेट गर्न तय भएको समयमा ढिलो गर्नु उचित हुँदैन भने, झन् परमेश्वरलाई भेट गर्नुपर्ने समयमा ढिलो आउनु कति अनुचित कुरा हो ? परमेश्वरले सँधै हाम्रो आराधना स्वीकार गर्न आराधना गर्ने ठाउँमा हाम्रो प्रतीक्षा गर्नुहुन्छ ।

तसर्थ, ठ्याक्कै सेवा शुरु हुनुअघि मात्र आएर पनि हामी बस्नुहुँदैन । अघिबाटै आएर पश्चात्तापको प्रार्थना गरेर सेवाको निम्ति आफूलाई तयार गर्नु उचित आचरण हो । यसबाहेक, आराधना सेवाको समयमा मोबाइल फोन प्रयोग गर्नु, साना नानीहरूलाई दौडन वा खेल्न छोडिदिनु पनि अनुचित व्यवहार हो । आराधना सेवाको समयमा चुइङ्गम चपाउनु वा खाना खानु पनि अशिष्टता हो ।

तपाईंले आराधना सेवामा लगाउनु हुने पहिरन पनि महत्वपूर्ण हुन्छ । साधारणतया, घर बस्दा लगाउने वा कार्यस्थलमा लगाउने लुगा लगाएर चर्च आउनु उचित हुँदैन । किनकि हाम्रो पहिरन भनेको कुनै व्यक्तिप्रति हाम्रो श्रद्धा र आदरलाई अभिव्यक्त गर्ने एउटा माध्यम हो । परमेश्वरमा साँचो रूपले विश्वास गर्ने परमेश्वरका छोराछोरीलाई

परमेश्वर कत्ति अनमोल हुनुहुन्छ भन्ने कुरा थाहा हुन्छ । त्यसैले उहाँहरू परमेश्वरको आराधना गर्न आउनु हुँदा आफूसँग भएको सबैभन्दा सफा पोशाकमा आउनु हुन्छ ।

निस्सन्देह, यसमा केही अपवादहरू हुन सक्छन् । बुधबारे सेवा वा शुक्रबारको रात्री सेवाको लागि, धेरैजना सीधै आफ्नो कार्यस्थलबाट आउनुहुन्छ । समयमै आइपुग्नको लागि, उहाँहरू आफ्नो कामकै लुगामा आउन सक्नुहुन्छ । यस्तो अवस्थामा, परमेश्वरले उहाँहरू रुखो व्यवहार गर्दै हुनुहुन्छ भनी भन्नुहुन्न, तर आफ्नो कामको व्यस्ततामा हुँदा समेत उहाँहरूले आराधना सेवामा समयमै आउने प्रयास गर्नुभएकोमा उहाँहरूको हृदयको सुगन्ध ग्रहण गर्नुभएर परमेश्वर आनन्दित हुनुहुनेछ ।

परमेश्वर आराधना सेवा र प्रार्थनाहरूद्वारा हामीहरूसँग प्रेमिलो संगति गर्न चाहनुहुन्छ । यी परमेश्वरका सन्तानले गर्नै पर्ने कर्तव्यहरू हुन् । विशेषगरी, प्रार्थना परमेश्वरसँगको कुराकानी हो । कहिलेकाहीँ, मानिसहरूले प्रार्थना गरिरहेको बेलामा, कसैले कुनै आपत्कालीन स्थितिको कारण उनीहरूलाई धाप मारेर बोलाउँदा उनीहरूले प्रार्थना बन्द गर्नु पर्ने हुन सक्छ ।

यसो गर्नु आफूभन्दा वरिष्ठ व्यक्तिसँग कुराकानी गरिरहेको बेला अवरोध पुऱ्याउनु जस्तै हो । त्यस्तै तपाईंले प्रार्थना गर्दा आफ्नो आँखा खोलेर कसैले बोलाइरहेको कारणले तुरुन्तै प्रार्थना रोक्नुहुन्छ भने, यो पनि अनुचित व्यवहार हो । यस मामलामा, तपाईंले पहिले प्रार्थना समाप्त गर्नुपर्छ, अनि त्यसपछि मात्र प्रतिक्रिया दिनुपर्छ ।

हामी आत्मा र सत्यतामा हाम्रो आराधना र प्रार्थना चढाउँछौं भने, परमेश्वरले हामीलाई आशिष् र इनामहरू दिनुहुन्छ । उहाँले चाँडै हाम्रो प्रार्थनाको जवाफ दिनुहुन्छ । किनकि उहाँले खुशीसाथ हाम्रो हृदयको सुगन्ध ग्रहण गर्नुहुन्छ । तर हामीले एक वर्ष, दुई वर्ष र त्यस्तैगरी लामो समयसम्म अनुचित व्यवहारहरू थुपाऱ्यौं भने, यसले परमे

श्वरको विरुद्धमा पापको पर्खाल सिर्जना गर्नेछ । पति र पत्नी बीच वा आमाबाबु र छोर ाछोरी बीच प्रेम विनाको सम्बन्ध रहिरह्यो भने, त्यहाँ थुप्रै समस्याहरू सिर्जना हुन्छ । परमेश्वरसँग पनि यस्तै हुन्छ । हामी र परमेश्वर बीचमा हामीले पर्खाल निर्माण गरेका छौं भने, हामी रोगहरू वा दुर्घटनाबाट सुरक्षित हुन सक्दैनौं, र हामीले विभिन्न समस्याहरूको सामना गर्नुपर्ने हुन सक्छ । हामीले लामो समयसम्म प्रार्थना गरेरता पनि प्रार्थनाको उत्तर प्राप्त नगर्न सक्छौं । तर यदि ठीकसित आराधना र प्रार्थना गर्छौं भने हामीले थुप्रै प्रकारका समस्याहरू हल गर्न सक्छौं ।

चर्च परमेश्वरको पवित्र घर हो

चर्च परमेश्वर वास गर्नुहुने ठाउँ हो । भजनसंग्रह ११:४ ले भन्दछ, “परमप्रभु आफ्नै पवित्र मन्दिरमा हुनुहुन्छ, परमप्रभु आफ्नो स्वर्गीय सिंहासनमा विराजमान हुनुहुन्छ ।”

पुरानो नियमको समयमा, पवित्र स्थानमा जोकोही जान सक्दैनथ्यो । केवल पूजाहार िहरू मात्र त्यहाँ प्रवेश गर्न सक्थे । वर्षमा एक पटक मात्र र त्यो पनि केवल प्रधान पूजाहारी पवित्र स्थानभित्रको महापवित्र स्थानमा प्रवेश गर्न सक्थे । तर आज, हाम्रो प्रभुको अनुग्रहले, जो कोही पनि पवित्र मन्दिरमा पस्न र उहाँलाई उपासना गर्न सक्छन् । किनभने हिब्रू १०:१९ मा, “यसकारण भाइ हो, येशूको रगतद्वारा महा-पवित्रस्थानमा प्रवेश गर्ने सहास हामीलाई हुन्छ” भनी भनिएझैं येशूले आफ्नो रगतद्वारा हामीलाई हाम्रो पापदेखि छुटकारा दिनुभएको छ ।

पवित्र भवनले हामीले आराधना गर्ने ठाउँ मात्र जनाउँदैन । त्यसले चर्चको प्राङ्गण र त्यहाँभित्र भएको सबै क्षेत्रलाई जनाउँदछ । तसर्थ हामी चर्चभित्र हुँदा, हामी एउटा

सानो शब्द र कार्यमा समेत होशियार हुनुपर्छ । हामी रिसाउनु र झगडा गर्नु हुँदैन, वा पवित्र भवनमा सांसारिक मनोरञ्जन वा व्यवसाय बारे कुरा गर्नुहुँदैन । परमेश्वरका पवित्र थोकहरू लापरवाही तरिकाले प्रयोग गर्ने वा त्यसको बिगार गर्ने, फुटाउने वा खेर फाल्नेमा पनि उही कुरा लागू हुन्छ ।

विशेष गरी, चर्चमा केही पनि कुरा किन्ने र बेच्ने काम स्वीकार्य हुँदैन । आज, इन्टर नेटमा किनमेल गर्न सकिने प्रविधिको विकाससँग, केही मानिसहरूले चर्चमा इन्टरनेटमा खरीद गरेका सामाग्रीहरूको भुक्तानी गरिरहेका हुन्छन् । पक्कै पनि यो एक व्यापारीक ले नदेन हो । हामीले येशूले पैसा साट्नेहरूको टेबुल पल्टाइदिनुभएको र बलिदानका लागि जनावरहरू बेच्नेहरूलाई धपाउनुभएको कुरा सम्झनु पर्दछ । येशूले बलिदानकै लागि भनेर ल्याइएका पशुहरूको मन्दिरमा बेचबिखन भएको पनि स्वीकार गर्नुभएन । तसर्थ, हामी व्यक्तिगत आवश्यकताहरूको लागि चर्चमा केही पनि खरीद या विक्री गर्नुहुँदैन । चर्चको प्राङ्गणमा बजार राख्ने मामलामा पनि यही कुरा लागू हुन्छ ।

चर्चमा सबै ठाउँ परमेश्वरको उपासना र प्रभुमा रहेका भाइ र बहिनीहरूका लागि सङ्गति गर्न अलग गरिनुपर्छ । हामीले चर्चमा प्रार्थना गर्दा वा अन्य सभाहरूमा भेटघाट गर्दा, चर्चको पवित्रताप्रति असंवेदनशील नहुन हामी होशियार हुनुपर्छ । हामी चर्चलाई प्रेम गर्छौं भने, हामीले चर्चमा कुनै अनुचित व्यवहार गर्ने छैनौं, जस्तो भजनसंग्रह ८४:१० मा लेखिएको छ, "तपाईंको मन्दिरभित्रको एक दिन अरू ठाउँका हजार दिनभन्दा उत्तम छ । दुष्टहरूका पालमा बस्नुभन्दा बरु मेरा परमेश्वरका भवनको ढोके हुनलाई मलाई मन पर्छ ।"

मानिसहरूप्रति अनुचित व्यवहार

बाइबलले आफ्नो भाइलाई प्रेम नगर्नेले परमेश्वरलाई प्रेम गर्न सक्दैन भनी भन्दछ। हामी देखिने मानिसहरूसँग अनुचित व्यवहार गर्छौं भने, कसरी हामीमा नदेखिने परमेश्वरको लागि उच्चतम आदर हुनसक्छ ?

"यदि कसैले 'म परमेश्वरलाई प्रेम गर्छु' भन्छ, तर आफ्नो भाइलाई घृणा गर्छ भने त्यो झूटो हो, किनकि आफूले देखेको आफ्नो भाइलाई नै प्रेम नगर्नेले नदेखेका परमेश्वरलाई प्रेम गर्न सक्दैन" (१ यूहन्ना ४:२०)।

हाम्रो दैनिक जीवनमा सजिलै चिन्न नसकिने अनुचित व्यवहारहरूका बारेमा हामी विचार गरौं। सामान्यतया यदि हामी अरूको परिस्थिति बारे नसोचीकन हाम्रो आफ्नै फाइदा खोज्छौं भने, हामी धेरै अशिष्ट व्यवहारहरू गर्दछौं। उदाहरणको लागि, फोनमा कुरा गर्दा पनि हामीले शिष्टाचार कायम गर्नु पर्दछ। हामीले कुनै व्यस्त व्यक्तिलाई राति अबेरमा वा बिहान सबेरै वा लामोसमयसम्म फोन गर्छौं भने, त्यसले उहाँलाई हानी पुऱ्याइरहेको हुन्छ। भेटघाटका लागि ढिलो आउने वा अनपेक्षित रूपमा कसैको घरमा जाने वा अप्रत्याशित रूपमा आइपुग्ने अभद्रताका केही उदाहरणहरू हुन्।

कसैले यसो भनेर पनि सोच्न सक्नुहुन्छ, "हामी एक अर्काको यति निकट छौं, तब के यी सबै कुराहरूको बारेमा सोच्नु चाहिनेभन्दा बढी औपचारिकता होइन र ?" अर्को व्यक्तिको बारेमा सबै कुरा बुझ्ने गरी तपाईंहरूको बीचमा राम्रो मित्रता हुन सक्ला। तर अरूको हृदय १००% बुझ्न अझै पनि निकै गाह्रो हुन्छ। हामीले अर्को व्यक्तिप्रति आफ्नो मित्रता व्यक्त गरिरहेका छौं भनी सोच्न सक्छौं, तर उक्त व्यक्तिले त्यसलाई फरक तरिकाले लिन सक्छ। तसर्थ, हामीले अरूको दृष्टिकोणबाट हेर्ने प्रयास गर्नुपर्छ। कोही हाम्रो

धेरै नजिक छ र हामीसँग सहज महसूस गर्छ भने झन् विशेष गरी त्यस व्यक्तिप्रति अभद्र नहुन हामी होशियार हुनुपर्दछ ।

थुप्रै पटक हामी हाम्रो सर्वाधिक निकटतम व्यक्तिहरूप्रति लापरवाही शब्द बोलेर वा लापरवाही रूपमा व्यवहार गरेर उनीहरूको भावनामा चोट पुऱ्याउने गर्छौं । हामी हाम्रो परिवारका सदस्य वा धेरै घनिष्ठ मित्रसँग यस्तो रुखो व्यवहार गर्छौं र अन्ततः सम्बन्ध बिग्रन पुग्छ र त्यसले नराम्रो रूप लिन सक्छ । साथै, केही वृद्ध मानिसहरूले उमेरमा साना वा तल्लो ओहदाका मानिसहरूलाई अनुचित रूपले व्यवहार गर्दछन् । तिनीहरूले आदर विना बोल्छन्, वा तिनीहरूमा अरूलाई असजिलो महसूस बनाउने गरी काम अह्राउने मनोवृत्ति हुन्छ ।

तर आज, आफ्नो सारा हृदयले आफ्नो आमाबाबु, शिक्षक, वृद्ध मानिसहरूलाई सेवा गर्ने मानिसहरू भेट्टाउन गाह्रो छ । केही मानिसहरूले परिस्थिति परिवर्तन भएको छ भनी भन्न सक्छन्, तर कतिपय कुरा कहिल्यै परिवर्तन हुँदैनन् । लेवी १९:३२ ले भन्दछ, "बूढा-पाकाका सम्मानमा उठ र वृद्ध मानिसको आदर गर । तिमीहरूले परमेश्वरको भय मान । म परमप्रभु हुँ ।"

हाम्रो लागि परमेश्वरको इच्छा मानिसहरूको अघि पनि आफ्नो सारा कर्तव्य पूरा गर्नु हो । अनुचित व्यवहार नगर्नको लागि परमेश्वरका सन्तानहरूले पनि यस संसारको नियम र आदेश पालना गर्नुपर्छ । उदाहरणको लागि, हामीले कुनै सार्वजनिक स्थानमा होहल्ला गऱ्यौं, सडकमा थुक्यौं, वा ट्राफिक नियम उल्लङ्घन गऱ्यौं भने यो धेरै मानिसहरूप्रति गरिएको अनुचित व्यवहार हो । हामी संसारको ज्योति र नून हुनपर्ने ख्रीष्टियनहरू हौं, त्यसैले हामी हाम्रा बोलीवचन, क्रियाकलाप र व्यवहारमा धेरै होशियार हुनुपर्छ ।

प्रेमको व्यवस्था उच्चतम मापदण्ड हो

प्रायजसो मानिसहरूले आफ्नो अधिकांश समय अरू मानिसहरूसँग बिताउँछन्, उनीहरू अरूसँग भेटघाट र कुरा गर्न, उनीहरूसँग खान र उनीहरूसँग काम गर्न खर्चन्छन् । त्यस हदसम्म, हाम्रो दैनिक जीवनमा धेरै प्रकारका सांस्कृतिक शिष्टाचार हुन्छन् । तर सबैको शिक्षाको तह भिन्न छ र विभिन्न देशहरू र विभिन्न जातिहरू बीचको संस्कृतिमा पनि भिन्नता छ । त्यसोभए, हाम्रो आचरणको मानक के हुनुपर्छ ?

त्यो मानक हाम्रो हृदयमा भएको प्रेमको व्यवस्था हो । परमेश्वर जो स्वयम् प्रेम हुनुहुन्छ, उहाँको व्यवस्था नै प्रेमको व्यवस्था हो । अर्थात्, हामीले परमेश्वरको वचन आफ्नो हृदयमा अंकित गरेर यो अभ्यास गर्ने मात्रा अनुरूप, हामीमा प्रभुको मनोवृत्ति हुनेछ र हामीले अनुचित व्यवहार गर्नेछैनौं । प्रेमको व्यवस्थाको अर्को अर्थ "अरूको ख्याल राख्नु" हो ।

एउटा मानिस आफ्नो हातमा बत्ती लिएर अँध्यारो रातमा हिँड्दै थियो । विपरीत दिशाबाट आइरहेको अर्को मानिसले, बत्ती बोकेको त्यस व्यक्तिलाई देख्दा ऊ अन्धो भएको कुरा थाहा पायो । त्यसैले उसले उसलाई किन देख्न नसक्ने भएर पनि बत्ती लिएर हिँडेको भनेर सोध्यो । त्यसपछि उसले यस्तो जवाफ दियो, "तपाईंहरू मसँग ठोक्किनु भएको नहोस् भनेर मैले यो गरेको हुँ । यो बत्ती तपाईंको लागि हो ।" यो कथाबाट हामीले अरूको ख्याल राख्ने बारेमा केही कुरा महसूस गर्न सक्छौं ।

अरूको ख्याल राख्ने कुरा विना महत्वको जस्तो लागेतापनि, यसमा मान्छेको हृदय छुने ठूलो शक्ति हुँदछ । अनुचित व्यवहार अरूको ख्याल नगर्नाले हुन्छ, जसको अर्थ त्यहाँ प्रेमको कमी हुँदछ । हामी साँच्चै अरूलाई प्रेम गर्छौं भने, हामी सँधै अरूको ख्याल गर्छौं र अनुचित व्यवहार गर्दैनौं ।

कृषिमा पनि सबै फलका बीचबाट कमसल फल जतिलाई अत्याधिक मात्रामा

हटाइयो भने, बढेको फलले उपलब्ध सबै पौष्टिक तत्व लिँदछ, जसले गर्दा तिनीहरूमा अत्यन्त बाक्लो बोक्रा आउँछ र तिनको स्वाद पनि मीठो हुँदैन । हामी अरूको ख्याल राख्दैनौं भने, केही समयको लागि हामीले उपलब्ध भएका सबै कुराहरू उपभोग गरे तापनि चाहिने भन्दा बढी मात्रामा पौष्टिक तत्व पाएका फलहरूझैं हामी पनि नमीठो अनि बाक्लो बोक्रा भएका मानिसहरू हुनेछौं ।

तसर्थ, कलस्सी ३:२३ मा, "तिमीहरू जे गर्छौ दिलोज्यानले गर्ने गर, मानिसको होइन, तर प्रभुको सेवा गरेजस्तै" भनिएझैं हामीले प्रभुको सेवा गरेजस्तै गरी उच्चतम आदरका साथ सबैको सेवा गर्नु पर्दछ ।

७. प्रेमले आफ्नै कुरामा जिद्दी गर्दैन

यो आधुनिक संसारमा स्वार्थ भेट्टाउन गाह्रो छैन । मानिसहरूले अरूको भलाइ होइन तर आफ्नै फाइदा खोज्दछन् । केही देशहरूमा बच्चाहरूको लागि बनाइएको धूलो दूधमा तिनीहरूले हानिकारक रसायन मिसाउँदछन् । केही मानिसहरूले देशको निम्ति अति आवश्यक प्रविधिलाई चारेर आफ्नो देशलाई ठूलो हानि पुऱ्याउँदछन् ।

'मेरो घर पछाडिचाहिँ होइन' भन्ने समस्याको कारण, सरकारलाई फोहोर फाल्ने ठाउँ वा शवदाहगृह जस्ता सार्वजनिक सुविधाका ठाउँहरू बनाउन गाह्रो भएको छ । मानिसहरूले अरूको भलाइको बारेमा ध्यान दिँदैनन् तर केवल आफ्नो राम्रोको निम्ति मात्र सोच्दछन् । यस्ता घटनाहरूभैंं अत्याधिक मात्रामा नभएतापनि, हाम्रो दैनिक जीवनमा पनि हामी थुप्रै स्वार्थी कार्यहरू पाउन सक्छौं ।

उदाहरणको लागि, केही साथी वा सहकर्मीहरूसँगै खान जान्छन् । तिनीहरूले के खाने हो सो छान्नु पर्दा, एउटाले चाहिँ आफूलाई मन पर्ने खानेकुरामा नै जोड दिँदछ । त्यो व्यक्तिको इच्छालाई अर्को व्यक्तिले पछयाउँदछ, तर भित्रबाट ऊ यसमा असहज महसूस गर्दछ । तर, अर्को व्यक्तिचाहिँ सँधै पहिला अरूको राय सोध्दछ । अनि, अरूले छानेका खानेकुरा उसलाई मन नपरेतापनि, ऊ सँधै आनन्दित भएर खाँदछ । माथि उल्लेख गरिएका उदाहरण मध्ये तपाईं कुन वर्गमा पर्नु हुन्छ ?

मानिसहरूको एउटा समूह एउटा कार्यक्रमको तयारीको लागि सभामा भेला भएका छन् । तिनीहरूका विचारहरू फरक फरक छन् । एउटाले अरू आफूसित सहमत नहुञ्जेलसम्म अरूलाई मञ्जुर गराउन कोशिश गर्दछ । अर्को मानिसले चाहिँ आफ्नो विचारमा धेरै जोड दिँदैन, तर उसलाई अरूको विचार मन नपर्दा ऊ अनिच्छुक देखिन्छ, तरैपनि स्वीकार गर्दछ ।

तर अर्को व्यक्तिचाहिँ अरूले आफ्नो राय सुनाउँदा उसले अरूको कुरामा ध्यान दिन्छ । अनि, तिनीहरूको विचार उसको भन्दा फरक भएतापनि, उसले त्यसलाई पछ्याउन कोशिश गर्दछ । यस्तो भिन्नता हरेकको हृदयमा भएको प्रेमको परिमाणले गर्दा आउँदछ ।

यदि त्यहाँ झगडा वा भनाभनको स्थिति पैदा हुने गरी विचारहरूको द्वन्द छ भने, यो चाहिँ मानिसहरूले आफ्नै विचारमा जोड दिएर, आफ्नो स्वार्थ खोजेको कारणले गर्दा हो । यदि विवाहित जोडीले केवल आफ्नै विचारमा मात्रै जोड दिन्छन् भने, तिनीहरूबीच निरन्तर बेमेल हुँदछ र तिनीहरू एक अर्कालाई बुझ्न असमर्थ हुँदछन् । यदि तिनीहरू एक अर्काप्रति समर्पित हुन्छन् र एकले अर्कालाई बुझ्छन् भने, तिनीहरूबीच शान्ति हुन सक्छ तर तिनीहरूले आफ्नै विचारमा जोड दिएकोले गर्दा बारम्बार शान्ति भङ्ग हुँदछ ।

यदि हामी कसैलाई प्रेम गर्दछौं भने, हामी आफूलाई भन्दा बढी त्यस व्यक्तिलाई ध्यान दिन्छौं । हामी आमाबुवाको प्रेमलाई हेरौं । धेरै आमाबुवाहरू आफ्नो बारेमा सोच्नुभन्दा पहिले आफ्नो बच्चाको बारेमा सोच्ने गर्दछन् । त्यसकारण, आमाहरू "तपाईं धेरै सुन्दर हुनुहुन्छ" भन्दा पनि "तपाईंकी छोरी असाध्यै सुन्दर छिन्" भनी सुन्न रुचाउनु हुन्छ ।

आफूले मीठो भोजन खानुभन्दा पनि आफ्ना बच्चाले राम्रोसँग खाँदा तिनीहरूले खुशी महसूस गर्दछन् । आफूले राम्रो लुगा लगाउनुभन्दा पनि आफ्नो बच्चालाई राम्रो लुगा लगाई दिँदा तिनीहरू खुशी महसूस गर्दछन् । साथै, तिनीहरू आफ्ना बच्चा आफूभन्दा बढी बुद्धिमान होऊन् भनी चाहन्छन् । तिनीहरू आफ्ना बच्चालाई सबैले चिनून र प्रेम गरुन् भन्ने चाहन्छन् । यदि हामी यस्तो प्रकारले हाम्रा छिमेकीहरूलाई वा अरू कसैलाई प्रेम गर्दछौं भने, परमेश्वर पिता हामीसित कति प्रसन्न हुनु हुनेछ !

अब्राहामले प्रेमका साथ अरूको भलाइ खोज्नु भयो

आफूभन्दा बढी अरूको वास्ता बलिदानी प्रेमबाट आउँदछ । आफ्नोभन्दा पहिले अरूको भलाइ खोज्ने मानिसमध्ये अब्राहाम एक असल उदाहरण हुनुहुन्छ ।

अब्राहामले आफ्नो गृह नगर छोड्नु हुँदा, उहाँको भतिजा लोतले उहाँलाई पछ्याउनु भयो । अब्राहामको कारणले गर्दा लोतले पनि धेरै आशिष्‌हरू प्राप्त गर्नुभयो र उहाँका धेरै पशुहरू थिए जसले गर्दा अब्राहाम र लोत दुवैका बगाल अनि बथानलाई खुवाउने पर्याप्त पानी त्यहाँ थिएन । कहिलेकाहीँ दुवै पक्षका गोठालाहरूका बीचमा झगडा समेत हुने गर्दथ्यो ।

अब्राहाम शान्ति भङ्ग भएको चाहनु हुन्नथ्यो र लोतले चाहेअनुसारको जमीन छान्ने अधिकार उहाँले लोतलाई दिनुभयो र बाँकी रहेको भाग मात्र आफूले लिनु भयो । बगालको हेरचाहको लागि सबैभन्दा महत्वपूर्ण कुरा घाँस र पानी हो । उहाँहरू बसोवास गरिरहनु भएको स्थानमा सबै बगालहरूका निम्ति पर्याप्त घाँस र पानी थिएन, अनि असल जमीन अरूलाई छान्न दिनुचाहिँ बाँच्नको निम्ति आवश्यक कुरा नै अरूको निम्ति छोडिदिनु सरह थियो ।

अब्राहामले लोतको बारेमा यति धेरै सोच्नु हुन्थ्यो, किनभने उहाँले लोतलाई धेरै प्रेम गर्नु हुन्थ्यो । तर लोतले अब्राहामको यस प्रेमलाई साँचो रूपमा बुझ्न सक्नु भएन ; उहाँले यर्दनको बेँसी, असल जमीन रोज्नु भयो र छुट्टिएर जानुभयो । लोतले तुरुन्तै विना हिचकिचाहट आफूलाई राम्रो लागेको कुरा छान्नु भएको देख्दा के अब्राहामले असहज महसूस गर्नु भयो त ? कदापि होइन ! आफ्नो भतिजाले असल जमीन रोजेकोमा नै उहाँ खुशी हुनुहुन्थ्यो ।

परमेश्वरले अब्राहामको यस्तो असल हृदयलाई देख्नुभयो र उहाँ जहाँ जानुभएपनि उहाँलाई धेरै आशिष् दिनुभयो । उहाँ यस्तो धनी मानिस बन्नुभयो कि वरपरका क्षेत्रका

राजाहरूले पनि उहाँलाई सम्मान गर्दथे । यहाँ व्याख्या गरिएझैं, यदि हामी आफ्नो नभई पहिला अरूको फाइदा खोज्दछौं भने निश्चय नै हामीहरूले परमेश्वरको आशिष् प्राप्त गर्नेछौं ।

यदि हामी आफ्ना केही कुराहरू हाम्रा प्रिय जनहरूलाई दिन्छौं भने त्यो आनन्द अरू थोकभन्दा बढी हुन्छ । यो यस्तो प्रकारको आनन्द हो जुन आफ्ना प्रिय जनहरूलाई कुनै अति नै अमूल्य कुराहरू दिएका मानिसहरूले मात्र बुझ्न सक्छन् । येशूले यस्तो प्रकारको आनन्द महसूस गर्नु भयो । हामीले सिद्ध प्रेम सम्वर्द्धन गरेपछि मात्रै यस्तो अधिकतम खुशी प्राप्त गर्दछौं । आफूले घृणा गरेका मानिसहरूलाई केही दिन हामीलाई गाह्रो हुँदछ, तर आफूले प्रेम गरेकाहरूलाई दिन हामीलाई गाह्रो हुँदैन । त्यसरी दिन पाउँदा हामी खुशी हुनेछौं ।

अधिकतम खुशी प्राप्त गर्न

सिद्ध प्रेमले हामीलाई अधिकतम खुशी प्राप्त गराउँदछ । अनि येशूको जस्तै सिद्ध प्रेम हुनको लागि, हामीले आफ्नो भन्दा अरूको बारेमा सोच्नु पर्दछ । हामीले आफूलाई भन्दा बढी हाम्रा छिमेकीहरू, परमेश्वर, प्रभु, र चर्चलाई प्राथमिकता दिनु पर्दछ, र यदि हामीले यस्तो गर्‍यौं भने, परमेश्वरले हाम्रो हेरचाह गर्नु हुन्छ । हामीले अरूको भलाइ खोज्यौं भने उहाँले हामीलाई त्यसको बदलामा असल थोक दिनुहुन्छ । स्वर्गमा हाम्रा इनामहरू सञ्चय हुनेछन् । त्यकारण प्रेरित २०:३५ मा परमेश्वरले भन्नु भएको छ, “लिनुभन्दा दिनु अझ धन्य हो ।”

यहाँ, हामी एउटा कुरामा स्पष्ट हुनु पर्दछ । परमेश्वरको राज्यको लागि विश्वासयोग्य भई कार्य गर्ने क्रममा हाम्रो शारीरिक सामर्थ्यको सीमाभन्दा बाहिर गएर आफूमा

शारीरिक समस्याहरू निम्त्याउनु हुँदैन । यदि हामी हाम्रो सीमाभित्र रहेर विश्वासयोग्य बन्न कोशिश गर्दछौं भने परमेश्वरले हाम्रो हृदयलाई स्वीकार गर्नुहुन्छ । तर हाम्रो भौतिक शरीरलाई आराम पनि चाहिन्छ । केवल चर्चमा काम गर्ने मात्र होइन तर प्रार्थना, उपवास र परमेश्वरको वचनलाई अध्ययन गरेर हामीले आफ्नो प्राणको उन्नतिको बारेमा ध्यान दिनु पर्दछ ।

केही मानिसहरूले धेरै समय धार्मिक क्रियाकलाप वा चर्चका गतिविधिहरूमा खर्चेर परिवारका सदस्यहरूलाई बेफाइदा वा हानि पुऱ्याउँदछन् । उदाहरणको लागि, उपवास बसेको कारण केही मानिसहरूले काममा आफ्नो जिम्मेवारी राम्रोसित पूरा गर्न सक्दैनन् । केही विद्यार्थीहरूले सण्डे स्कूलको कार्यक्रममा भाग लिनको लागि आफ्ना पठनपाठनलाई बेवास्ता गर्दछन् ।

माथिका अवस्थाहरूमा, आफूले परिश्रमपूर्वक कार्य गरेकाले आफ्नो फाइदा खोजेका छैनौं भनी तिनीहरूले सोच्ने गर्दछन् । तर, यो वास्तवमा सत्य होइन । प्रभुको निम्ति कार्य गरेतापनि, तिनीहरू परमेश्वरको सम्पूर्ण घरानामा विश्वासयोग्य हुँदैनन्, त्यसैले यसको मतलब तिनीहरूले परमेश्वरको सन्तानको रूपमा सम्पूर्ण जिम्मेवारी पूरा गरेका हुँदैनन् । जे भएतापनि तिनीहरू केवल आफ्नै फाइदा मात्रै खाज्दछन् ।

अब, सबै कुरामा आफ्नो फाइदा खाज्ने मनोवृति त्यागनको लागि हामीले के गर्नु पर्दछ त ? हामी पवित्र आत्मामा भर पर्नु पर्दछ । पवित्र आत्मा जो परमेश्वरको हृदय हुनुहुन्छ, उहाँले हामीलाई सत्यतामा डोऱ्याउनु हुन्छ । “यसकारण चाहे तिमीहरू खाओ, अथवा पिओ, वा तिमीहरू जेसुकै गर, सबै परमेश्वरका महिमाको निम्ति गर” (१ कोरिन्थी १०:३१) भनी प्रेरित पावलले भन्नु भएझैं, यदि हामी सबै कुरा पवित्र आत्माको निर्देशनमा गर्दछौं भने, हामी केवल परमेश्वरको महिमाको निम्ति जिउन सक्छौं ।

माथि उल्लेख गरिए जस्तै योग्य बन्नको लागि हामीले आफ्नो हृदयबाट दुष्टताहरूलाई फाल्नु पर्दछ । थपअझ, यदि हामीले हाम्रो हृदयमा साँचो प्रेम सम्वर्द्धन

गर्दछौं भने, भलाइको ज्ञान हामीमा आउनेछ जसले गर्दा प्रत्येक अवस्थामा हामीले परमेश्वरको इच्छालाई पहिचान गर्न सक्छौं । माथि उल्लेख गरिएझैं यदि हाम्रो प्राणको उन्नति हुन्छ भने, हाम्रो सबै कुरामा राम्रो हुन्छ र हामी स्वस्थ हुनेछौं, जसले गर्दा हामी पूर्ण रूपमा परमेश्वरप्रति विश्वासयोग्य बन्न सक्छौं । साथै हामीले हाम्रा छिमेकीहरू र परिवारका सदस्यहरूबाट पनि प्रेम पाउन सक्छौं ।

नयाँ दम्पतिहरू मकहाँ आशिष्को लागि प्रार्थना ग्रहण गर्न आउनु हुँदा, म जहिले पनि उहाँहरूले एक अर्काको भलाइ खोज्नु भएको होस् भनी प्रार्थना गरिदिन्छु । यदि आफ्नो बारेमा मात्र हेर्नु भयो भने, उहाँहरूले शान्त परिवार बनाउन सक्नु हुन्न ।

हामी जसलाई प्रेम गर्छौं वा ती मानिसहरू जो हाम्रो निम्ति फाइदाजनक हुन सक्छन्, हामी तिनीहरूको भलाइ खोज्न सक्छौं । तर हामीलाई हरेक परिस्थितिमा कठिनाइ दिने र सँधै आफ्नै फाइदालाई पछ्याउनेहरूलाई हामी के गर्छौं ? अनि हामीलाई हानि वा क्षति पुऱ्याउने, वा हामीलाई कुनै फाइदा पुऱ्याउन नसक्नेहरूलाई हामी के गर्छौं ? असत्यतामा कार्य गर्ने र हर समय दुष्ट कुरा बोल्नेहरूप्रति हामी कस्तो व्यवहार गर्दछौं ?

ती परिस्थितिहरूमा, यदि हामी तिनीहरूलाई केवल टार्दछौं वा यदि हामी तिनीहरूको निम्ति बलिदान दिन अनिच्छुक हुन्छौं, भने यसको अर्थ हामी अझै पनि आफ्नै भलाइ खोज्दैछौं । हामीले आफूलाई बलिदान गर्न सक्नुपर्दछ, र हामीभन्दा फरक विचार भएकाहरूलाई पनि हामीले ग्रहण गर्नु पर्दछ । तब मात्र हामी आत्मिक प्रेम गर्ने व्यक्ति बन्न सक्छौं ।

८. प्रेमले झर्को मान्दैन

प्रेमले मानिसको हृदयलाई सकरात्मक बनाउँदछ । अर्कोतिर रीसले चाहिँ मानिसको हृदयलाई नकरात्मक बनाउँदछ । रीसले हृदयलाई चोट पुऱ्याउँदछ र यसलाई अँध्यारो बनाउँदछ । त्यसकारण, यदि तपाईं रिसाउनु हुन्छ भने, तपाईं परमेश्वरको प्रेममा रहन सक्नु हुन्न । दुष्ट शत्रु शैतान र दियाबलसले परमेश्वरको सन्तानको अगि राख्ने प्रमुख धराप घृणा र रीस हो ।

झर्को मान्नु भनेको केवल रिसाउने, चिच्याउने, सराप्ने र हिंसक बन्ने मात्र होइन । यदि तपाईंको मुहार विकृत हुँदछ, यदि तपाईंको अनुहारको रङ्ग परिवर्तन हुन्छ, अनि तपाईंको बोल्ने तरिका आकस्मिक रूपमा परिवर्तन हुन्छ, भने यी सबै झर्को मान्दा हुने क्रियाकलाप हुन् । प्रत्येक परिस्थितिमा यसको मात्रा भिन्न भएतापनि, यो हृदयमा भएको घृणा र दुष्ट भावनाहरूको बाहिरी अभिव्यक्ति हो । तरैपनि, अरूको अनुहार हेरेर ऊ रिसाएको छ भन्ने सोचेर हामीले अरूलाई न्याय गर्नु वा दोष लगाउनु हुँदैन । मानिसको हृदयलाई सही तवरले बुझ्न कसैको निम्ति पनि सजिलो छैन ।

येशूले एकपटक मन्दिरमा सामानहरू बेचिरहेका मानिसहरूलाई धपाउनु भएको थियो । व्यापारीहरूले टेबल राखेर निस्तार चाड हेर्नलाई यरूशलेमको मन्दिरमा आएकाहरूसँग पैसा साट्दै र परेवा बेच्दै थिए । येशू अति नै विनीत हुनुहुन्छ ; उहाँ झगडा गर्नु वा कराउनु हुन्न, र कसैले पनि उहाँको स्वर गल्लीमा सुन्ने छैनन् । तर यो दृष्य देख्दा, उहाँको मनोभाव अरू बेलाको भन्दा फरक थियो ।

उहाँले डोरीको कोर्रा बनाउनु भयो र भेडा, गाई र अरू बलिदानका पशुहरूलाई

धपाउनुभयो । उहाँले पैसा साट्ने र परेवा बेच्नेहरूका टेबल पल्टाइदिनु भयो । येशूको वरिपरिका मानिसहरूले उहाँको यो रूपलाई देख्दा, उहाँ रिसाउनु भएको छ भनी सोचेका हुन सक्छन् । तर त्यो क्षणमा उहाँ घृणा जस्तो दुष्ट भावनाको कारण रिसाउनु भएको थिएन । उहाँमा केवल धार्मिक रोष मात्र थियो । उहाँको धार्मिक रोषद्वारा, परमेश्वरको मन्दिर अपवित्र पार्ने अधार्मिकतालाई सहन गर्न सकिँदैन भनी उहाँले हामीलाई जान्न दिनुभयो । यस्तो प्रकारको धार्मिक रोषचाहिँ आफ्नो न्यायद्वारा प्रेमलाई सिद्ध बनाउनु हुने परमेश्वरको प्रेमको नतिजा हो ।

धार्मिक रोष र रीस बीचको भिन्नता

मर्कूस अध्याय ३, मा येशूले शबाथ दिनमा सभाघरमा एक जना सुकेको हात भएको मानिसलाई निको पार्नु भयो । येशूलाई शबाथ दिन भङ्ग गरेको दोष लगाउनलाई उहाँले शबाथमा कसैलाई निको पार्नु हुन्छ कि हुन्न भनी मानिसहरू येशूको चेवा गर्दैथिए । येशूले मानिसहरूको हृदय जान्नुभयो र सोध्नुभयो, “शबाथ-दिनमा भलो गर्नु कि खराबी गर्नु, प्राण बचाउनु कि नाश गर्नु कुनचाहिँ उचित छ ?” (मर्कूस ३:४)

तिनीहरूको अभिप्राय प्रकट भयो, अनि तिनीहरूले केही बोल्न सकेनन् । येशूको रोष तिनीहरूको कठोर हृदयप्रति थियो ।

तिनीहरूका हृदयको कठोरतामा दुःखित भई क्रोधित भएर उहाँले तिनीहरू सबैलाई हेर्नुभयो अनि त्यस मानिसलाई भन्नुभयो, ‘तिम्रो हात पसार !’ त्यसले हात पसाऱ्यो र त्यसको हात निको भयो (मर्कूस ३:५) ।

त्यस समयमा, दुष्ट मानिसहरू केवल भलाइका कार्यहरू गरिरहनु भएको येशूलाई

दोष लगाउन र मार्नलाई मात्र कोशिश गरिरहेका थिए । त्यसकारण, कहिलेकाहीँ येशूले तिनीहरूको लागि कडा शब्द प्रयोग गर्नुहुन्थ्यो । यो चाहिँ तिनीहरूले महसूस गरुन् र विनाशको मार्गबाट फर्केर आऊन् भन्ने हेतुले थियो । त्यसैगरी, येशूको धार्मिक रोष उहाँको प्रेमद्वारा उत्पन्न भएको थियो । यस्तो रोषले कहिलेकाहीँ मानिसहरूलाई जागृत गर्दछ र तिनीहरूलाई जीवनतिर डोऱ्याउँदछ । यसरी झर्को मान्नु र धार्मिक रोष हुनु पूर्ण रूपमा फरक कुरा हुन् । पवित्र भएका र कुनै पनि प्रकारका पापहरू नभएका मानिसहरूको हप्काइ र गालीले आत्माहरूलाई जीवन दिन्छ । तर हृदयको पवित्रीकरण विना, कसैले पनि यस्तो प्रकारको फल फलाउन सक्दैन ।

मानिस रिसाउनुका धेरै कारणहरू हुन्छन् । पहिलो, किनभने मानिसहरूको विचार र तिनीहरूको चाहना एक अर्काबाट फरक हुँदछन् । सबै जनाको पारिवारिक पृष्ठभूमि र शिक्षा फरक हुन्छ, त्यसैले तिनीहरूको हृदय र विचार, र न्याय गर्ने मापदण्ड एक अर्काबाट फरक हुन्छ । तर तिनीहरू अरूलाई आफ्नो विचारमा सहमत गराउन कोशिश गर्दछन्, र यस प्रक्रियामा तिनीहरूमा कठोर भावनाहरू आउँदछन् ।

मानौं, श्रीमान्‌लाई नुनिलो खाना मन पर्दछ तर श्रीमतीलाई भने मन पर्दैन । श्रीमतीले भन्न सक्छिन् “धेरै नून तपाईंको स्वास्थ्यको लागि लाभदायक हुँदैन, र तपाईंले थोरै नून मात्र खानु पर्दछ” । श्रीमतीले यो सल्लाह उनको श्रीमान्‌को स्वास्थ्यको लागि दिएको हो । तर यदि श्रीमान्‌ले यो कुरा मन पराउँदैनन् भने, श्रीमतीले यसमा कर लगाउनु हुँदैन । तिनीहरूले दुवैलाई फाइदा हुने मार्ग खोज्नु पर्दछ । तिनीहरूले एकसाथ प्रयास गरेर सुखी परिवार बनाउन सक्दछन् ।

दोस्रो, अरूले आफ्नो कुरा नसुनी दिँदा, मानिस रिसाउन सक्छ । यदि ऊ ज्येष्ठ छ वा उच्च पदमा छ भने, अरूले उसको आज्ञापालन गरेको ऊ चाहन्छ । निश्चय नै, ज्ये

ष्ठहरूलाई आदर गर्नु र श्रेणी वर्गीकरणमा नेतृत्वको तहमा रहेकाहरूको आज्ञा पालन गर्नु राम्रो हो, तरैपनि, त्यस्ता मानिसहरूले आफूभन्दा तल्लो श्रेणीमा रहेकाहरूलाई दबाब दिएर आज्ञा पालन गर्न लगाउनु राम्रो होइन ।

केही परिस्थितिहरूमा माथिल्लो ओहदामा भएको मानिसले निम्न पदमा भएकाहरूको कुरा सुन्दैन, तर केवल विनाशर्त तिनीहरूले उसको आज्ञापालन पालन गरेको ऊ चाहन्छ । अन्य परिस्थितिहरूमा, नोक्सानी बेहोर्नु पर्दा वा अरूबाट अन्याय पूर्ण व्यवहार गरिएको खण्डमा मानिसहरू रिसाउने गर्दछन् । थप अझ, कुनै कारण विना अरूले आफूप्रति रोष प्रकट गर्दा, वा आफूले अनुरोध वा निर्देशन गरेअनुसार कार्य नहुँदा, वा मानिसहरूले आफूलाई सराप्दा वा आफ्नो अपमान गर्दा मानिस क्रोधित बन्न सक्छ ।

रिसाउनभन्दा अघि नै, मानिसहरूको हृदयमा पहिलेबाटै दुष्ट प्रवृतिको भावना हुन्छ । अरूहरूका शब्द वा कार्यहरूले तिनीहरूका यस्ता प्रकारका भावनाहरूलाई उत्तेजित बनाउँदछन् । अन्ततः उत्तेजित भावना रीसको रूपमा बाहिर आउँदछ । सामान्यतया, रीस उठ्नुको कारण यस्तो प्रकारको दुष्ट प्रवृतिको भावना हुनु हो । यदि हामी रिसाउँछौं भने हामी परमेश्वरको प्रेममा रहन सक्दैनौं र हाम्रो आत्मिक वृद्धिमा गम्भीर अवरोध आउँदछ ।

हामीमा दुष्ट भावना रहेसम्म हामी सत्यताद्वारा आफैलाई परिवर्तन गर्न सक्दैनौं, र हामी रीसले उक्सन छोड्नु पर्दछ र रीसको भावनालाई नै त्याग्नु पर्दछ । १ कोरिन्थी ३:१६ ले भन्दछ, “के तिमीहरूलाई थाहा छैन, तिमीहरू परमेश्वरका मन्दिर हौ, र परमेश्वरका पवित्र आत्मा तिमीहरूमा वास गर्नुहुन्छ ?”

पवित्र आत्माले हाम्रो हृदयलाई मन्दिरको रूपमा लिनुभएको छ र परमेश्वरले हामीलाई सँधै हेरिरहनु भएको छ भनी हामी महसूस गरौं जसले गर्दा हाम्रो विचारसँग मेल नखाने कुनै कुराको कारण हामी रिसाउने छैनौं।

मानिसको रीसले परमेश्वरको धार्मिकता ल्याउँदैन

एलीशाले आफ्नो गुरु एलियाको आत्माको दोब्बर भाग प्राप्त गर्नु भएको थियो र परमेश्वरको शक्तिका धेरै कार्यहरू प्रकट गर्नु भएको थियो । उहाँले एक बाँझी स्त्रीलाई गर्भधारणको आशिष् दिनुभयो; मृतक मानिसलाई जीवित पार्नु भयो, कुष्ठ रोगीलाई निको पार्नु भयो र शत्रुको सेनालाई पराजित गर्नु भयो । उहाँले पिउन नमिल्ने पानीमा नून हालेर त्यसलाई राम्रो पानीमा परिणत गर्नु भयो । तरैपनि, उहाँ एउटा रोगको कारण मर्नु भयो, जुन चाहिँ परमेश्वरको एक महान् अगमवक्तामा हुने दुर्लभ कुरा हो ।

यसको कारण के हुन सक्छ त ? योचाहिँ उहाँ बेथेल जादै गर्नु हुँदा खेरीको घटना हो । स-साना ठिटाहरूको एक समूह शहरबाट आए र उहाँको गिल्ला गर्न लागे, किनभने उहाँको शिरमा कपाल कम थियो र उहाँको स्वरूप राम्रो थिएन । "ए मुडुले, माथि जाऊ । ए मुडुले, माथि जाऊ" (२ राजा २:२३) ।

केही मात्र होइन तर धेरै ठिटाहरूले एलीशालाई पछ्याए र उहाँको गिल्ला गरे र उहाँ लज्जित हुनुभयो । उहाँले तिनीहरूलाई सम्झाउनु भयो र गाली गर्नु भयो, तर तिनीहरूले मानेनन् । तिनीहरू अत्यन्तै जिद्दी बनेर ती अगमवक्तालाई दुःख दिइरहेका थिए र यसलाई एलीशाले सहन गर्न सक्नु भएन ।

देश विभाजनपछि, बेथेलचाहिँ उत्तरी इस्राएलमा मूर्तिपूजाको आधार क्षेत्र जस्तै थियो

। मूर्ति पूजाको वातावरणले गर्दा त्यस क्षेत्रका ठिटाहरूका हृदय कठोर भएको हुनु पर्दछ । तिनीहरूले बाटो छेकेको, एलीशालाई थुकेको, वा उहाँलाई ढुङ्गाले समेत हिर्काएको हुन सक्छ । अन्ततः एलीशाले तिनीहरूलाई सराप्नु भयो । दुइवटा माऊ भालू जङ्गलबाट निस्केर तिनीहरूमध्ये ४२ जनालाई मारे ।

निश्चय नै, परमेश्वरको जनलाई सीमा नाघेर गिल्ला गरी तिनीहरू आफैले यो विनाश आफूमाथि ल्याएका थिए, तर यसले यो प्रमाणित गर्दछ कि एलीशामा नराम्रा भावनाहरू थिए । उहाँ रोगको कारणले मर्नु भएको तथ्य अप्रासङ्गिक होइन । परमेश्वरको सन्तान भएर रिसाउनु राम्रो होइन भनी हामी थाहा पाउन सक्छौं । "किनकि मानिसको रीसले परमेश्वरको धार्मिकता ल्याउँदैन" (याकूब १:२०) ।

नरिसाउनका लागि

नरिसाउनको लागि हामीले के गर्नु पर्दछ त ? के हामीले आफैलाई नियन्त्रण गरी यसलाई दबाउनु पर्दछ ? हामीले उत्प्लव(स्प्रिङ्ग) लाई जोडसित दबाउँदा, प्रतिक्रिया स्वरूप यसले बढी शक्ति प्राप्त गर्दछ र हामीले आफ्नो हात हटाउन साथ यो जोडले उफ्रन्छ । रिसाउँदा पनि यस्तै हुन्छ । यदि हामी केवल यसलाई दबाउँदछौं भने, हामी त्यस समय द्वन्दलाई नियन्त्रण गर्न त सक्छौं तर अन्तत ढिलो वा चाडो यो विस्फोट हुनेछ । त्यसकारण नउब्सिनको लागि, हामीले रीसको भावनालाई नै त्याग्नु पर्दछ । हामीले यसलाई केवल दबाउने मात्र होइन तर हाम्रो रीसलाई भलाइ र प्रेममा परिवर्तन गर्नु पर्दछ, जसले गर्दा हामीले कुनै पनि कुरालाई दबाएर राख्नु पर्दैन ।

निश्चय नै, हामीले एकै रातमा दुष्ट भावनाहरू फाल्न र त्यसलाई भलाइ र प्रेमले

प्रतिस्थापन गर्न सक्दैनौं । हामीले दिनदिनै निरन्तर रूपमा प्रयास गर्नु पर्दछ । उत्ते जनात्मक परिस्थितिमा सर्वप्रथम, हामीले त्यस परिस्थितिलाई परमेश्वरको हातमा छो डिदिनु पर्दछ । संयुक्त राज्य अमेरिकाका तेस्रो राष्ट्रपति थोमस जेफरसनको अध्ययनमा यस्तो लेखिएको छ भन्ने गरिन्छ, "तपाईंलाई रीस उठेको बेलामा बोल्नु भन्दा अगाडि दश गन्नु पर्दछ; यदि अत्यन्तै रिसाउनुभएको छ भने सयसम्म गन्नु पर्दछ ।" कोरियामा यस्तो भनाइ छ, "तीन पल्टसम्मको धैर्यताले हत्यालाई रोक्दछ" ।

रिसाएको बेलामा, हामी पछि हटेर हाम्रो रीसले कस्ता प्रकारका फाइदाहरू ल्याउँदछ भनी सोच्नु पर्दछ । त्यसपछि, हामीले पछुताउनु पर्ने वा लज्जित बन्नु पर्ने कुनै कार्यहरू गर्ने छैनौं । जसै हामी प्रार्थना र पवित्र आत्माको सहायताद्वारा धैर्य हुन कोशिश गर्दछौं, हामी चाडै रीसको दुष्ट भावनालाई नै त्याग्न सक्छौं । यदि हामी पहिले दश पल्ट रिसाउँथ्यौं भने त्यो संख्या नौ, आठ र यसरी नै घट्दै जानेछ । पछि, उत्तेजनात्मक परिस्थितिहरूमा पनि हामीमा केवल शान्ति मात्र हुनेछ । तब हामी कत्ति खुशी हुनेछौं !

हितोपदेश १२:१६ ले भन्दछ, "मूर्खले आफ्नो रीस झट्टै पोखाउँछ, तर एक विवेकी मानिसले आफू अपमानित हुँदा, आँखा चिम्लिदिन्छ," र हितोपदेश १९:११ ले भन्दछ, "मानिसको बुद्धिले त्यसलाई धैर्य दिन्छ, चित्त दुखाइका कुराप्रति आँखा चिम्लनु त्यसको लागि महिमा हो ।"

रीस सँधै खतराको नजिक रहेको हुन्छ । रिसाउनु कति खतरनाक हो भनी हामी बुझ्न सक्छौं । जसले सहन्छ त्यो नै अन्ततः विजयी हुनेछ । केही मानिसहरू चर्चमा हुँदा आफूलाई क्रोधित बनाउने परिस्थितिहरूमा धीरज धारण गर्दछन्, तर घर, विद्यालय, वा कार्य क्षेत्रहरूमा तिनीहरू सजिलै रिसाउने गर्दछन् । परमेश्वरको उपस्थिति केवल चर्चमा मात्रै हुँदैन ।

उहाँ हाम्रा हरेक क्रियाकलापहरू, अनि हामीले बोलेका प्रत्येक शब्दहरू र हामीमा

भएका प्रत्येक सोचाइहरू जान्नुहुन्छ। सबै ठाउँहरूमा उहाँले हामीलाई हेरिरहनु भएको हुन्छ, र पवित्र आत्मा हाम्रो हृदयमा वास गर्नुहुन्छ। त्यसकारण, हामी परमेश्वरको उपस्थितिमा रहेझैं गरी सँधै जिउनु पर्दछ।

एउटा विवाहित जोडी बहस गर्दै थिए, र श्रीमान्ले रिसाएर आफ्नी श्रीमतीलाई चूप लाग भनी चिच्याए। यसले तिनलाई धेरै आघात पुऱ्यायो र मर्ने बेलासम्म पनि तिनले फेरि बोलिनन्। आफ्नी श्रीमतीमाथि रीसको झोक पोख्ने श्रीमान् र श्रीमती दुवैले नै धेरै कष्ट भोग्नु पऱ्यो। उत्तेजित हुँदा धेरै मानिसहरूले दुःख भोग्नु पर्ने हुन्छ र त्यसैले हामीले सबै प्रकारका दुष्ट भावनाहरूलाई त्याग्न कोशिश गर्नु पर्दछ।

९. प्रेमले खराबीको हिसाब राख्दैन

मेरो सेवकाइको क्रममा मैले धेरै प्रकारका मानिसहरूलाई भेटेको छु । केही मानिसहरू केवल परमेश्वरलाई सम्झँदा मात्र पनि उहाँको प्रेमको भावनालाई महसूस गर्नुहुन्छ र आँसु झार्न थाल्नु हुन्छ जब कि अरूले उहाँलाई विश्वास र प्रेम गरेतापनि आफ्ना हृदयमा कष्टित महसूस गर्नु हुन्छ, किनकि उहाँहरूले हृदयको गहिराइदेखि नै पर मेश्वरको प्रेम महसूस गर्नु भएको हुँदैन ।

जति मात्रामा हामी पाप र दुष्टतालाई त्यागदछौं त्यति नै मात्रामा हामी परमेश्वरको प्रेम महसूस गर्दछौं । हामी जति परमेश्वरको वचन अनुसार जिउँछौं र आफ्नो हृदयबाट दुष्टता फाल्दछौं, त्यति नै हाम्रो विश्वासको वृद्धिमा कुनै रोकावट विना नै हामीले हाम्रो हृदयको गहिराइमा परमेश्वरको प्रेम महसूस गर्न सक्छौं । कहिलेकाहीँ विश्वासमा बढ्ने क्रममा हामीले कठिनाइहरूको सामना गर्नु पर्ने हुन्छ, तर त्यस्ता समयहरूमा हामीलाई हर समय पर्खनु हुने परमेश्वरको प्रेमलाई हामीले सम्झनु पर्दछ । यदि हामी उहाँको प्रेमलाई सम्झन्छौं भने हामी खराबीको हिसाब राख्ने छैनौं ।

खराबीको हिसाब राख्नु

आफ्नो पुस्तक हिलिङ्ग लाइभ्स हिडन एडिक्सन्स (जीवनको लुकिएका लतहरूको चङ्गाइ) मा फुलर थियोलोजिकल सेमिनारीको स्कूल अफ साइकोलोजिका भूतपूर्व सङ्काय प्रमुख डा. आरकाईबल्ड डी. हार्टले भन्नु भएको थियो कि अमेरिकामा प्रत्येक चार युवामध्ये एक गम्भीर डिप्रेसनको सिकार छन् र डिप्रेसन, लागूपदार्थ, यौन, ईन्टर

नेट, मदिरा सेवन र धूम्रपानले युवाहरूको जीवनलाई बिगारी रहेको छ ।

लागू पदार्थका दुर्व्यसनीहरूले सोचाइ, भावना र व्यवहारहरूलाई परिवर्तन गर्ने पदार्थहरू प्रयोग गर्न छोडेपछि उनीहरूमा विभिन्न परिस्थितिहरूको सामना गर्ने क्षमता थोरै मात्र बाँकी रहन्छ । तिनीहरू त्यो दुर्व्यसनबाट उम्कनका लागि मष्तिस्कको रसायनिक प्रक्रियाहरूलाई संचालन गर्न सक्ने अन्य लत वा व्यवसनहरूमा लिप्त हुन सक्छन् । यस्ता लत वा आसक्तिहरूमा यौन, प्रेम र अन्तरसम्बन्ध हुन सक्छन् । डा. हार्टका अनुसार तिनीहरूले कुनै पनि थोकबाट साँचो सन्तुष्टि प्राप्त गर्न सक्दैनन् र साथै तिनीहरूले परमेश्वरसँगको सम्बन्धद्वारा प्राप्त हुने अनुग्रह र आनन्दलाई महसूस गर्न सक्दैनन्, त्यसैकारण तिनीहरू गम्भीर सङ्कटमा पर्दछन् । दुर्व्यसन भनेको परमेश्वर ले दिनुभएको अनुग्रह र आनन्दको सट्टामा अरू थोकहरूबाट सन्तुष्टि प्राप्त गर्न गरिने कोशिश हो, र योचाहिँ परमेश्वरलाई इन्कार गरेको नतिजा हो । दुर्व्यसनीले हर समय खराबीको बारेमा नै सोच्दछ ।

अब, खराबी के हो त ? यसले परमेश्वरको इच्छा अनुसार नभएका सबै दुष्ट कुर ाहरूलाई जनाउँदछ । दुष्ट सोचाइहरूलाई साधारणतया तीन प्रकारमा वर्गीकरण गर्न सकिन्छ ।

पहिलोचाहिँ अरूको नराम्रो भएको चाहने तपाईंको सोचाइ ।

उदाहरणको लागि, मानौं तपाईंको कसैसँग झगडा भएको छ । अब, तपाईं उसलाई यति घृणा गर्नु हुन्छ कि तपाईं यस्तो रोच्न थाल्नु हुन्छ, "ऊ अल्झेर लडे पनि हुन्थ्यो" । साथै, मानौं कुनै छिमेकीसँग तपाईंको राम्रो सम्बन्ध छैन अनि उसमाथि केही विपत्ति आइलागेको छ । तब, तपाईं सोच्न सक्नु हुन्छ, "उसलाई ठीकै भयो !" वा "यस्तो हुन्छ भनी मलाई थाहा थियो !" विद्यार्थीहरूले पनि आफ्नो कुनै साथीले परीक्षामा राम्रो नगर ोस् भन्ने चाहन्छन् ।

यदि तपाईंमा साँचो प्रेम छ भने, तपाईंले कहिल्यै पनि यस्ता दुष्ट कुराहरू सोच्नु हुनेछैन । के तपाईं आफ्नो प्रिय जनहरू बिरामी भएको वा दुर्घटनामा परेको चाहनु हुन्छ ? तपाईं सँधै नै आफ्नो प्रिय श्रीमती वा श्रीमान् स्वस्थ रहेको र दुर्घटनाबाट टाढा रहेको चाहनु हुन्छ । हाम्रो हृदयमा प्रेम नभएको कारण हामी अरूको नराम्रो भएको चाहन्छौं, अनि अरू मानिसहरूको दुःखमा आनन्दित हुन्छौं ।

साथै यदि हामीमा प्रेम छैन भने, हामी अरू मानिसको दुष्टता वा कमजोर पक्षहरू जान्न चाहन्छौं र ती कुराहरू फैलाउन चाहन्छौं । मानौं तपाईं कुनै सभामा जानु भयो र त्यहाँ कसैले अर्को मानिसको बारेमा केही खराब कुरा भन्यो । यदि तपाईं त्यस्तो प्रकार का वार्तालापमा अभिरुचि राख्नुहुन्छ भने, तपाईंले आफ्नो हृदयलाई जाँच्नु पर्दछ । यदि कसैले तपाईंको आमाबाबुको निन्दा गर्दछ भने, के तपाईं त्यो सुनिरहन सक्नुहुन्छ ? तपाईंले तुरुन्तै तिनीहरूलाई चुप लाग्न भन्नु हुनेछ ।

अवश्य पनि, कतिपय समय र परिस्थितिहरूमा तपाईंले अरूलाई मद्दत गर्नको लागि उनीहरूको अवस्था बारे जान्नुपर्ने हुन्छ । तर त्यसो नभईकन यदि तपाईं अरूको खराब कुरा सुन्नमा रूची राख्नुहुन्छ भने, त्यो चाहिँ तपाईंमा अरूको बारेमा निन्दा र कुरा काट्ने चाहना भएको कारणले गर्दा हो । “चित्त दुखाइलाई ढाकछोप गर्नेले प्रेम बढाउँछ, तर कुरा दोहोऱ्याउने जोसुकैले पनि घनिष्ठ मित्रहरूमा फाटो ल्याउँछ” (हितोपदेश १७:९) ।

जो असल छन् र जसको हृदयमा अरूको लागि प्रेम हुन्छ, उनीहरूले अरूको दोष ढाक्ने कोशिश गर्दछन् । साथै, हामीमा आत्मिक प्रेम छ भने, अरूहरूको प्रगतिमा हामी डाही वा ईर्ष्यालु हुँदैनौं । हामी केवल उनीहरूको उन्नति र उनीहरू अरूबाट प्रेम गरिएको चाहन्छौं । प्रभु येशूले हामीलाई आफ्ना शत्रुहरूलाई समेत प्रेम गर्न भन्नु भएको छ

। रोमी १२:१४ ले पनि भन्दछ, “तिमीहरूको खेदो गर्नेहरूलाई आशीर्वाद देओ, नसराप ।”

दुष्ट विचारको दोस्रो पक्ष भनेको अरूको न्याय गर्नु र दोष लगाउनु हो

उदाहरणको लागि, तपाईंले कुनै विश्वासीलाई विश्वासीहरू जानु नहुने ठाउँमा गएको देख्नुभयो । त्यसपछि, तपाईंमा कस्ता विचारहरू आउँछन् ? तपाईंमा भएको दुष्टताको नापअनुसार उक्त व्यक्तिको बारेमा यस्तो नकारात्मक विचार तपाईंमा आउँदछ, “उसले कसरी त्यो गर्न सकेको ?” वा तपाईंमा केही मात्रामा भलाइ छ भने, तपाईंले सोच्न सक्नुहुन्छ, “किन ऊ त्यस्तो ठाउँमा गएको होला ?” तर त्यसपछि, उसले त्यो काम गर्नु पछाडि पक्कै कुनै कारण हुनुपर्छ भनेर तपाईं आफ्नो विचार परिवर्तन गर्नुहुन्छ ।

तर तपाईंको हृदयमा आत्मिक प्रेम छ भने, सर्वप्रथम तपाईंमा खराब विचार नै आउँदैन । तपाईंले केही नराम्रो कुरा सुन्नुभयो भने पनि, तपाईंले सत्यतथ्यको राम्रोसँग जाँच नगरेसम्म उक्त व्यक्तिको न्याय गर्ने वा उसलाई दोष लगाउने गर्नुहुन्न । आफ्ना छोराछोरीको बारेमा केही खराब कुरा सुन्दा प्रायजसो आमाबाबुले के गर्छन् ? तिनीहरूले सजिलै त्यो कुरा स्वीकार गर्दैनन्, बरु आफ्ना छोराछोरीले त्यस्ता काम कहिल्यै गर्दैनन् भनेर जिद्दी गर्दछन् । तिनीहरूले ती कुराहरू भनिरहेको व्यक्ति नै खराब हो भनी ठान्दछन् । यसरी नै, यदि तपाईं साँच्चै कसैलाई प्रेम गर्नुहुन्छ भने, तपाईंले सर्वोत्तम तवरले उसको बारेमा सोच्ने प्रयास गर्नुहुनेछ ।

तर आज, मानिसहरूले अरूको बारेमा सजिलैसित दुष्ट विचार राखेको र नराम्रो कुरा बोलेको हामी पाउँछौं । यस्तो व्यक्तिगत सम्बन्धमा मात्र हुँदैन, तर तिनीहरूले सार्वजनिक ओहदामा भएका मानिसहरूको पनि आलोचना गर्दछन् ।

वास्तवमा के भएको थियो भनेर सम्पूर्ण स्थिति बुझ्ने प्रयास समेत तिनीहरू गर्दैनन्, र अझै प्रमाणरहित हल्लाहरू फिँजाउँछन् । इन्टरनेटमा हुने आक्रामक जवाफहरूका कारण, केही मानिसहरू आत्महत्या समेत गर्छन् । तिनीहरू परमेश्वरको वचनमा आधारित नभई केवल आफ्नै मापदण्डहरूद्वारा अरूको न्याय र दोष लगाउने कार्य गर्दछन् । तर परमेश्वरको असल इच्छा के हो ?

याकूब ४:१२ ले हामीलाई सचेत गराउँदछ कि, “व्यवस्था दिने र न्यायकर्ता त एउटै हुनुहुन्छ, जसले बचाउन र नाश गर्न पनि सक्नुहुन्छ । तर आफ्नो छिमेकीलाई दोष लाउने तिमीहरू को हौ ?”

केवल परमेश्वरले मात्र साँचो न्याय गर्न सक्नुहुन्छ । अर्थात्, आफ्नो छिमेकीको न्याय गर्नु दुष्टता हो भनी परमेश्वर भन्नुहुन्छ । मानौं कसैले स्पष्ट रूपमा केही गल्ती गरेको छ । यस्तो स्थितिमा, आत्मिक प्रेम हुनेहरूका लागि त्यो व्यक्तिले गरेको काममा ऊ सही छ वा गलत छ, भन्ने कुरा महत्वपूर्ण हुँदैन । उहाँहरूले केवल त्यो व्यक्तिको लागि साँच्चै लाभदायी कुरा के हुनेछ भनी विचार गर्नु हुन्छ । उहाँहरू केवल त्यो व्यक्तिको प्राण समृद्ध भएको र उसले परमेश्वरबाट प्रेम पाएको चाहनु हुन्छ ।

यसबाहेक, सिद्ध प्रेम भनेको अपराधहरू ढाकछोप गर्नु मात्र होइन, तर अरूलाई पश्चात्ताप गर्न सक्ने बनाउनु पनि हो । हामीले त्यो व्यक्तिलाई सत्य सिकाउन र उसको हृदय छुन सक्नु पर्दछ जसले गर्दा ऊ सही मार्गमा गएर आफूलाई परिवर्तन गर्न सक्छ । यदि हामीमा सिद्ध आत्मिक प्रेम छ भने, हामीले कुनै व्यक्तिलाई भलाइका साथ हेर्ने प्रयत्न समेत गरिरहनु पर्दैन । धेरै अपराधहरू गरेको मानिसलाई समेत हामी स्वभाविक रूपमा नै प्रेम गर्नेछौं । हामी केवल उसलाई भरोसा र मद्दत गर्न चाहनेछौं । हामीमा अरूको न्याय गर्ने वा अरूलाई दोष लगाउने कुनै पनि विचार छैन भने, हामीले भेटेका जोसुकैसँग पनि हामी खुशी हुनेछौं ।

तेस्रो पक्ष चाहिँ, परमेश्वरको इच्छासँग मेल नखाने सबै प्रकारका विचारहरू हुन् ।

अरूको बारेमा दुष्ट विचारहरू मात्र नभएर परमेश्वरको इच्छासँग मेल नखाने कुनै पनि विचार दुष्ट विचार हो । संसारमा, नैतिक स्तरअनुसार र विवेक अनुसार बाँचिरहेका मानिसहरूलाई भलाइमा जिएको भनी भनिन्छ ।

तर नता नैतिकता नता विवेक नै भलाइको निरपेक्ष मापदण्ड हुनसक्छ । दुवैमा पर मेश्वरको वचन विपरीत वा ठचाक्कै उल्टा कुराहरू हुन्छन् । केवल परमेश्वरको वचन मात्र भलाइको निरपेक्ष मापदण्ड हुन सक्छ ।

प्रभुलाई ग्रहण गर्नेहरूले आफूलाई पापी हौं भनी स्वीकार गरेका हुन्छन् । आफूले असल र नैतिक जीवन जिइरहेको छु भनी मानिसहरूले गर्व गर्न सक्छन्, तर परमेश्वर को वचनअनुसार तिनीहरू अझै पनि दुष्ट र पापी हुन्छन् । किनभने परमेश्वरको वचनअनुसार मेल नखाने कुनै पनि कुरा दुष्टता र पाप हो र परमेश्वरको वचन मात्र भलाइको निरपेक्ष मापदण्ड हो (१ यूहन्ना ३:४) ।

त्यसोभए, पाप र दुष्टता बीच के भिन्नता छ ? फराकिलो अर्थमा, पाप र दुष्टता दुवै असत्यता हुन् जुन सत्य अर्थात् परमेश्वरको वचन विरुद्ध हुन्छन् । ती अन्धकार हुन् जो ज्योतिका परमेश्वरको विरूद्धमा हुन्छन् ।

तर अझ विस्तारमा जाने हो भने ती दुइ बीच धेरै भिन्नता छ । एउटा रुखसँग ती दुईलाई तुलना गर्ने हो भने, दुष्टताचाहिँ जरा जस्तो हो जुन जमीनभित्र हुन्छ तर देखिँदै न र पापचाहिँ हाँगाहरू, पातहरू अनि फलहरू जस्तो हो ।

जरा विना, रूखको हाँगामा, पात, वा फल हुन सक्दैन । त्यसैगरी, पाप दुष्टताको कारणले गर्दा प्रकट हुन्छ । दुष्टता मानिसको हृदयमा हुने स्वभाव हो । यो भलाइ, प्रेम,

र परमेश्वरको सत्यता विरूद्ध हुने स्वभाव हो । यो दुष्टता कुनै विशेष रूपमा प्रकट हुँदा, त्यसलाइ पाप भनिन्छ ।

येशूले भन्नुभयो, “असल मानिसले आफ्नो हृदयको असल भण्डारबाट असलै थोक निकाल्दछ, र दुष्ट मानिसले आफ्नो हृदयको दुष्ट भण्डारबाट दुष्ट थोक नै निकाल्दछ । किनकि जुन कुराले हृदय भरिएको हुन्छ, मानिसको मुखबाट त्यही निस्कन्छ” (लूका ६:४५) ।

मानौं कुनै व्यक्तिले आफूले घृणा गरेको कुनै मानिसलाई चोट पुग्ने गरी बोल्दैछ । यो उसको हृदयमा भएको दुष्टता, ‘घृणा’ र ‘दुष्ट शब्दहरू’को रूपमा प्रकट भएको हो, जुन निश्चित पापहरू हुन् । कुनै पनि पाप परमेश्वरको वचन, अर्थात् व्यवस्थाको मापदण्डको आधारमा चिनिन्छ र तोकिन्छ ।

व्यवस्था विना विवेक र न्यायमा कुनै मानक नहुने भएकोले कसैले कसैलाई कुनै सजाय दिन मिल्दैन । त्यसैगरी, पापचाहिँ प्रकट भइहाल्दछ किनभने यो परमेश्वरको वचनको मानक विरुद्ध हुन्छ । पापलाई शरीरका कुराहरू र शरीरका कार्यहरूमा विभाजन गर्न सकिन्छ । शरीरका कुराहरू घृणा, ईर्ष्या, डाह, व्यभिचारी मनहरू जस्ता हृदयमा गरिने पापहरू हुन् भने शरीरका कार्यहरू झगडा गर्नु, क्रुद्ध हुनु वा हत्या जस्ता व्यवहारमा उतारिएका पापहरू हुन् ।

यो संसारको पाप वा अपराध पनि विभिन्न प्रकारका पापहरूमा वर्गीकृत गरिए जस्तै हो । उदाहरणका लागि, अपराध जसको विरुद्ध गरिएको हो, सो अनुसार, त्यो र ाष्ट्रको विरुद्धमा, मानिसहरूको विरुद्धमा वा कुनै एक व्यक्तिको विरुद्धमा हुनसक्छ ।

तर आफ्नो मनमा खराबी हुँदैमा उसले पाप गरी हाल्छ भन्ने निश्चित हुँदैन । यदि उसले परमेश्वरको वचन सुन्छ र संयम अपनाउँछ भने, उसको हृदयमा केही खराबी नै

भएतापनि उसले पाप नगर्न सक्छ । यस चरणमा उसले प्रत्यक्ष पापहरू नगरेकै कारण उसले पवित्रीकरण पूरा गरिसकेको छ भनी सोचेर ऊ सन्तुष्ट हुन सक्छ ।

तर, पूर्णतया पवित्रीकरणमा जान हामीले हाम्रो हृदयको गहिराइमा भएको स्वभावको दुष्टतालाई त्याग्नु पर्छ । कसैको स्वभावमा आफ्नो आमाबाबुबाट पाएको दुष्टता पनि निहित हुँदछ । यो सामान्यतया साधारण परिस्थितिमा प्रकट हुँदैन तर कुनै चरम अवस्थामा यो देखा पर्दछ ।

एउटा कोरियन भनाइ छ, "तीन दिन भोको रह्यो भने जसले पनि आफ्नो छिमेकीको संघार नाघ्छ ।" यो "आवश्यकताले कुनै कानून चिन्दैन" भनेको जस्तै हो । हामी पूर्णतया पवित्र नभएसम्म, लुकेर रहेको दुष्टता चरम स्थितिहरूमा प्रकट हुनसक्छ ।

असाध्यै सानो भएता पनि, झिंगाको मलमूत्र सँधै मलमूत्र नै हुन्छ । त्यसैगरी, ती पाप नभएता पनि, सिद्ध परमेश्वरको नजरमा सिद्ध नभएका कुराहरू आखिरमा दुष्टताकै रूपहरू हुन् । १ थिस्सलोनिकी ५:२२ ले यसो भन्दछ "…..हरेक प्रकारको खराबीबाट अलग बस ।"

परमेश्वर प्रेम हुनुहुन्छ । मूलतः, परमेश्वरको आज्ञालाई प्रेममा संक्षेप गर्न सकिन्छ । अर्थात्, प्रेम नगर्नु पनि दुष्टता र अराजकता हो । तसर्थ, हामीले खराबीको हिसाब राखेका छौं कि भनी जाँच्नका लागि, हामीले आफूभित्र कति मात्रामा प्रेम छ भनी सोच्न सक्छौं । हामी जति मात्रामा परमेश्वर र अन्य आत्माहरूलाई प्रेम गर्छौं त्यति नै मात्रामा खराबीको लेखा राख्नेछैनौं ।

उहाँको आज्ञा यही हो, कि हामीले उहाँका पुत्र येशू ख्रीष्टको नाउँमा विश्वास गर्नुपर्छ, र उहाँले हामीलाई आज्ञा दिनुभएबमोजिम एउटाले अर्कालाई प्रेम गर्नुपर्छ (१ यूहन्ना ३:२३) ।

प्रेमले छिमेकीको खराबी गर्दैन । यसकारण प्रेम गर्नु नै व्यवस्था पूरा गर्नु हो ।" (रोमी १३:१०)

आफूले भोगेका खराबीहरूको हिसाब नराख्नुहोस्

खराबीको हिसाब नराख्नको लागि सर्वप्रथम हामीले कुनै पनि दुष्ट कुरा हेर्नु वा सुन्न समेत हुँदैन । हामीले त्यस्तो कुरा देखिहाल्यौं र सुनिहाल्यौं भने पनि, फेरि त्यसलाई सम्झिने वा त्यसबारे सोच्ने प्रयास गर्नु हुँदैन । हामीले त्यसलाई सम्झिने प्रयास गर्नुहुँदैन । निस्सन्देह, कहिलेकाहीं हामी आफ्ना विचारहरू नियन्त्रण गर्न सक्दैनौं । कुनै कुरा बारे नसोच्न हामी जति प्रयत्न गर्छौं त्यति नै बढी त्यो सोचाइ हामीमा आउन सक्छ । तर प्रार्थनाद्वारा दुष्ट सोचाइहरू आफूमा नराख्न हामी प्रयत्न गरिरहन्छौं भने, पवित्र आत्माले हामीलाई मद्दत गर्नु हुनेछ । हामीले कहिल्यै पनि जानीजानी दुष्ट कुराहरू हेर्ने, सुन्ने, वा सोच्ने गर्नु हुँदैन र यस बाहेक, हाम्रो मनमा एक्कासि क्षणिक रूपमा आउने दुष्टताका सोचाइहरूलाई पनि त्याग्नु पर्दछ ।

हामी कुनै पनि खराब कार्यमा सहभागी हुनु हुँदैन । २ यूहन्ना १:१०-११ ले भन्दछ, "यदि कोही तिमीकहाँ आएर यो सिद्धान्त ल्याएन भने त्यसलाई घरमा स्वागत नगर्नू । त्यसलाई अभिवादन पनि नगर्नू । किनकि त्यसलाई अभिवादन गर्ने त त्यसका दुष्ट कामहरूमा सहभागी हुन्छ ।" परमेश्वरले हामीलाई दुष्टताबाट जोगिन र त्यसलाई स्वीकार नगर्न सुझाव दिइरहनुभएको छ ।

मानिसहरूले पापमय स्वभावहरू आफ्ना आमाबाबुबाट वंशानुगत रूपमा प्राप्त गर्दछन् । यस संसारमा रहँदा, मानिसहरू थुप्रै असत्यताहरूको सम्पर्कमा आउँदछन् । यो पापमय स्वभाव र असत्यताको आधारमा, मानिसले आफ्नो व्यक्तिगत चरित्र वा भित्री

मनुष्यत्व निर्माण गर्छ । ख्रीष्टियन जीवन भनेको हामीले प्रभुलाई ग्रहण गरेको क्षणदेखि यी पापी स्वभावलाई र असत्यताहरूलाई त्याग्नु हो । यी पापी स्वभाव र असत्यतालाई त्याग्नको लागि, हामीलाई ठूलो धैर्य र परिश्रमको आवश्यकता पर्दछ । हामी यस संसार मा जिइरहेको कारण, हामी सत्यताभन्दा पनि बढी असत्यतासित परिचित छौं । तुलनात्मक रूपमा यो असत्यतालाई त्याग्नुभन्दा बरु ग्रहण गर्नु अनि आफूमा धारण गर्नु बढी सजिलो हुन्छ । उदाहरणको लागि, एउटा सेतो वस्त्रलाई कालो मसीले दाग लगाउन सजिलो हुन्छ, तर त्यो दागलाई हटाएर फेरि पूरै सेतो बनाउन धेरै गाह्रो हुन्छ ।

साथै, कुनै कुरा अत्यन्तै सानो दुष्टता जस्तै देखिए तापनि, त्यो एकै पलमा बढेर ठूलो दुष्टता बन्न सक्छ । गलाती ५:९ ले भन्दछ, “थोरै खमीरले जम्मै ढिकालाई खमीरा बनाउँछ,” थोरै दुष्टता पनि धेरै मानिसमा एकदमै छिटो फैलिन सक्छ । तसर्थ, हामी थोरै दुष्टताबाट पनि सतर्क हुनुपर्छ । दुष्टता नसोच्नको लागि, हामीले यसबारे विचारै नगरीकन यसलाई घृणा गर्नुपर्दछ । परमेश्वरले, “परमप्रभुलाई प्रेम गर्ने सबैले खर ाबीलाई घृणा गरून्” (भजनसंग्रह ९७:१०) भनी आज्ञा गर्नु भएको छ र “परमेश्वरको भय मान्नु दुष्टतालाई घृणा गर्नु हो” (हितोपदेश ८:१३) भनी हामीलाई सिकाउनु भएको छ ।

यदि तपाईं कसैलाई अति नै प्रेम गर्नुहुन्छ भने, त्यो व्यक्तिले मन पराएको कुरा तपाईंले मन पराउनु हुनेछ र उसलाई मन नपर्ने कुरा तपाईंले पनि मन पराउनु हुने छै न । त्यसो गर्नको लागि तपाईंलाई कुनै कारण चाहिँदैन । पवित्र आत्मा प्राप्त गर्नु भएका परमेश्वरका छोराछोरीहरूले पाप गर्नु हुँदा उहाँहरूमा हुनु भएको पवित्र आत्माले विलाप गर्नुहुन्छ । त्यसैले, उहाँहरूले हृदयमा कष्टित अनुभव गर्नु हुन्छ । त्यसपछि उहाँहरूले गर्नु भएका ती कुराहरू परमेश्वरले घृणा गर्नुहुन्छ भन्ने कुरा उहाँहरूले महसूस गर्नु हुन्छ र उहाँहरू फेरि पाप नगर्ने प्रयास गर्नु हुन्छ । सानोभन्दा सानो दुष्टतालाई समेत

त्यागनु र अरू बढी दुष्टतालाई ग्रहण नगर्नु महत्वपूर्ण छ ।

परमेश्वरको वचन र प्रार्थनाको आपूर्ति गर्नुहोस्

दुष्ट यस्तो निरर्थक कुरा हो । हितोपदेश २२:८ ले भन्दछ, “दुष्टता रोप्नेले सङ्कटको कटनी गर्छ” । हामीमा वा हाम्रा छोराछोरीहरूमा रोगहरू आउन सक्छन् वा हामी दुर्घटनाको शिकार हुन सक्छौं । हामी गरिबी र पारिवारिक समस्याका कारण दुःखमा जिउनुपर्ने हुनसक्छ । यी सबै समस्या आखिरमा दुष्टताबाट आउँदछ ।

धोखामा नपर, परमेश्वरको ठट्टा हुँदैन, किनभने मानिसले जे रोप्तछ त्यसैको कटनी पनि गर्नेछ (गलाती ६:७) ।

निस्सन्देह, ती समस्याहरू हाम्रा आँखा अगाडि तुरुन्तै नदेखिन सक्छन् । यस्तो अवस्थामा, दुष्टता केही नापसम्म थुप्रिँदा, यसले पछि हाम्रा सन्तानहरूमा समेत समस्या उत्पन्न गराउन सक्छ । सांसारिक मानिसहरूले यस किसिमको नियम नबुझ्ने हुनाले तिनीहरूले विभिन्न तवरले धेरै दुष्ट कामहरू गर्छन् ।

उदाहरणको लागि, आफूलाई हानि गर्नेहरूका विरुद्ध बदला लिनु सामान्य हो भनी तिनीहरू सोच्छन् । तर हितोपदेश २०:२२ ले भन्दछ, “यसो नभन्, ‘तेरो खराबीको साटो लिनेछु ।’ परमप्रभुको प्रतीक्षा गर्, र उहाँले तँलाई छुटाउनुहुनेछ ।”

परमेश्वरले उहाँको न्याय अनुसार मानवजातिको जीवन, मृत्यु, भाग्य र दुर्भाग्य नियन्त्रण गर्नुहुन्छ । त्यसकारण, हामीले परमेश्वरको वचन अनुसार भलाइ गऱ्यौं भने, हामी निश्चित् रूपमा भलाइको फल कटनी गर्नेछौं । यो चाहिँ प्रस्थान २०:६ मा, “तर

मलाई प्रेम गर्ने र मेरा आज्ञाहरू पालन गर्नेहरूका हजारौं पुस्तामाथि म कृपा गर्नेछु" भनी प्रतिज्ञा गरिएभैं हो ।

दुष्टतादेखि अलग रहन, हामीले दुष्टतालाई घृणा गर्नुपर्छ । अनि त्यसमाथि, हामीमा जतिखेर पनि दुईवटा कुराहरूको पर्याप्त आपूर्ति हुनुपर्दछ । त्यो परमेश्वरको वचन र प्रार्थना हो । हामीले परमेश्वरको वचनलाई दिन रात मनन गर्दा, हामी दुष्ट विचारहरू फ्याँक्न सक्छौं र आत्मिक अनि राम्रो विचार प्राप्त गर्न सक्छौं । कस्तो प्रकारको कार्य साँचो प्रेमको कार्य हो भनी हामी बुझ्न सक्छौं ।

साथै, हामीले प्रार्थना गर्दा अझ बढी गहिरिएर वचनलाई मनन गर्छौं जसको कारणले हामी आफ्नो बोली र कार्यका दुष्टताहरू महसूस गर्न सक्छौं । पवित्र आत्माको सहायताले हार्दिकताका साथ व्यग्र प्रार्थना गर्दा हामी हाम्रो हृदयदेखि दुष्टता निकाल्न र त्यागन सक्छौं । आनन्दले भरिएको जीवन बाँच्नको लागि हामी चाँडै परमेश्वरको वचन र प्रार्थनाद्वारा दुष्टतालाई त्यागौं ।

१०. प्रेम खराबीमा प्रसन्न हुँदैन,

समाज जति विकसित हुन्छ, इमानदार मानिसहरूलाई सफल हुन अवसरहरू त्यति नै बढी हुँदछन् । यसको विपरीत, कम विकसित देशहरूमा बढी भ्रष्टाचार हुने गरेको पाइन्छ र प्राय जे पनि पैसाद्वारा पाउन वा गर्न सकिन्छ । भ्रष्टाचारलाई राष्ट्रको एक रोग भनिन्छ किनभने यो देशको उन्नतिसित सम्बन्धित हुँदछ । भ्रष्टाचार र अधार्मिकताले व्यक्तिगत जीवनमा पनि धेरै हदसम्म असर पुऱ्याउँछ । स्वार्थी मानिसहरूले केवल आफ्नो बारेमा मात्र विचार गर्ने भएकोले र तिनीहरूले अरूलाई प्रेम गर्न नसक्ने हुनाले तिनीहरूले साँचो सन्तुष्टि प्राप्त गर्न सक्दैनन् ।

अधार्मिकतामा आनन्दित नहुनु र आफूप्रति भएको खराबीको लेखा नराख्नु उस्तै कुरा हुन् । 'आफूप्रति भएको खराबीको लेखा नराख्नु' भनेको हृदयमा कुनै पनि प्रकारको दुष्टता नहुनु हो । 'अधार्मिकतामा आनन्दित नहुनु' भनेको लाजमर्दो वा अपमानजनक आचरण, त्यस्ता कार्य वा व्यवहामा प्रसन्न नहुनु र त्यसमा सहभागी नहुनु हो ।

मानौं तपाईं आफ्नो एक धनी मित्रको डाह गर्नुहुन्छ । तपाईं उसलाई मन पराउनुहुन्न किनकि उसले सधैं आफ्नो धनको घमण्ड गरेको जस्तो तपाईंलाई लाग्छ । तपाईं यस्तो पनि सोच्नुहुन्छ, 'ऊ त धनी छ तर म चाहिँ छैन । ऊ टाँट पल्टियोस्' । यसो गर्नु भनेको दुष्ट कुराहरू सोच्नु हो । तर एक दिन, कसैले उसलाई ठग्यो, र उसको कम्पनी एकै दिनमा डुब्यो । यस्तो बेला, यदि तपाईं, "उसले आफ्नो धनको घमण्ड देखाउँथ्यो, उसलाई ठीकै भयो" भनी सोचेर खुशी मान्नु हुन्छ भने, त्यो चाहिँ अधार्मिकतामा आनन्द लिनु वा प्रसन्न हुनु हो । यसबाहेक, तपाईं यस्तो तरिकाको काममा सहभागी बन्नुहुन्छ भने, त्यो सक्रिय तवरले अधार्मिकतामा आनन्द लिनु हो ।

सामान्यतया केही अधार्मिकताहरू छन् जसलाई अविश्वासीहरूले पनि अधार्मिकता मान्दछन् । उदाहरणको लागि, केही मानिसहरूले शक्तिको प्रयोग गरेर वा अरूलाई धोखा वा धम्की दिएर बेइमानीपूर्वक धन थुपारेका हुन्छन् । कसैले देशको नियम वा कानून उल्लङ्घन गरेर त्यसको सट्टामा आफ्नो व्यक्तिगत लाभ हुने कुरा प्राप्त गरेको हुनसक्छ । कुनै न्यायाधीशले घुस खाएर कसैलाई दण्ड दिन्छ भने, एउटा निर्दोष मानिसले दण्ड पाउँछ र यो सबैको दृष्टिमा अधार्मिकता हो । यो उसले एक न्यायाधीशको रूपमा आफ्नो अधिकार दुरूपयोग गरेको हो ।

कसैले कुनै कुरा बेच्दा, उसले त्यसको मात्रा वा गुणस्तरमा ठगी गर्न सक्छ । उसले अनावश्यक लाभ प्राप्त गर्न सस्तो र कम गुणस्तरको कच्चा सामाग्री प्रयोग गर्न सक्छ । तिनीहरू अरूको बारेमा सोच्दैनन् तर केवल आफ्नै अल्पकालीन लाभ बारे सोच्छन् । तिनीहरूलाई के सही हो थाहा हुन्छ, तर तिनीहरू कालो धनमा रमाउने हुनाले तिनीहरू अरूलाई ठग्न संकोच मान्दैनन् । अनुचित लाभका लागि अरूलाई ठग्ने मानिसहरू धेरै छन् । तर हामीचाहिँ कस्तो छौं ? के हामी आफू स्वच्छ छौं भनी भन्न सक्छौं ?

मानौं यस्तो भएको छ । तपाईं निजामती कर्मचारी हुनुहुन्छ र तपाईंको एक घनिष्ठ मित्रले कुनै व्यापार गैरकानुनी रूपमा गरेर धेरै पैसा कमाइ रहेको कुरा तपाईं थाहा पाउनुहुन्छ । ऊ पक्राउ पर्ने हो भने, उसलाई कठोर सजाय हुनेछ र यसबारे चुप रहन र केही समयको लागि यसलाई बेवास्ता गर्नको लागि यस मित्रले तपाईंलाई धेरै पैसा दिँदैछ । उसले तपाईंलाई पछि झन् ठूलो रकम दिन्छु भनेको छ । त्यही समयमा तपाईंको परिवारमा कुनै आपत आइपरेर तपाईंलाई धेरै पैसाको आवश्यकता परेको छ । अब तपाईं के गर्नुहुन्छ ?

हामी अर्को एउटा अवस्थाको कल्पना गरौं । एक दिन, तपाईंले आफ्नो बैंक खातामा

हेर्नुभयो अनि त्यहाँ तपाईंले सोचे भन्दा बढी पैसा पाउनुभयो । तपाईंको करको रूपमा कटाउनु पर्ने रकम नकटाइएको कुरा तपाईंलाई थाहा भयो । यस मामलामा, तपाईं कसरी प्रतिक्रिया जनाउनु हुन्छ ? यो तिनीहरूको दोष हो र यसमा तपाईंको कुनै जिम्मेवारी छैन भन्ने सोचेर के तपाईं खुशी बन्नुहुन्छ ?

परमेश्वरले २ इतिहास १९:७ मा भन्नुभएको छ, "अब परमप्रभुको भय तिमीहरूमा रहोस् । तिमीहरू होशियारीसाथ न्याय गर, किनभने परमप्रभु हाम्रा परमेश्वर अन्याय, पक्षपात र घूस लिएको सहनुहुन्न ।" परमेश्वर धर्मी हुनुहुन्छ । उहाँमा कत्ति पनि अधर्म छैन । हामी मान्छेको नजरबाट छलिन सक्छौं, तर हामी परमेश्वरलाई धोखा दिन सक्दैनौं । तसर्थ, परमेश्वरसँगको डर मात्रैले पनि, हामी इमानदार भई सधैं सही मार्गमा हिंड्नुपर्छ ।

अब्राहामको उदाहरणलाई हेरौं । जब सदोममा उहाँको भतिजालाई युद्धमा बन्धक बनाइयो, उहाँले आफ्नो भतिजालाई मात्र नभई अरू मानिसहरू र तिनीहरूको धन-सम्पत्ति पनि फिर्ता ल्याउनु भयो । अब्राहामले राजा कहाँ फिर्ता ल्याउनुभएको केही सामान सदोमका राजाले अब्राहामलाई सम्मान रुवरूप दिन खोज्नु भयो, तर अब्राहामले स्वीकार गर्नु भएन ।

> तर अब्रामले सदोमका राजालाई भने, "स्वर्ग र पृथ्वीका परमप्रभु, सर्वोच्च परमेश्वरमा मैले यसरी किरिया हालेको छु, कि एउटा धागो अथवा जुत्ताको फित्ता वा तपाईंको कुनै पनि थोक म लिनेछैनँ । नत्रता 'मैले अब्रामलाई धनी तुल्याएँ भनेर तपाईं भन्नुहुनेछ'" (उत्पत्ति १४:२२-२३) ।

उहाँकी श्रीमती साराको मृत्यु हुँदा, जमीनको मालिकले उहाँलाई दफन गर्ने जमीन

दिँदा, उहाँले स्वीकार गर्नु भएन । उहाँले त्यसको पूरा दाम तिर्नु भयो । भविष्यमा गएर त्यस जमीनको सम्बन्धमा कुनै समस्या नहोस् भनी उहाँले यस्तो गर्नु भएको थियो । उहाँले यस्तो गर्नुभयो किनकि उहाँ एक इमानदार व्यक्ति हुनुहुन्थ्यो ; उहाँ कुनै पनि प्रकारको अनर्जित लाभ र अनुचित नाफा पाउन चाहनु हुन्नथ्यो । यदि उहाँले पैसाको खोजी गर्नु भएको भए आफूलाई फाइदा हुने कुरालाई पछ्याउन सक्नुहुन्थ्यो ।

परमेश्वरलाई प्रेम गर्नेहरू र परमेश्वरबाट प्रेम पाएकाहरूले कहिले पनि अरूलाई हानि पुऱ्याउँदैनन् वा राष्ट्रको नियमलाई बिथोलेर आफ्नो फाइदा खोज्दैनन् । आफ्नो इमानदारीताको बावजूद प्राप्त गर्ने बाहेक तिनीहरूले अझ बढी अरू केही कुरा स्वीकार गर्दैनन् । अधार्मिकतामा रमाउनेहरूमा परमेश्वरप्रति वा आफ्ना छिमेकीहरूप्रति प्रेम हुँदैन ।

परमेश्वरको दृष्टिमा अधार्मिकता

परमेश्वरको दृष्टिमा हुने अधार्मिकताचाहिँ सामान्य परिवेशमा भनिने अधार्मिकता भन्दा केही फरक छ । योचाहिँ केवल नियमको उल्लङ्घन र अरूलाई हानि पुऱ्याउनु मात्र नभई परमेश्वरको वचनको विरुद्धमा रहेका सबै पापहरू हुन् । जब हृदयमा रहेका दुष्टताहरू कुनै स्वरूपमा बाहिर आउँदछन् भने यो पाप हो अनि यही नै अधार्मिकता हो । धेरै पापहरूमध्ये अधार्मिकताले विशेषगरी शरीरका कार्यहरूलाई जनाउँदछ ।

अर्थात्, घृणा, ईर्ष्या, डाह, र हृदयका अरू दुष्टताहरू झगडा, विवाद, हिंसा वा हत्याको कार्यमार्फत प्रकट हुन्छन् । बाइबलले हामीलाई भन्दछ कि यदि हामी अधार्मिकता चल्छौं भने, हामीलाई बाँच्न पनि गाह्रो छ ।

१ कोरिन्थी ६:९-१० ले भन्दछ, "अधर्मीहरू परमेश्वरका राज्यको हकदार हुँदैनन् भन्ने के तिमीहरूलाई थाहा छैन ? धोखा नखाओ- अनैतिकहरू, मूर्तिपूजकहरू, व्यभिचारीहरू, समलिङ्गीहरू, पुरुषगामीहरू, चोरहरू, लोभीहरू, मतवालाहरू, निन्दा गने हरू, लुटाहाहरू परमेश्वरका राज्यको हकदार हुनेछैनन् ।"

आकान अधार्मिकतालाई प्रेम गर्ने व्यक्ति थिए, जुन उसको विनाशको कारण बन्यो । ऊ प्रस्थानको दोस्रो पुस्ताको व्यक्ति थियो र बाल्यकालदेखि नै उसले परमेश्वरले आफ्नो मानिसहरूको निम्ति गर्नुभएको कामहरूका बारेमा देखेको र सुनेको थियो । उसले बादलको खामोले दिनमा र आगोको खामोले रातमा तिनीहरूलाई डोऱ्याएको देखेको थियो । उसले बगिरहेको यर्दन नदी थामिएको र जित्न नसकिने यरीहो शहर क्षणमै नष्ट भएको देखेको थियो । यरीहो शहरबाट कसैले पनि केही थोक नलिनू, किनभने त्यो परमेश्वरको निम्ति अर्पण गरिनेछ भनी अगुवा यहोशूले दिनुभएको आदेश उसलाई राम्रोसित थाहा थियो ।

तर यरीहो शहरमा भएका कुराहरू देखेको क्षण, लोभको कारणले गर्दा उसले आफ्नो चेतना गुमायो । लामो समयसम्म उजाडस्थानमा नीरस जीवन जिएपछि, यरीहो शहरमा रहेका कुराहरू उसलाई अति सुन्दर लाग्यो । सुन्दर ओढ्ने र सुन अनि चाँदीका टुक्राहरू देखेको क्षण उसले परमेश्वरको वचन र यहोशूको आदेशलाई भुल्यो अनि आफ्नो निम्ति त्यसलाई लुकायो ।

आकानले परमेश्वरको आज्ञालाई उल्लङ्घन गरेर पाप गरेको कारण, अर्को युद्धमा धेरै संख्यामा इस्राएलीहरू घाइते भए । यो पराजयको मार्फत आकानको अधार्मिकता खुलस्त भयो र ऊ अनि उसका परिवारलाई ढुङ्गाले हिर्काएर मारियो । ढुङ्गाको ठूलो थुप्रो बन्यो र यस ठाउँलाई आकोरको बेंसी भनियो ।

त्यस्तै, गन्ती अध्याय २२ देखि २४ लाई हेरौं । बालाम परमेश्वरसित सञ्चार गर्न सक्ने व्यक्ति थियो । एक दिन, मोआबको राजा बालाकले इस्राएली जातिलाई सराप दिनको लागि ऊसित अनुरोध गऱ्यो । त्यसैले, परमेश्वरले बालामलाई भन्नुभयो, "तँ यिनीहरूसँग नजा । तैंले त्यो जातिलाई सराप्नुहुँदैन, किनकि तिनीहरू आशिषित छन्" (गन्ती २२:१२) ।

परमेश्वरको वचन सुनेपछि बालामले मोआबी राजाको प्रस्तावलाई अस्वीकार गऱ्यो । तर जब राजाले उसलाई सुन, चाँदी र धेरै द्रव्यहरू पठायो, उसको मन ढृढ रहन सके न । अन्त्यमा, धन-सम्पत्तिले उसको आँखालाई अन्धो बनायो, अनि उसले इस्राएलका मानिसहरूको निम्ति जाल बिछ्याउन राजालाई सिकायो । परिणाम के भयो त ? इस्राएलका छोराहरूले मूर्तिलाई चढाएका खानेकुराहरू खाए र व्यभिचार गरे फलतः ठूलो विपत्ति आयो, अनि अन्त्यमा बालाम पनि तरवारद्वारा मारियो । योचाहिँ अनुचित लाभलाई प्रेम गर्नुको परिणाम हो ।

परमेश्वरको दृष्टिमा अधार्मिकता प्रत्यक्ष रूपमा मुक्तिसँग सम्बन्धित छ । हामीले विश्वासी दाजुभाइ वा दिदी बहिनीहरूलाई संसारका अविश्वासीहरू जस्तै अधार्मिकतामा कार्य गरेको देख्दा, हामीले के गर्नु पर्दछ ? अवश्य पनि, हामीले तिनीहरूको निम्ति विलाप गर्नु पर्दछ, प्रार्थना गर्नु पर्दछ अनि वचनअनुसार जिउन तिनीहरूलाई सहायता गर्नु पर्दछ । तर केही विश्वासीहरूले त्यस्ता मानिसहरूको ईर्ष्या गर्दै यस्तो सोच्दछन् 'म पनि तिनीहरूको जस्तै सजिलो र आनन्दमय इसाई जीवन जिउन चाहन्छु ।' थपअझ, यदि तपाईं तिनीहरूसँग सहभागी बन्नुहुन्छ भने, तपाईं परमेश्वरलाई प्रेम गर्नु हुन्छ भनी हामी भन्न सक्दैनौं ।

हामी अधार्मिक मानिसहरूलाई परमेश्वरकहाँ ल्याउनको लागि निर्दोष येशू मर्नुभयो

(१ पत्रुस ३:१८) । परमेश्वरको यस्तो महान् प्रेम महसूस गरेपछि, हामी कहिल्यै पनि अधार्मिकतामा रमाउनु हुँदैन । अधार्मिकतामा नरमाउनेहरूले अधार्मिकतामा नचल्ने मात्र होइन तर तिनीहरू परमेश्वरको वचनअनुसार सक्रिय जीवन जिउँदछन् । थप अझ तिनीहरू प्रभुको मित्र बन्न सक्छन् र समृद्ध जीवन जिउन सक्छन् (यूहन्ना १५:१४) ।

 ११. प्रेम ठीक कुरामा रमाउँछ

येशूको बाह्र चेलाहरूमध्येका एक यूहन्ना, शहीद हुनबाट बचाइनु भयो र धेरै मानिसहरूलाई येशू ख्रीष्टको सुसमाचार र परमेश्वरको इच्छा प्रचार गर्नुभयो र वृद्धावस्थामा मर्नुभयो । जीवनको अन्तिम वर्षहरूमा उहाँ विश्वासीहरू परमेश्वरको वचनको सत्यतामा जिउन प्रयत्न गरिरहेका छन् भन्ने कुरा सुन्दा आनन्दित हुनुभयो ।

उहाँले भन्नुभयो, "कति जना भाइहरू आएर तिम्रो जीवनका सत्यताको गवाही दिँदा म साह्रै आनन्दित भएँ । तिमी साँच्ची नै सत्यताको अनुसरण गर्दछौ । मेरा छोराछोरीहरू सत्यको अनुसरण गर्छन् भन्ने कुरा सुन्न पाउनुभन्दा अरू बढी आनन्दको कुरा मेरो लागि के हुन सक्छ र ?" (३ यूहन्ना १:३-४)

'म साह्रै आनन्दित भएँ', भन्ने अभिव्यक्तिद्वारा उहाँ कति आनन्दित हुनु भएको थियो भन्ने कुरा हामी देख्न सक्छौं । उहाँ जवान अवस्थामा छँदा अति रिसाहा हुनुहुन्थ्यो त्यसैले उहाँलाई गर्जनको पुत्र पनि भनिन्थ्यो तर पछि उहाँ परिवर्तन हुनुभयो, अनि प्रेमको प्रेरित भनी चिनिनु भयो ।

यदि हामी परमेश्वरलाई प्रेम गर्दछौं भने, हामी अधार्मिकतालाई कार्यमा ल्याउँदैनौं, थपअझ हामी सत्यतामा कार्य गर्दछौं । हामी सत्यतासित आनन्दित पनि हुन्छौं । सत्यताले येशू ख्रीष्ट, सुसमाचार र बाइबलका सबै ६६ वटा पुस्तकहरूलाई जनाउँदछ । प्रभुलाई प्रेम गर्ने र प्रभुबाट प्रेम पाउनु भएकाहरू निश्चय नै येशू ख्रीष्टमा र सुसमाचार मा आनन्दित बन्नु हुनेछ । परमेश्वरको राज्य वृद्धि हुँदा उहाँहरू आनन्दित बन्नुहुन्छ । अब सत्यतासित आनन्दित हुनुको अर्थ के हो त ?

पहिलो, यो 'सुसमाचार' मा आनन्दित हुनु हो

हामी येशू ख्रीष्टद्वारा बचाइएका छौं र स्वर्गीय राज्यमा जानेछौं भन्ने असल खबर नै 'सुसमाचार' हो । धेरै मानिसहरू 'जीवनको उद्देश्य के हो ? मूल्यवान् जीवन के हो ?' भन्ने जस्ता प्रश्नहरू सोधेर सत्यताको खोजी गर्ने गर्दछन् । यस्ता प्रश्नहरूको उत्तर प्राप्त गर्नको लागि तिनीहरू सिद्धान्तहरू र दर्शनशास्त्रहरू अध्ययन गर्दछन् वा अनेक धर्महरूको माध्यमबाट उत्तर प्राप्त गर्न प्रयत्न गर्दछन् । तर सत्य येशू ख्रीष्ट हुनुहुन्छ र येशू ख्रीष्ट विना कोही पनि स्वर्ग जान सक्दैन । त्यसैकारणले गर्दा येशूले भन्नु भएको छ, "बाटो सत्य र जीवन म नै हुँ । मद्वारा बाहेक कोही पनि पिताकहाँ आउन सक्दैन" (यूहन्ना १४:६) ।

येशू ख्रीष्टलाई ग्रहण गरेर हामीले मुक्ति र अनन्त जीवन प्राप्त गर्न सक्छौं । प्रभुको रगतद्वारा हामीले हाम्रा पापहरूबाट क्षमा पाएका छौं र नरकबाट स्वर्गतर्फ डोऱ्याइएका छौं । अब हामीले जीवन र मूल्यवान् जीवन जिउनुको अर्थ जानेका छौं । त्यसकारण हामी सुसमाचारमा आनन्दित हुनु स्वभाविक कुरा हो । सुसमाचारमा आनन्दित हुनेहरूले परिश्रमपूर्वक अरूलाई सुसमाचार सुनाउनु हुन्छ । उहाँहरूले परमेश्वरले दिनुभएका कर्तव्यहरू पूरा गर्नु हुन्छ र विश्वासयोग्यताका साथ सुसमाचार प्रचार गर्नु हुन्छ । आत्माहरूले सुसमाचार सुन्दा र प्रभुलाई ग्रहण गरेर मुक्ति प्राप्त गर्दा उहाँहरू आनन्दित बन्नु हुन्छ । परमेश्वरको राज्य फैलिंदा उहाँहरू आनन्दित बन्नु हुन्छ । "सबै मानिसहरूले मुक्ति पाऊन् र तिनीहरू सत्यको ज्ञानमा आऊन् भन्ने इच्छा उहाँ (परमेश्वर) गर्नुहुन्छ" (१ तिमोथी २:४) ।

केही विश्वासीहरू अरूले सुसमाचार सुनाएर धेरै मानिसहरूलाई बचाउँदा र धेरै फलहरू फलाएको देख्दा ती मानिसहरूको डाह गर्ने गर्दछन् । अन्य चर्चहरूको वृद्धि हुँदा

र ती चर्चहरूले परमेश्वरलाई महिमा दिँदा केही चर्चहरूले डाह गर्ने गर्दछन् । यो सत्यतासित आनन्दित भएको होइन । यदि हाम्रो हृदयमा आत्मिक प्रेम छ भने, परमेश्वरको राज्य महान् रूपले पूरा भइरहेको देख्दा हामी साथसाथै आनन्दित हुनेछौं । परमेश्वरद्वारा प्रेम गरिएको र वृद्धि भइरहेको चर्च देख्दा पनि हामी साथसाथै आनन्दित हुनेछौं । यो चाहिँ सत्यातासित आनन्दित हुनु हो, जुनचाहिँ सुसमाचारसित आनन्दित हुनु हो ।

दोस्रो, सत्यतामा आनन्दित हुनु भनेको सत्यतासित सम्बन्धित सबै कुरामा आनन्दित हुनु हो

योचाहिँ सत्यतासित सम्बन्धित कुराहरू देखेर, सुनेर अनि कार्य गरेर आनन्दित हुनु हो, जस्तै भलाइ, प्रेम र न्याय । सत्यतामा आनन्दित हुनेहरूले थोरै भलाइका कार्यहरू बारे सुन्दा पनि त्यसले उहाँहरूको हृदयलाई छुँदछ र आँसु बहँदछ । परमेश्वरको वचन नै सत्य हो र यो माहुरीको चाकामा रहेको महभन्दा पनि गुलियो छ भनी उहाँहरू स्वीकार गर्नु हुन्छ । त्यसकारण, उहाँहरू प्रवचन सुन्दा र बाइबल पढ्दा आनन्दित बन्नु हुन्छ । थप अझ उहाँहरू परमेश्वरको वचन पालन गर्दा आनन्दित बन्नु हुन्छ । उहाँहरूलाई दुःख दिने मानिसहरूलाई समेत ‘सेवा गर्नु, बुझ्नु, र क्षमा दिनु’ भन्ने परमेश्वरको वचनलाई उहाँहरू खुशीसाथ पालना गर्नु हुन्छ ।

दाऊद परमेश्वरलाई प्रेम गर्नु हुन्थ्यो र उहाँ परमेश्वरको मन्दिर बनाउन चाहनु हुन्थ्यो । तर परमेश्वरले उहाँलाई यो गर्न दिनु भएन । यसको कारण १ इतिहास २८:३ मा लेखिएको छ, “मेरो नाउँको सम्मानको निम्ति तैंले भवन बनाउनेछैनस्, किनभने तँ लडाइँ गर्ने मानिस होस्, र तैंले रक्तपात गरेको छस् ।” दाऊद धेरै युद्धहरूमा जानु भएकोले रगत बहाउनु उहाँको निम्ति अपरिहार्य थियो, तरैपनि परमेश्वरको दृष्टिमा यो

कार्य गर्नको निम्ति दाऊद उपयुक्त ठहरिनु भएन ।

दाऊद आफैले मन्दिर बनाउन सक्नुहुन्नथ्यो तर आफ्नो छोरा सोलोमनद्वारा त्यो निर्माण हुन सकोस् भनी उहाँले सबै निर्माणका सामाग्रीहरू तयार पारिदिनु भयो । दाऊदले आफ्नो सारा सामर्थ्य लगाउनु भएर सामाग्रीहरू तयार पारिदिनुभयो र यस कार्यद्वारा उहाँ अत्यन्तै खुशी हुनुभयो । "मानिसहरूले आफ्ना अगुवाहरूले यसरी र ाजीखुशीसित दिएकामा आनन्द मनाए, किनकि तिनीहरूले आफ्ना हृदयको भक्तिसाथ पर मप्रभुको निम्ति राजीखुशीसित ती दिएका थिए । दाऊद राजा पनि साह्रै आनन्दित भए" (१ इतिहास २९:९) ।

त्यसरी नै, सत्यतामा आनन्दित हुनेहरू अरू मानिसको उन्नति हुँदा आनन्दित बन्नुहुन्छ । उहाँहरू डाह गर्नु हुन्न । 'त्यो व्यक्तिको कुभलो होस्', भनी दुष्टतामा सोच्ने वा अरूको दुःखमा खुशी हुने जस्ता कुरा उहाँहरूको लागि अकल्पनीय हुँदछ । कुनै अधार्मिक कुरा भएको देख्दा उहाँहरू त्यसको लागि शोक गर्नु हुन्छ । सत्यतामा आनन्दित हुनेहरू भलाइ, अपरिवर्तनीय हृदय र सत्यता अनि इमानदारीताका साथमा प्रे म गर्न सक्षम हुनुहुन्छ । उहाँहरू असल कार्य र असल बोलीवचनमा आनन्दित बन्नु हुन्छ । सपन्याह ३:१७ मा, "परमप्रभु तेरा परमेश्वर तँसित हुनुहुन्छ । उहाँ बचाउनलाई सामर्थी हुनुहुन्छ । उहाँ तँसित अत्यन्तै आनन्दित हुनुहुन्छ । उहाँले आफ्नो प्रेममा तँलाई शान्त पार्नुहुनेछ । गीत गाएर उहाँ तेरा बारेमा रमाउनुहुनेछ" भनिएझैं परमेश्वर पनि ती मानिसहरूमा आनन्दित बन्नु हुनेछ ।

यदि तपाईं हर समय सत्यतामा आनन्दित हुन सक्नु हुन्न भनेपनि, तपाईंले आफ्नो चित्त दुखाउनु वा निराश हुनु पर्दैन । यदि तपाईं सक्दो प्रयत्न गर्नु हुन्छ भने, प्रेमको पर मेश्वरले त्यो प्रयत्नलाई पनि 'सत्यतामा आनन्दित भएको' ठहराउनु हुन्छ ।

तेस्रो, सत्यतामा आनन्दित हुनु भनेको परमेश्वरको वचनलाई विश्वास गर्नु र यसलाई व्यवहारमा उतार्न प्रयास गर्नु हो ।

शुरुदेखि नै केवल सत्यतामा मात्र आनन्दित हुने मानिस भेट्टाउन दुर्लभ छ । हामीमा अन्धकार र असत्यता भएसम्म हामी दुष्ट कुराहरू सोच्न सक्छौं वा हामी अधार्मिकतामा आनन्दित पनि हुन सक्छौं । तर जब हामी थोरै थोरै गरेर परिवर्तन हुन्छौं र सबै प्रकारका असत्यताको हृदयलाई फाल्दछौं, तब हामी पूर्ण रूपले सत्यतामा आनन्दित हुन सक्छौं । तब सम्म हामीले कठोरतापूर्वक प्रयास गर्नुपर्दछ ।

उदाहरणको लागि, सबैलाई आराधना सेवाहरूमा सहभागी हुन खुशी लाग्दैन । नयाँ विश्वासीहरू वा कमजोर विश्वास भएकाहरूले थकान महसूस गर्न सक्छन् वा तिनीहरूको मन अरूतिर नै हुन सक्छ । तिनीहरू बेसबल खेलको नतिजा बारे सोची रहेका हुन सक्छन् वा अर्को दिन हुने व्यापारिक मिटिङ्को कारण हडबडाएका हुन सक्छन् ।

तर चर्च भवनमा आउनु र आराधना सेवामा भाग लिनुचाहिँ परमेश्वरको वचन पालन गर्ने प्रयत्न गर्नु हो । योचाहिँ सत्यतामा रमाउनु हो । किन हामी यसरी प्रयास गर्दछौं त ? योचाहिँ हामीले मुक्ति पाउन र स्वर्गमा प्रवेश गर्नको लागि हो । किनभने हामीले सत्यको वचन सुनेका छौं र परमेश्वरमा विश्वास गर्दछौं, हामी यो पनि विश्वास गर्दछौं कि इन्साफ हुनेछ र स्वर्ग अनि नरक छ । हामी अझ बढी परिश्रमका साथ पवित्र बन्न र परमेश्वरको सबै घरानामा विश्वासयोग्य भई काम गर्न प्रयास गर्दछौं किनकि हामी यो पनि जान्दछौं कि स्वर्गमा धेरै प्रकारका इनामहरू छन् । हामी १००% सत्यतामा आनन्दित हुन नसकेतापनि यदि हामी आफ्नो विश्वासको नाप अनुसार सक्दो प्रयत्न गर्दछौं भने यो सत्यतामा आनन्दित हुनु हो ।

सत्यताको निम्ति भोकाउनु र तिर्खाउनु

सत्यतामा आनन्दित हुनु हाम्रो निम्ति स्वभाविक हुनु पर्दछ । केवल सत्यताले मात्रै हामीलाई अनन्त जीवन दिँदछ र हामीलाई पूर्ण रूपमा परिवर्तन गर्दछ । यदि हामी सुसमाचार अर्थात् सत्यलाई सुन्छौं र यसलाई व्यवहारमा उतार्दछौं भने हामीले अनन्त जीवन प्राप्त गर्नेछौं र हामी परमेश्वरको साँचो सन्तान बन्न सक्छौं । हाम्रो अनुहार खुशीले चम्कन्छ किनभने हामी स्वर्गीय राज्यप्रति आशा र आत्मिक प्रेमले भरिएका हुन्छौं । साथै हामी जति मात्रामा सत्यतामा परिवर्तन हुन्छौं, त्यति नै हामी खुशी हुनेछौं किनभने हामीले परमेश्वरबाट प्रेम र आशिष् पाउँदछौं र हामीले अन्य धेरै मानिसहरूबाट पनि प्रेम पाउँछौं ।

हामी हर समय सत्यतामा आनन्दित हुनु पर्दछ, थपअझ, हामीमा सत्यताको निम्ति तृष्णा हुनुपर्दछ । यदि तपाईं भोकाउनु वा तिर्खाउनु हुन्छ भने तपाईंले हार्दिकतापूर्वक भोजन र पेय पदार्थको चाहना गर्नुहुनेछ । हामीले सत्यताको चाहना गर्दा, हार्दिकतापूर्वक यसलाई चाहनु पर्दछ, जसले गर्दा हामी चाँडै सत्यताको मानिसमा परिवर्तन हुन सक्छौं । सँधै सत्यतालाई खाने र पिउने खालको जीवन हामीले जिउनु पर्दछ । सत्यतालाई खानु र पिउनु भनेको के हो ? योचाहिँ परमेश्वरको सत्य वचनलाई हाम्रो हृदयमा राख्नु र यसलाई व्यवहारमा उतार्नु हो ।

आफूले अत्यन्तै प्रेम गर्ने मानिसको अगाडि उभिँदा, हाम्रो अनुहारमा भएको खुशीलाई लुकाउन हामीलाई कठिन हुन्छ । परमेश्वरलाई प्रेम गर्दा पनि यही कुरा लागू हुन्छ । अहिले, हामी परमेश्वरको सम्मुख उभिनको निम्ति योग्यका छैनौं, तर यदि हामी परमेश्वरलाई साँचो प्रेम गर्दछौं भने यो प्रेम बाहिर प्रकट हुनेछ । अर्थात्, हामीले सत्यसित सम्बन्धित कुनै कुरा सुन्न वा देख्नासाथ हामी खुशी र आनन्दित हुनेछौं ।

खुशीले भरिएको हाम्रो अनुहार वरिपरि भएका मानिसहरूबाट लुक्नेछैन । परमेश्वर र प्रभुलाई सम्झदाँ मात्र पनि धन्यवादिताका साथ हामी आँसु बगाउने छौं र स-साना भलाइका कार्यहरूले पनि हाम्रा हृदयलाई छुनेछन् ।

भलाइसँग सम्बन्धित आँसुहरू, जस्तै धन्यवादका आँसुहरू र अन्य आत्माहरूको निम्ति विलाप गरेर बगाउने आँसुहरू पछि गएर स्वर्गमा हरेकको घर सजाउनको लागि सुन्दर रत्नहरू बन्दछन् । अब हामी सत्यतामा आनन्दित होऔं जसले गर्दा हामी परमेश्वरबाट प्रेम गरिएका छौं भन्ने कुराका प्रमाणहरूले हाम्रो जीवन भरिनेछ ।

आत्मिक प्रेमका गुणहरू २

६. प्रेम ढीट हुँदैन

७. प्रेमले आफ्नै कुरामा जिद्दी गर्दैन

८. प्रेमले झर्को गान्दैन

९. प्रेमले खराबीको हिसाब राख्दैन

१०. प्रेम खराबीमा प्रसन्न हुँदैन

११. प्रेम ठीक कुरामा रमाउँछ

१२. प्रेमले सबै कुरा सहन्छ

हामीले येशू ख्रीष्टलाई ग्रहण गरेर परमेश्वरको वचनअनुसार जिउन कोशिश गर्दा, हामीले धेरै कुराहरू सहनु पर्दछ । हामीले आवेशात्मक परिस्थितिहरूलाई सहनु पर्ने हुन्छ । आफ्नो इच्छालाई मात्र पछ्याउने प्रवृत्तिमाथि हामीले आत्म-संयम अपनाउनु पर्दछ । त्यसै कारण प्रेमको पहिलो गुणको रूपमा धैर्यलाई उल्लेख गरिएको छ ।

धैर्य हुनु चाहिँ आफ्नो हृदयबाट असत्यताहरू फाल्ने क्रममा आफूभित्र हुने संघर्षसित सम्बन्धित छ । 'सबै कुरा सहनु' को फराकिलो अर्थ छ । धैर्यद्वारा हामीले हाम्रो हृदयमा सत्यता सम्वर्द्धन गरेपछि, अरू मानिसहरूको कारणले गर्दा हाम्रो मार्गमा आउन सक्ने सबै कष्टहरूलाई हामीले सहनु पर्दछ । विशेषगरी, योचाहिँ आत्मिक प्रेम मुताबिक नभएका सबै कुराहरूलाई सहनु हो ।

येशू यस संसारमा पापीहरूलाई बचाउनको लागि आउनुभयो र मानिसहरूले उहाँप्रति कस्तो व्यवहार गरे ? उहाँले केवल भलाइ मात्रै गर्नु भयो तरैपनि मानिसहरूले उहाँको उपहास गरे, अवहेलना गरे र अनादार गरे । अन्ततः तिनीहरूले उहाँलाई क्रूसमा झुण्डयाए । तरैपनि येशूले सबै मानिसहरूबाट यी सबै कुराहरू सहनु भयो र निरन्तर तिनीहरूका लागि अन्तर्बिन्तीको प्रार्थना चढाउनु भयो । उहाँले तिनीहरूका लागि यसो भन्दै प्रार्थना गर्नु भयो, "हे पिता, यिनीहरूलाई क्षमा गर्नुहोस्, किनकि यिनीहरूले के गदै छन् सो जान्दैनन्" (लूका २३:२४) ।

येशूले सबै कुरालाई सहनु र मानिसहरूलाई प्रेम गर्नुको नतिजा के भयो त ? येशूलाई आफ्नो व्यक्तिगत मुक्तिदाताको रूपमा ग्रहण गर्ने जो कोहीले पनि अब मुक्ति पाउनेछ र परमेश्वरको सन्तान बन्नेछ । हामीले मृत्युबाट छुटकारा पाएका छौं र अनन्त जीवनतर्फ डोऱ्याइएका छौं ।

कोरियमा एउटा भनाइ छ, “बञ्चरो खियाएर सियो बनाउनु” । यसको मतलब सहन शक्ति र धैर्यद्वारा हामीले जस्तो सुकै कठिन कार्यलाई पनि पूरा गर्न सक्छौं । एउटा फलामको बञ्चरोलाई खियाएर एउटा तिखो सियो बनाउन कति समय र सामर्थ्य लाग्छ होला ? यो निश्चय नै असम्भव कार्य जस्तो लाग्दछ र मानिसहरूले यस्तो पनि सोच्न सक्छन्, “किन तपाईं सियोहरू किन्न यो बञ्चरो बेच्नुहुन्न ?”

तर परमेश्वरले स्वेच्छापूर्वक यो कठोर परिश्रम गर्नुभएको छ, किनभने उहाँ हाम्रो आत्माको मालिक हुनुहुन्छ । परमेश्वर रिसाउनमा धीमा हुनुहुन्छ र हामीलाई प्रेम गरेकै कारण करुणा अनि प्रेमपूर्वक स्नेह प्रकट गर्दै सँधै हामीलाई सहनु हुन्छ । उहाँले स्पात जस्तो कठोर हृदय भएका मानिसहरूलाई पनि काँटछाँट गरेर परिष्कृत पार्नुहुन्छ । कुनै व्यक्ति आफ्नो साँचो सन्तान हुने कुनै पनि सम्भावना नरहे जस्तो लागेतापनि उहाँले त्यो व्यक्तिलाई पर्खनु हुन्छ ।

> फुटेको निगालो तिनले भाँच्नेछैनन्, र धिपधिप भइरहेको सलेदो तिनले निभाउनेछैनन्, र अन्त्यमा न्यायलाई विजयसम्म पुऱ्याउनेछन् (मत्ती १२:२०) ।

आज पनि परमेश्वरले मानिसहरूका क्रियाकलापहरूको कारणबाट उत्पन्न हुने पीडाहरू सहिरहनु भएको छ र आनन्दका साथ हामीलाई पर्खिरहनु भएको छ । हजारौं वर्षदेखि दुष्टतामा कार्य गर्दै आएका भएतापनि, भलाइद्वारा परिवर्तन होऊन् भनी उहाँ मानिसहरूप्रति धैर्य गर्दै पर्खिरहनु भएको छ । तिनीहरूले उहाँलाई छोडेर मूर्तिहरूलाई पूजेतापनि, परमेश्वरले तिनीहरूलाई उहाँमात्र साँचो परमेश्वर हुनुहुन्छ भनी प्रकट गर्नु भयो र विश्वासद्वारा तिनीहरूलाई सहनु भयो । यदि परमेश्वरले, “तिमी अधार्मिकताले भरिएका छौ र निकम्मा छौ । अब म तिमीलाई सहन सक्दिनँ” भनी भन्नुभयो भने, कति मानिसहरू बाँच्न सक्छन् र ?

यर्मिया ३१:३ मा, “सधैंभरि रहने प्रेमले मैले तँलाई प्रेम गरेको छु । मैले तँलाई दया

गरी खिँचेको छु" भनिए झैं परमेश्वरले यस्तो सधैंभरि रहने, अन्त्यहीन प्रेमद्वारा हामीलाई डोऱ्याउनु हुन्छ।

ठूलो चर्चको पास्टरको रूपमा सेवकाइ गर्दा, मैले परमेश्वरको यस धैर्यतालाई केही हदसम्म बुझ्न सकें। कतिपय मानिसहरूमा धेरै दुष्टता वा कमजोरीहरू भएतापनि मैले परमेश्वरको हृदयलाई महसूस गरी कुनै दिन उहाँहरू परिवर्तन हुनुहुनेछ र परमेश्वरलाई महिमा दिनुहुनेछ भनी जहिले पनि विश्वासको दृष्टिले उहाँहरूलाई हेरेको छु। पटक पटक विश्वासका साथ उहाँहरूप्रति धैर्य गर्दा, चर्चका धेरै सदस्यहरू असल अगुवा बन्नु भएको छ।

प्रत्येक चोटि मैले उहाँहरूलाई सहेको समयलाई म चाँडै नै बिर्सन्थे र त्यसलाई केवल एक बितिगएको क्षणको रूपमा लिन्थे। २ पत्रुस ३:८ मा, "तर प्रिय हो, यो एउटा कुरा नभुल, कि प्रभुको निम्ति एक दिन हजार वर्षझैं र हजार वर्ष एक दिनझैं हुन्छ," भनी लेखिएको छ र मैले यस पदले भन्न खोजेको अर्थलाई बुझ्न सकें। परमेश्वरले लामो समयदेखि सबै प्रकारका कुराहरूलाई सहँदै आउनुभएको छ तरैपनि उहाँले ती समयहरूलाई क्षणिक पलको रूपमा लिनुहुन्छ। अब हामी परमेश्वरको यस्तो प्रेमलाई महसूस गरौं र हाम्रो वरिपरि भएका सबैलाई यसरी नै प्रेम गरौं।

 ## १३. प्रेमले सबै कुराको पत्यार गर्छ

यदि तपाईं साँच्चै नै कसैलाई प्रेम गर्नुहुन्छ भने, तपाईं त्यस व्यक्तिको सबै कुरा पत्यार गर्नुहुन्छ । त्यस व्यक्तिमा कुनै कमजोरी भएतापनि, तपाईं त्यस व्यक्तिमाथि विश्वास गर्न प्रयास गर्नु हुन्छ । श्रीमान् र श्रीमती प्रेमद्वारा आपसमा बाँधिएका हुन्छन् । यदि विवाहित जोडीमा प्रेम छैन भने, यसको अर्थ तिनीहरूलाई एक अर्कामा विश्वास छैन, त्यसैले तिनीहरू प्रत्येक कुराहरूमा झगडा गरिरहन्छन् र तिनीहरू श्रीमान् वा श्रीमतीसँग सम्बन्धित प्रत्येक कुरामा शङ्का गर्दछन् । अझ गम्भिर परिस्थितिमा त तिनीहरूमा विश्वासघातको भ्रम हुँदछ र एकले अर्कालाई शारीरिक र मानसिक पीडा पुऱ्याउँदछन् । यदि तिनीहरू एक अर्कालाई साँचो प्रेम गर्दछन् भने तिनीहरूले पूर्ण रूपले एक अर्कालाई विश्वास गर्नेछन् र तिनीहरू आफ्ना पति वा पत्नी एक असल व्यक्ति हो र अन्ततः उसमा सुधार आउनेछ भनी विश्वास गर्नेछन् । तब, तिनीहरूले विश्वास गरे अनुसार, तिनीहरूका पति वा पत्नीले आफ्नो क्षेत्रमा राम्रो गर्नेछन् वा तिनीहरूले गरेका हरेक कुराहरूमा सफलता प्राप्त गर्नेछन् ।

प्रेमको सामर्थ्य मापन गर्नको लागि विश्वास र भरोसा एक मापदण्ड बन्न सक्दछ । त्यसकारण, परमेश्वरमा पूर्ण विश्वास गर्नु भनेको उहाँलाई पूर्ण रूपले प्रेम गर्नु हो । विश्वासका पिता अब्राहामलाई परमेश्वरको मित्र भनिन्छ । कुनै हिच्किचाहट विना नै अब्राहामले, आफ्नो एक मात्र छोरालाई होम बलि दिनु भन्ने परमेश्वरको आज्ञा पालन गर्नु भयो । उहाँले यसो गर्न सक्नु भयो किनभने उहाँले परमेश्वरलाई पूर्ण रूपमा भरोसा गर्नु हुन्थ्यो । परमेश्वरले अब्राहामको विश्वास देख्नुभयो र उहाँको प्रेमलाई स्वीकार गर्नु भयो ।

प्रेम गर्नु भनेको विश्वास गर्नु हो । परमेश्वरलाई पूर्ण रूपले प्रेम गर्नेले उहाँलाई पूर्ण

रूपले विश्वास पनि गर्दछ । तिनीहरूले परमेश्वरको हरेक वचनलाई १००% विश्वास गर्नेछन् । अनि सबै कुराहरूमा विश्वास गरेको कारणले गर्दा तिनीहरूले सबै कुरा सहन्छन् । प्रेमको विरुद्धमा रहेको सबै कुरालाई सहनको लागि हामीले विश्वास गर्नै पर्छ । अर्थात्, हामीले परमेश्वरको हरेक वचनलाई विश्वास गरेपछि मात्र हामीले सबै कुरामा आशा राख्न सक्छौं र प्रेमको विरुद्धमा रहेको हरेक कुराहरूलाई फाल्नको लागि हाम्रो हृदय खतना गर्न सक्छौं ।

साँच्चै नै, अझ सुनिश्चित अर्थमा, हामीले परमेश्वरलाई शुरूदेखि प्रेम गरेको कारण उहाँलाई विश्वास गरेका होइनौं । परमेश्वरले सर्वप्रथम हामीलाई प्रेम गर्नु भयो र यस सत्यलाई विश्वास गरेर हामीले परमेश्वरलाई प्रेम गर्न थाल्यौं । परमेश्वरले हामीलाई कसरी प्रेम गर्नु भएको छ ? हामी पापीहरूको लागि मुक्तिको मार्ग खोल्नलाई उहाँले उदारताका साथ आफ्नो एक मात्र पुत्र हाम्रो निम्ति दिनुभयो ।

शुरूमा, यस सत्यलाई विश्वास गरेर हामीले परमेश्वरलाई प्रेम गर्न थाल्दछौं, तर यदि हामी पूर्ण रूपले आत्मिक प्रेम सम्वर्द्धन गर्दछौं भने, हामी यस्तो तहमा पुग्नेछौं जहाँ हामी प्रेमको कारणले पूर्ण रूपमा विश्वास गर्नेछौं । पूर्ण रूपमा आत्मिक प्रेम सम्वर्द्धन गर्नुको अर्थ हामीले हृदयबाट सबै असत्यताहरू फालिसक्नु हो । यदि हाम्रो हृदयमा असत्यताहरू छैनन् भने, हामीलाई माथिबाटको आत्मिक विश्वास दिइनेछ, जसले गर्दा हामीले हाम्रो हृदयको गहिराइबाट विश्वास गर्न सक्छौं । त्यसपछि, हामीले कहिले पनि परमेश्वरको वचनमा शङ्का गर्ने छैनौं र परमेश्वरमा हाम्रो विश्वास कहिले पनि डगमगाउने छैन । साथै, यदि हामी पूर्ण रूपले आत्मिक प्रेम सम्वर्द्धन गर्दछौं भने, हामी सबैलाई विश्वास गर्नेछौं । योचाहिँ मानिसहरू विश्वासयोग्य भएकाले गर्दा होइन, तर तिनीहरू दुष्टताहरूले भरिएका र तिनीहरूमा धेरै कमजोरीहरू भएतापनि हामीले तिनीहरूलाई विश्वासको दृष्टिकोणबाट हेरेको कारणले गर्दा हो ।

हामी जस्तोसुकै मानिसलाई पनि विश्वास गर्न तयार हुनु पर्दछ । हामीले आफैंलाई

पनि विश्वास गर्नु पर्दछ । हामीमा धेरै कमजोरीहरू भएतापनि, हामीलाई परिवर्तन गर्नुहुने परमेश्वरमा हामीले विश्वास गर्नु पर्दछ र हामी चाँडै नै परिवर्तन हुनेछौं भनी हामीले आफैंलाई पनि विश्वासको दृष्टिले हेर्नु पर्दछ । पवित्र आत्माले सँधै हाम्रो हृदयमा, “तिमीले यो गर्न सक्छौ । म तिमीलाई मद्दत गर्नेछु” भनी भन्नुहुन्छ । यदि तपाईंले यो प्रेमलाई महसूस गर्नुहुन्छ र, “म यो राम्रोसँग गर्न सक्छु, म परिवर्तन हुन सक्छु” भनी स्वीकारोक्ती दिनुहुन्छ भने परमेश्वरले तपाईंको स्वीकारोक्ती र विश्वासको आधारमा यसलाई पूरा गर्नुहुनेछ । विश्वास गर्नु कति सुन्दर कुरा हो !

परमेश्वरले पनि हामीमा विश्वास गर्नुहुन्छ । हामी सबैले परमेश्वरको प्रेमलाई जान्नेछौं र मुक्तिको मार्गमा आउनेछौं भनी उहाँ विश्वास गर्नु हुन्छ । हामी सबैलाई विश्वासको दृष्टिले हेर्नु भएको कारणले गर्दा उहाँले उदारताका साथ आफ्नो एकमात्र पुत्र येशूलाई क्रूसमा बलिदान हुन दिनुभयो । प्रभुलाई नचिनेका वा अहिलेसम्म उहाँलाई विश्वास नगरेकाहरू पनि बाँच्नेछन् र परमेश्वरको नजिक आउनेछन् भनी परमेश्वर विश्वास गर्नु हुन्छ । प्रभुलाई पहिल्यै ग्रहण गरिसकेकाहरू पनि परमेश्वरसित समरूप सन्तानहरू बन्नेछन् भनी उहाँ विश्वास गर्नु हुन्छ । परमेश्वरको यस्तो प्रेमद्वारा अब हामी सबैलाई प्रेम गरौं ।

१४. प्रेमले सबै कुरामा आशा राख्छ

संयुक्त अधिराज्य (बेलायत) को वेस्टमिन्सटर एबेमा रहेको एउटा समाधि प्रस्तरमा यस्तो लेखिएको छ भनी भन्ने गरिन्छ, "मेरो युवावस्थामा म संसारलाई परिवर्तन गर्न चाहन्थेँ तर सकिनँ। मध्य उमेरमा मैले आफ्नो परिवारलाई परिवर्तन गर्न कोशिश गरेँ तर सकिनँ। मर्ने बेलामा मात्र मैले महसूस गरेँ यदि म परिवर्तन भएको भए मैले ती सबैलाई परिवर्तन गर्न सक्ने थिएँ।"

अरूको कुनै कुरा आफूलाई मन नपरेको खण्डमा प्रायजसो मानिसहरू अरूलाई परि वर्तन गर्न कोशिश गर्ने गर्दछन्। तर अरूलाई परिवर्तन गर्नु लगभग असम्भव छ। केही विवाहित जोडीहरू दन्त मञ्जनलाई माथिबाट निचोर्ने कि तलबाट निचोर्ने भन्ने जस्ता सानातिना कुराहरूमा झगडा गर्दछन्। अरूलाई परिवर्तन गर्न कोशिश गर्नुभन्दा पहिले हामीले आफूलाई परिवर्तन गर्नु पर्छ। अनि उनीहरू प्रतिको प्रेमको साथ, उनीहरू साँच्चै परिवर्तन हुन्छन् भन्ने आशामा हामी उनीहरूलाई परिवर्तन हुनका निम्ति पर्खन सक्छौं।

सबै कुरामा आशा राख्नु भनेको आफूले विश्वास गरेको सबै कुरा पूरा हुन्छन् भनी उत्सुक भएर पर्खनु हो। अर्थात्, यदि हामी परमेश्वरलाई प्रेम गर्दछौं भने, हामी परमेश्वर को सबै कुरामा विश्वास गर्दछौं र सबै कुरा उहाँको वचनअनुसार पूरा हुनेछ भनी हामी आशा गर्दछौं। तपाईंले ती दिनहरूको आशा गर्नु हुनेछ जब तपाईंले सुन्दर स्वर्गीय र ाज्यमा अनन्त कालसम्म परमेश्वर पितासँग प्रेम बाँडचूड गर्नु हुनेछ। यसैकारणले गर्दा विश्वासको दौडमा दौडनको निम्ति तपाईंले सबै कुरा सहनु पर्दछ। तर, यदि आशा नभएको भए के हुने थियो ?

परमेश्वरलाई विश्वास नगर्नेहरूमा स्वर्गीय राज्यप्रति आशा हुँदैन। तिनीहरूमा भविष्यप्रतिको आशा हुँदैन त्यसै कारण तिनीहरू केवल आफ्नो चाहना अनुसार जिउँछन्।

तिनीहरू धेरै कुराहरू प्राप्त गर्न कोशिश गर्दछन् र आफ्ना लोभ पूरा गर्न संघर्ष गर्दछन्। तिनीहरूसँग जति भएतापनि र आनन्द लिएतापनि तिनीहरूले साँचो सन्तुष्टि प्राप्त गर्न सक्दैनन्। तिनीहरू भविष्यको त्रासमा जीवन जिउँदछन्।

अर्कोतिर, परमेश्वरमा विश्वास गर्नेहरूले सबै कुरामा आशा राख्दछन्, त्यसैले तिनीहरू साघुँरो मार्ग रोज्छन्। किन हामी यो साघुँरो मार्ग हो भनी भन्छौं ? यसको मतलब यो परमेश्वरमा विश्वास नगर्नेहरूका दृष्टिमा साघुँरो हो। जसै हामी येशू ख्रीष्टलाई ग्रहण गर्छौं र परमेश्वरको सन्तान बन्दछौं, कुनै पनि सांसारिक खुशीका कुराहरू नलिई हामी दिनभरि चर्चमा बसेर आइतबारको आराधना सेवामा सहभागी हुन्छौं। हामी स्वयम्‌सेवकको रूपमा परमेश्वरको राज्यको निम्ति कार्य गर्दछौं र परमेश्वरको वचनअनुसार जिउनको लागि प्रार्थना गर्दछौं। विश्वास विना यस्ता प्रकारका कार्यहरू गर्न कठिन हुन्छ, र त्यसैकारणले गर्दा यो साघुँरो मार्ग हो भनी हामी भन्दछौं।

१ कोरिन्थी १५:१९ मा प्रेरित पावलले भन्नु भएको छ, "यदि यस जीवनको लागि मात्र ख्रीष्टमा हामीले आशा राखेका हौं भने हामी सबै मानिसहरूभन्दा बढी दयनीय हुन्छौं।" शारीरिक दृष्टिमा मात्र सहने र कडा परिश्रम गर्ने जीवन भारपूर्ण देखिन्छ। तर, यदि हामी सबै कुरामा आशा गर्दछौं भने, यो मार्ग नै अरू भन्दा खुशीको मार्ग हो। यदि हामी आफूले अति प्रेम गरेकाहरूसँग छौं भने, हामी झुप्रोभित्र पनि खुशी हुनेछौं। हामी प्रिय प्रभुसँग सदाको लागि स्वर्गमा रहनेछौं भन्ने तथ्यलाई सोच्दा, हामी कति खुशी हुनेछौं ! यो सोच्दा मात्र पनि हामी उत्साहित र खुशी हुन्छौं। यसरी, साँचो प्रेमका साथ हामी आफूले विश्वास गरेका सबै कुराहरू वास्तविकता नबनुञ्जेलसम्म अपरिवर्तनीय रूपले प्रतीक्षा र आशा गर्दछौं।

विश्वासका साथ सबै कुरामा आशा राख्नु शक्तिशाली हुन्छ। उदाहरणको लागि, मानौं तपाईंको कुनै सन्तान बरालिंदै छ र राम्रोसित अध्ययन पनि गर्दैन। यदि तपाईं

उसले गर्न सक्छ भनी उसमाथि विश्वास राख्नुहुन्छ, र ऊ परिवर्तन हुन्छ भनी आशाको दृष्टिद्वारा उसलाई हेर्नुहुन्छ भने, यस्तो बालक पनि जुनसुकै बेला असल बालकमा परिणत हुन सक्छ । बालकप्रतिको आमाबुवाको विश्वासले बालकको सुधार गर्दछ अनि उसमा आत्म विश्वास जगाउँदछ । आत्म विश्वास भएका बालकहरूमा जे पनि गर्न सक्छौं भन्ने विश्वास हुँदछ: तिनीहरू समस्यालाई जित्न सक्छन्, र यस्तो स्वभावले वास्तवमा तिनीहरूको शैक्षिक कार्यमा प्रभाव पार्दछ ।

चर्चमा हामीले आत्माहरूको हेरचाह गर्दा पनि यही कुरा लागू हुन्छ । कुनै पनि हालतमा हामीले अरुको न्याय गर्नु हुँदैन । हामी यस्तो सोचेर निराश हुनुहुँदैन, "त्यो व्यक्तिलाई परिवर्तन हुन अत्यन्तै कठिन छ," वा "ऊ अझै पनि त्यस्तै छ" । सबै जना चाँडै नै परिवर्तन हुनेछन् र परमेश्वरको प्रेमद्वारा पग्लिनेछन् भनी हामीले उनीहरूलाई आशाको दृष्टिले हेर्नु पर्दछ । हामीले उनीहरूको निम्ति प्रार्थना गरिरहनु पर्दछ अनि "तपाईं यो गर्न सक्नु हुन्छ !" भनी उनीहरुलाई प्रेरणा दिनुपर्दछ ।

१५. प्रेम सबै कुरामा स्थिर रहन्छ

१ कोरिन्थी १३:७ ले भन्दछ, “प्रेमले सबै कुरा सहन्छ, सबै कुराको पत्यार गर्छ, सबै कुरामा आशा राख्छ, सबै कुरामा स्थिर रहन्छ ।” यदि तपाईं प्रेम गर्नु हुन्छ भने तपाईं सबै कुरामा स्थिर रहनु हुनेछ । त्यसो भए, ‘स्थिर हुनु’ को अर्थ के हो त ? जब हामी प्रेम मुताबिक नभएका कुनै कुराहरूलाई सहन्छौं तब त्यसले केही परिणाम ल्याउनेछ । जब ताल वा समुद्रमा हावा बहन्छ, तब त्यहाँ छाल उत्पन्न हुँदछ । हावा शान्त भए पश्चात् पनि त्यहाँ साना छालहरू रहिरहन्छन् । हामीले सबै कुरा सहेतापनि, ती सहँदैमा त्यो कुराको अन्त्य त्यहीँ हुँदैन । त्यसको केही परिणाम वा प्रभाव देखिनेछ ।

उदाहरणको लागि मत्ती ५:३९ मा येशूले भन्नुभयो, “तर म तिमीहरूलाई भन्दछु, दुष्टको मुकाबिला नगर । जसले तिम्रो दाहिने गाला चड्काउला, त्यसलाई अर्को गाला पनि थापिदेऊ ।” यहाँ भनिए जस्तै, यदि कसैले तपाईंको दाहिने गालामा चड्काउँछ भने, त्यसको मुकाबला नगरी तपाईं सहनु हुन्छ । तब के त्यो कुरा त्यतिमै सकिन्छ ? त्यसले केही परिणामहरू निम्त्याउने छ । तपाईंलाई पीडा हुनेछ । तपाईंको गाला दुख्नेछ, तर तपाईंको हृदयमा हुने पीडाचाहिँ सबैभन्दा ठूलो पीडा हो । निश्चय नै, मानिसहरूको हृदयमा पीडालाई महसूस गर्ने विभिन्न कारणहरू हुन्छन् । केही मानिसहरूको हृदयमा पीडा हुन्छ किनभने तिनीहरूले विना कारण नै चड्कन पाएको सोच्दछन् र यसैले गर्दा तिनीहरू रिसाउँछन् । तर केही मानिसहरूचाहिँ आफ्नो कारणले अरूलाई रीस उठेकोले गर्दा दुःखित भई हृदयमा पीडा महसूस गर्दछन् । कोही चाहिँ आफ्नो आवेगलाई थाम्न नसकेर यसलाई सृजनात्मक वा सही तरिकाले व्यक्त गर्नुको साटो शारीरिक रूपमा प्रकट गर्ने भाइलाई देखेर दुःखित हुन्छन् ।

केही कुरा सहेपछि आउने परिमाण बाहिरी घटनाहरूद्वारा पनि आउन सक्छ। उदाहरणको लागि, कसैले तपाईंको दाहिने गालामा चड्कायो, र त्यसैले तपाईंले वचनअनुसार अर्को गाला पनि थापिदिनु भयो। तब, उसले तपाईंको देब्रे गालामा पनि हिर्कायो। वचन पालना गरेर तपाईंले सहनु भयो, तर परिस्थितिले झन् उग्र रुप लिएर झन् खराब अवस्था आइपऱ्यो।

दानिएललाई यस्तै भएको थियो। आफू सिंहको खोरमा फालिन्छु भन्ने थाहा पाएतापनि उहाँले सम्झौता गर्नु भएन। किनभने उहाँ परमेश्वरलाई प्रेम गर्नुहुन्थ्यो, जीवन जोखिममा परेको अवस्थामा पनि उहाँले प्रार्थना गर्न छोड्नु भएन। आफूलाई मार्न प्रयास गर्नेहरूसँग पनि उहाँले दुष्टता पूर्ण व्यवहार गर्नु भएन। उहाँले सबै थोक परमेश्वरको वचनअनुसार सहनु भएको कारणले गर्दा के सबै कुरा उहाँको निम्ति उपयुक्त हुने गरी परिवर्तन भए त ? होइन। उहाँ सिंहको खोरमा फालिनु भयो !

प्रेम अनुरुप नभएका कुराहरू सह्यौं भने सबै परीक्षाहरू हटेर जानेछन् भन्ने हामीलाई लाग्न सक्छ। त्यसो भए, के कारणले गर्दा परीक्षाहरू अझै रहिरहन्छ त ? यो चाहिँ हामीलाई सिद्ध बनाउन र उदेकको आशिष् दिनको लागि परमेश्वरको प्रबन्ध हो। वर्षा, हावा, र घामको उष्ण तापलाई वहन गरेर नै खेतले स्वस्थ र प्रचुर फसल उब्जाउ गर्दछ। परीक्षाहरूको माध्यमबाट हामी परमेश्वरको साँचो सन्तान बन्नु परमेश्वरको प्रबन्ध हो।

परीक्षाहरू आशिष् हुन्

परमेश्वरका सन्तानहरू ज्योतिमा हिँड्डुल गर्ने प्रयास गर्दा दुष्ट शत्रु शैतान र दियाबलसले तिनीहरूको जीवनमा बाधा ल्याउँदछ। शैतानले मानिसहरूलाई दोष लगाउन हरसम्भव कोशिश गर्दछ र यदि तिनीहरुमा थोरै मात्र पनि खोट देखिएमा शै

तानले साँच्चै तिनीहरूलाई दोष लगाउँदछ। उदाहरणको लागि, कसैले तपाईंप्रति दुष्ट व्यवहार गर्दा बाहिरी रूपमा तपाईं यसलाई सहनुहुन्छ, तर तपाईं भित्र भने अझै नराम्रा भावनाहरू हुन्छन् । दुष्ट शत्रु शैतान र दियाबलसले यो जान्दछ र ती खराब भावनाहरुका कारण तपाईं विरुद्ध दोष लगाउँदछ। तब, त्यो दोषारोपणको कारणले गर्दा परमेश्वरले पनि परीक्षाहरू आउन दिनुहुन्छ। हामीले हाम्रो हृदयमा दुष्टता छैन भनी महसूस नगरेसम्म, परीक्षाहरू आउँदछन् जसलाई 'परिष्कारक परीक्षाहरू' भनिन्छ। अवश्य पनि, हामीले सबै दुष्टताहरूलाई त्यागेर पूर्ण रूपमा पवित्रीकरणमा गइसकेपछि पनि परीक्षाहरू आई नै रहन्छन्। हामीलाई अझ उत्तम आशिषहरू दिनका लागि यस्ता प्रकारका परीक्षाहरू हामीमा आउन दिइन्छ। यसको माध्यमद्वारा, हामी दुष्टता नभएको तहमा मात्रै रही रहँदैनौ तर हामीले उत्तम प्रेम र दाग वा दोषरहित अझ सिद्ध भलाइलाई सम्वर्द्धन गर्नेछौं।

यो व्यक्तिगत आशिष्को लागि मात्र होइन; परमेश्वरको राज्य पूरा गर्न हामीले कोशिश गर्दा पनि यही सिद्धान्त लागू हुँदछ। परमेश्वरको महान् कार्य प्रकट हुनको लागि, एउटा न्यायको निश्चित मापदण्ड पूरा हुनुपर्दछ। महान् विश्वास र प्रेमका कार्यहरूद्वारा हामीले यो प्रमाणित गर्नु पर्दछ कि हामी उत्तर पाउनको लागि योग्य छौं, जसको कारणले गर्दा दुष्ट शत्रु शैतानले यसमा बाधा दिन सक्दैन।

त्यसैले, कहिलेकाहीं परमेश्वरले हामीमा परीक्षाहरू आउन दिनुहुन्छ। यदि हामी भलाइ र प्रेमका साथ स्थिर रहन्छौं भने, परमेश्वरले हामीलाई ठूलो विजयका साथ उहाँलाई अझ बढी महिमा दिने मौका दिनुहुन्छ र उहाँले हामीलाई ठूला इनामहरू दिनुहुन्छ। खासगरी, यदि तपाईं प्रभुको निम्ति आएका सतावट र कठिनाइहरूलाई पार गर्नुहुन्छ भने, तपाईंले निश्चय नै महान् आशिष्हरू प्राप्त गर्नु हुनेछ। "धन्य हौ तिमीहरू, जब मानिसहरूले मेरो खातिर तिमीहरूको निन्दा गर्नेछन् र सताउनेछन्, र

झूटा बोलेर तिमीहरूका विरुद्धमा सबै किसिमका खराब कुरा भन्नेछन् । तब रमाओ, र अत्यन्त खुशी होओ, किनभने स्वर्गमा तिमीहरूको इनाम ठूलो हुनेछ । किनभने यसरी नै तिमीहरूभन्दा अधिका अगमवक्ताहरूलाई तिनीहरूले सताएका थिए" (मत्ती ५:११-१२)।

सबै कुरा सहनु, पत्यार गर्नु, आशा राख्नु, स्थिर रहनु

यदि तपाईं प्रेमको साथ सबै कुरामा विश्वास र आशा राख्नु हुन्छ भने, तपाईं जस्तो सुकै परीक्षाहरूलाई पनि जित्न सक्नु हुन्छ । त्यसो भए कसरी हामी सबै कुरालाई पत्यार गर्न, आशा गर्न र स्थिर रहन सक्छौं ?

पहिलो, हामीले परीक्षाको समयमा पनि अन्त्यसम्मै परमेश्वरको प्रेमलाई विश्वास गर्नु पर्दछ, ।

१ पत्रुस १:७ ले भन्दछ, "...आगोबाट खारिने तर नष्ट भएर जाने सुनभन्दा पनि तिमीहरूको विश्वास मूल्यवान् छ । तिमीहरूको यो विश्वास साँचो प्रमाणित होस्, र येशू ख्रीष्ट प्रकट हुनुहुँदा प्रशंसा, महिमा र आदरको योग्य बनोस् ।" यस पृथ्वीको जीवनको अन्त्य पछि हामीले प्रशंसा, महिमा र आदर पाएका होऔं भनी उहाँले हामीलाई खार्नु हुन्छ ।

साथै, यदि हामी संसारसँग सम्झौता नगरी परमेश्वरको वचनअनुसार पूर्णतया जिएता पनि, केही परिस्थितिहरूमा हामीले अन्यायपूर्ण कष्टहरू भोग्नेछौं । प्रत्येक पल्ट हामीले परमेश्वरबाट विशेष प्रेम प्राप्त गरिरहेका छौं भनी विश्वास गर्नु पर्छ । हतोत्साहित हुनुको साटो, हामी धन्यवादी हुनेछौं किनभने परमेश्वरले हामीलाई उत्तम

स्वर्गीय निवास स्थानमा डोऱ्याइ रहनु भएको हुन्छ । साथै, हामीले परमेश्वरको प्रेममा विश्वास गर्नु पर्दछ, र हामीले यसमा अन्तिमसम्मै विश्वास गर्नु पर्दछ । विश्वासको पर ीक्षामा केही पीडाहरू आइपर्न सक्छन् ।

यदि पीडा अत्याधिक मात्रामा र लामो समयसम्मको लागि रहिरह्यो भने हामी, "किन परमेश्वरले मलाई सहायता गर्नु हुन्न ? के अब उहाँ मलाई प्रेम गर्नु हुन्न ?" भनी सोच्न सक्छौं । तर यस्ता परिस्थितिहरूमा हामीले परमेश्वरको प्रेमलाई अझ स्पष्टसित स्मरण गर्नुपर्दछ र परीक्षाहरूलाई सहनु पर्दछ । हामीले विश्वास गर्नु पर्दछ कि परमेश्वर पिताले हामीलाई उत्तम स्वर्गीय राज्यमा डोऱ्याउन चाहनु हुन्छ किनभने उहाँ हामीलाई प्रेम गर्नु हुन्छ । यदि हामीले अन्त्यसम्मै धैर्य गऱ्यौं भने, अन्ततः हामी पर मेश्वरको सिद्ध सन्तान बन्नेछौं । "धैयैलाई त्यसको पूरा काम गर्न देओ, ताकि तिमीहरूमा कुनै कुराको अभाव नभएर तिमीहरू परिपक्व र पूर्ण होओ" (याकूब १:४) ।

दोस्रो, सबै कुरामा धैर्य गर्नको लागि परीक्षाहरू हाम्रो आशा पूरा गर्ने छोटो बाटो हो भनी हामीले विश्वास गर्नु पर्छ ।

रोमी ५:३-४ ले भन्दछ, "यति मात्र होइन, तर हामी आफ्नो सङ्कटमा रमाउँछौं, यो जानेर कि सङ्कटले सहनशीलता उत्पन्न गराउँछ, सहनशीलताले चरित्र, र चरित्रले आशा उत्पन्न गराउँछ ।" यहाँ सङ्कटचाहिँ हाम्रो आशा पूरा गर्ने छोटो बाटो जस्तै हो । "ओहो, म कहिले परिवर्तन हुनु ?" भनी तपाईं सोच्न सक्नुहुन्छ, तर यदि तपाईं धैर्य गर्नुहुन्छ र निरन्तर परिवर्तन हुनुहुन्छ भने, थोरै थोरै गरेर अन्ततः तपाईं परमेश्वरको समरूप भएको उहाँको साँचो र सिद्ध सन्तान बन्नुहुनेछ ।

त्यस कारण, जब कुनै परीक्षा आउँदछ, तब यसलाई टार्ने प्रयास गर्ने होइन तर पूरा सामर्थ्यको साथ यसमा उत्तीर्ण हुन तपाईंले कोशिश गर्नु पर्दछ । अवश्य पनि, सबैभन्दा सजिलो मार्ग रोज्नु प्रकृतिको नियम तथा मानिसको स्वभाविक इच्छा पनि हो । तर यदि

हामी परीक्षाहरूलाई टार्न कोशिश गर्छौं भने, केवल हाम्रो यात्रामात्र लम्बिन्छ । उदाहरणको लागि, कुनै व्यक्तिले निरन्तर प्रत्येक मामिलामा तपाईंको निम्ति समस्या खडा गरिरहन्छ । तपाईंले खुलस्त गरेर बाहिरी रूपमा यसलाई देखाउनु हुन्न, तर जब तपाईं त्यस व्यक्तिलाई भेट्नु हुन्छ तपाईंले असहजता महसूस गर्नुहुन्छ । त्यस कारण, तपाईं उसबाट तर्कन खोज्नु हुन्छ । यस्तो परिस्थितिमा तपाईंले त्यो अवस्थाबाट उम्कने मात्र प्रयास गर्नु हुँदैन, तर सक्रियताका साथ त्यसलाई जित्नु पर्दछ । त्यो व्यक्तिसितको कठिनाइलाई तपाईंले सहनु पर्दछ र उसलाई साँचो रूपले बुझ्ने र क्षमा दिने हृदय सम्वर्द्धन गर्नु पर्दछ । तब परमेश्वरले तपाईंलाई अनुग्रह दिनुहुनेछ र तपाईं परिवर्तन हुनु हुनेछ । यस्तैगरी, प्रत्येक परीक्षाहरू हाम्रो आशालाई पूरा गर्ने खुड्किलो र छोटो बाटो बन्नेछन् ।

तेस्रो, सबै कुरामा स्थिर रहनको लागि, हामीले केवल भलाइ गर्नु पर्दछ ।

परमेश्वरको वचनअनुसार सबै कुराहरूमा स्थिर रहेतापनि, त्यसका प्रतिअसरहरूको अझै सामना गर्नुपर्दा, धेरैजसो मानिसहरू परमेश्वर विरुद्ध गुनासो गर्दछन् । "वचनअनुसार कार्य गर्दा पनि किन परिस्थितिहरू परिवर्तन हुँदैनन् ?" भनी तिनीहरू गुनासो गर्दछन् । सबै विश्वासका परीक्षाहरू दुष्ट शत्रु शैतान र दियाबलसले ल्याउँदछ । अर्थात् कष्ट र परीक्षाहरू भनेको भलाइ र खराबी बीचको युद्ध हो ।

यस आत्मिक युद्धमा विजय प्राप्त गर्न, हामीले आत्मिक राज्यको नियमानुसार लड्नु पर्दछ । आत्मिक राज्यको नियममा अन्ततः भलाइले विजय प्राप्त गर्दछ । रोमी १२:२१ ले भन्दछ, "खराबीबाट पराजित नहोओ, तर खराबीलाई भलाइले जित ।" यदि यस प्रकारले हामी भलाइमा कार्य गर्दछौं भने, केही क्षणको निम्ति हामीले हानि बेहोर्नु पर्ने वा पर ाजित हुनुपर्ने जस्तो देखेतापनि, यथार्थमा परिणाम यसको विपरीत हुँदछ । किनभने न्यायी र भलो परमेश्वरले मानव जातिको सबै भाग्य, दुर्भाग्य, र जीवन अनि मृत्युलाई

नियन्त्रण गर्नु हुन्छ । त्यस कारण, जब हामी कष्ट, परीक्षा र सतावटको सामना गर्दछौं, हामीले केवल भलाइमा कार्यहरू गर्नु पर्दछ ।

कहिलेकाहीँ विश्वासीहरूले आफ्नो परिवारका अविश्वासी सदस्यहरूबाट सतावटको सामना गर्नु पर्दछ । यस्तो अवस्थामा, "किन मेरो श्रीमान् यस्तो दुष्ट हुनुहुन्छ ? किन मेरो श्रीमती यस्तो दुष्ट हुनुहुन्छ ?" भनी विश्वासीहरूले सोच्न सक्नु हुन्छ । तब त्यो परीक्षा अझैं ठूलो र लामो बन्न सक्दछ । यस्तो प्रकारको अवस्थामा भलाइ के हो त ? तपाईंले तिनीहरूको निम्ति प्रार्थना गरिदिनु पर्दछ र प्रभुमा तिनीहरूको सेवा गर्नु पर्दछ । तपाईं आफ्नो परिवारमा उज्जयालोसित चम्कने ज्योति बन्नु पर्दछ ।

यदि तपाईंले तिनीहरूप्रति केवल भलाइ मात्र गर्नु भयो भने, परमेश्वरले उपयुक्त समयमा आफ्नो काम गर्नु हुनेछ । उहाँले दुष्ट शत्रु शैतान र दियाबलसलाई भगाउनु हुनेछ, र तपाईंको परिवारका सदस्यहरूको हृदयलाई पनि परिवर्तन गरिदिनु हुनेछ । जब तपाईं परमेश्वरको नियमअनुसार भलाइमा कार्य गर्नुहुन्छ तब सबै समस्याहरूको समाधान हुनेछ । आत्मिक युद्धको सबैभन्दा शक्तिशाली हतियार मानिसको ज्ञान वा शक्तिमा होइन तर परमेश्वरको भलाइमा रहेको छ । त्यसकारण, हामी केवल भलाइका साथ सबै कुरामा स्थिर रही असल कार्यहरू मात्र गरौं ।

के तपाईंको वरिपरि यस्ता व्यक्तिहरू छन् जोसँग रहन तपाईंलाई कठिन लाग्दछ र जसलाई सहन तपाईंलाई गाह्रो हुन्छ ? केही मानिसहरू प्रत्येक समय गल्ती गरिरहेका हुन्छन्, अरूलाई हानि पुऱ्याउँछन् अनि समस्या खडा गर्दछन् । केही मानिसहरू धेरै गनगन गर्दछन् र साना कुराहरूमा पनि ठसक्क पर्ने गर्दछन् । तर यदि तपाईं आफूमा साँचो प्रेम सम्वर्द्धन गर्नु हुन्छ भने, तपाईंले सहन नसक्ने व्यक्ति कोही हुने छैन । किनकि आफ्नो छिमेकीलाई आफूलाईझैं प्रेम गर भनी येशूले हामीलाई सिकाउनुभएझैं तपाईंले अरुलाई आफूलाई झैं प्रेम गर्नु हुनेछ (मत्ती २२:३९) ।

परमेश्वर पिताले पनि हामीलाई यसरी नै बुझ्नु र सहनु हुन्छ । तपाईंले आफूमा यस्तो प्रेम सम्वर्द्धन नगरुञ्जेल, तपाईं मोती निकाल्ने सिपी कीरा जस्तै गरी जिउनु पर्दछ । जब कुनै बालुवा, समुद्री झार, वा यसको खपटाको कण, यसको खपटा र शरीरको बीचमा आउँदछ तब मोती निकाल्ने सिपीले यसलाई बहुमूल्य मोतीमा परिवर्तन गर्दछ ! यसरी यदि हामी आत्मिक प्रेम सम्वर्द्धन गर्छौं भने हामी मोतीको द्वारबाट प्रवेश गरेर नयाँ यरुशलेममा पुग्नेछौं जहाँ परमेश्वरको सिंहासन अवस्थित छ ।

कल्पना गर्नुहोस् त्यो समय जब तपाईं मोतीका द्वारहरू पार गर्नुहुन्छ र यस पृथ्वीको विगतलाई स्मरण गर्नुहुन्छ । उहाँले हाम्रो हृदयलाई मोती जस्तै सुन्दर पार्नु भएको हुनेछ, त्यसकारण "सबै कुराहरुमा मलाई सहनु, पत्यार गर्नु, आशा राख्नु भएकोमा र मप्रति स्थिर रहनु भएकोमा धन्यवाद छ" भनी हामी परमेश्वर पिताको सामु आफ्नो स्वीकारोक्ति दिन सक्नेछौं ।

आत्मिक प्रेमका चरित्रहरू ३

१२. यसले सबै कुरा सहन्छ

१३. यसले सबै कुराको पत्यार गर्छ

१४. यसले सबै कुरामा आशा राख्छ

१५. यो सबै कुरामा स्थिर रहन्छ

अध्याय ३
सिद्ध प्रेम

"प्रेमको कहिल्यै अन्त्य हुँदैन । अगमवाणीहरू बितेर जानेछन्, भाषाहरू बन्द हुनेछन्, ज्ञान टलिजानेछ । हाम्रो ज्ञान अपूर्ण छ, हाम्रो अगमवाणी अपूर्ण छ । तर जब सिद्धताचाहिँ आउनेछ, तब अपूर्णता टलिजानेछ । जब म बालक थिएँ तब बालकजस्तै बोल्थें, बालकले जस्तो विचार गर्थें, बालकले जस्तै तर्क गर्थें, तर जब म जवान भएँ तब बालकको चाल छोडिदिएँ । अहिले हामी ऐनामा जस्तै धमिलोसँग देख्छौं, तर त्यस बेलाचाहिँ छर्लङ्ग देख्नेछौं । अहिले म थोरै मात्र बुझ्दछु, त्यस बेलाचाहिँ पूरै बुझ्नेछु, जसरी म पनि पूर्ण रूपले चिनिएको छु । अब विश्‍वास, आशा, प्रेम, यी तीन रहन्छन्, तर यिनमा सर्वोत्तमचाहिँ प्रेम नै हो ।"

१ कोरिन्थी १३:८-१३

तपाईं स्वर्गमा जानुहुँदा, यदि तपाईंले आफूसित कुनै एक चिज लान सक्नुहुन्छ भने, तपाईं के लान चाहनु हुन्छ ? सुन ? हीरा ? पैसा ? स्वर्गमा यी सबै कुराहरू व्यर्थ हुन्छन् । स्वर्गमा तपाईं हिँड्नु हुने सडकहरू शुद्ध सुनका हुन्छन् । स्वर्गीय निवासस्थानमा परमेश्वर पिताले तयार गरिदिनु भएका कुराहरू अति सुन्दर र बहुमूल्य छन् । परमेश्वर ले हाम्रो हृदयलाई जान्नुहुन्छ र उहाँको सम्पूर्ण सामर्थ्यद्वारा हाम्रो निम्ति उत्तम कुराहरु तयार गरिदिनुहुन्छ । तर एउटा कुरा छ जुन हामी यस पृथ्वीबाट लैजान सक्छौं अनि त्यो चाहिँ स्वर्गमा पनि सबै भन्दा मूल्यवान हुनेछ । त्यो प्रेम हो । यो चाहिँ यस पृथ्वीमा रहँदा खेरी हामीले हाम्रो हृदयमा सम्वर्द्धन गरेको प्रेम हो ।

स्वर्गमा पनि प्रेमको आवश्यकता पर्दछ

जब मानव सम्वर्द्धन समापन हुन्छ र हामी स्वर्गीय राज्यमा प्रवेश गर्दछौं, यस पृथ्वीका सबै कुराहरू बितिजाने छन् (प्रकाश २१:१) । भजनसंग्रह १०३:१५ ले भन्दछ, "मानिसको आयु त घाँसको आयुजत्तिकै छ, मैदानको फूलझैं त्यो ढकमक्क फुल्दछ ।" धन, प्रतिष्ठा, र अधिकार जस्ता अमूर्त वस्तुहरू पनि बितिजानेछन् । घृणा, झैंझगडा, ईर्ष्या, र लोभ जस्ता सबै प्रकारका पाप र अन्धकारहरू पनि बितिजानेछन् ।

तर १ कोरिन्थी १३:८-१० ले भन्दछ, "प्रेमको कहिल्यै अन्त्य हुँदैन । अगमवाणीहरू बितेर जानेछन्, भाषाहरू बन्द हुनेछन्, ज्ञान टलिजानेछ । हाम्रो ज्ञान अपूर्ण छ, हाम्रो अगमवाणी अपूर्ण छ । तर जब सिद्धताचाहिँ आउनेछ, तब अपूर्णता टलिजानेछ ।"

अगमवाणीको वरदान, अन्य भाषा र परमेश्वरको ज्ञान यी सबै आत्मिक कुराहरू हुन्, त्यसो भए तिनीहरू किन टलिजानेछन् त ? स्वर्ग आत्मिक राज्यमा छ र यो सिद्ध स्थान हो । स्वर्गमा हामीले सबै कुराहरूको बारेमा स्पष्टसित जान्न सक्छौं । यद्यपि हामीले परमेश्वरसित स्पष्ट सञ्चार र अगमवाणी गरेतापनि, भविष्यमा स्वर्गीय राज्यमा

सबै कुराको बारेमा जान्नु पूर्ण रूपमा फरक हुन्छ । त्यसपछि, हामीले स्पष्ट रूपमा परमेश्वर पिता र प्रभुको हृदयलाई जान्न सक्छौं, त्यसैले त्यसपछि अगमवाणीको आवश्यकता पर्नेछैन ।

अन्य भाषामा पनि यही कुरा लागू हुन्छ । यहाँ, 'अन्य भाषा' ले विभिन्न प्रकारका भाषाहरूलाई जनाउँदछ । अहिले, हामी यस पृथ्वीमा विभिन्न प्रकारका भाषाहरू पाउँछौं, त्यसकारण भिन्न भाषा बोल्नेहरूसँग सञ्चार गर्नको लागि हामीले तिनीहरूको भाषालाई सिक्नु पर्दछ । सांस्कृतिक भिन्नताले गर्दा, हामीले हृदयका भावनाहरु र विचारहरु आदनप्रदान गर्न धेरै समय र परिश्रम खर्चनु पर्दछ । हामीले एउटै भाषा बोलेतापनि अरू मानिसहरूको हृदय र विचारलाई हामी पूर्ण रूपले जान्न सक्दैनौं । हामीले वाक्पटुता र सुसम्पादित ढङ्गले बोलेतापनि १००% रूपमा हाम्रा विचार अनि हृदयका भावनाहरुलाई सजिलै व्यक्त गर्न सक्दैनौं । किनभने शब्दहरूले गर्दा, मनोमालिन्य र कलह हुन सक्छ । बोलीवचनमा पनि धेरै गल्तीहरू हुन सक्छन् ।

तर हामी स्वर्गमा पुगेपछि, हामीले यस्ता कुराहरूको चिन्ता गर्नुपर्दैन । स्वर्गमा केवल एउटा भाषा हुँदछ । त्यसकारण, त्यहाँ अरूलाई जान्न सकिन्न भनी चिन्ता गर्नु पर्दै न । किनभने असल हृदयलाई सोही अनुसार व्यक्त गरिन्छ, त्यहाँ कुनै पनि बेमेल वा पक्षपात हुँदैन ।

ज्ञानमा पनि यही कुरा लागू हुन्छ । यहाँ, 'ज्ञान' ले परमेश्वरको वचनको ज्ञानलाई जनाउँदछ । हामी यस पृथ्वीमा रहँदा हामी परिश्रमी भएर परमेश्वरको वचन सिक्छौं । बाइबलका ६६ वटा पुस्तकहरूद्वारा, हामी कसरी बाँच्ने र अनन्त जीवनलाई प्राप्त गर्ने भनी जान्न सक्छौं । हामीले परमेश्वरको इच्छा बारे सिक्दछौं, तर योचाहिँ परमेश्वरको इच्छाको एक भाग मात्र हो, जसले हामीलाई स्वर्ग जानको लागि के गर्नुपर्दछ भनी बताउँदछ ।

उदाहरणको लागि, 'एकले अर्कालाई प्रेम गर', 'ईर्ष्या नगर र डाह नगर' भन्ने जस्ता वचनहरु हामीले सुन्दछौं, सिक्दछौं र यस्ता वचनहरूलाई पालन गर्दछौं । तर स्वर्गमा, के

वल प्रेम मात्र हुँदछ त्यसैले हामीलाई त्यहाँ यस्तो प्रकारको ज्ञानको आवश्यकता पर्दैन । ती आत्मिक कुराहरू भएतापनि, अन्त्यमा अगमवाणी, अन्य भाषा, र सबै ज्ञान समेत बितिजानेछन् । किनभने तीचाहिँ यस भौतिक संसारमा अस्थायी रूपमा मात्रै आवश्यक हुन्छन् ।

त्यसकारण, सत्यको वचन सिक्नु र स्वर्गको बारेमा जान्नु महत्वपूर्ण छ, तर प्रेम सम्वर्द्धन गर्नु अझ बढी महत्वपूर्ण छ । हामीले हाम्रो हृदय खतना गरेको र प्रेम सम्वर्द्धन गरेको मात्रा अनुसार हामी अझ राम्रो स्वर्गीय निवासस्थानमा प्रवेश गर्न सक्छौं ।

प्रेम सदाका लागि बहुमूल्य हुन्छ

तपाईं आफ्नो पहिलो प्रेमको समयलाई स्मरण गर्नुहोस् । तपाईं कति खुशी हुनुहुन्थ्यो ! प्रेमले अन्धो बनाउँछ भनिएझैं, यदि हामी साँच्चै कसैलाई प्रेम गर्छौं भने, हामीले त्यस व्यक्तिको असल कुराहरू मात्रै देख्दछौं र संसारका सबै कुराहरू हामीलाई सुन्दर लाग्दछ । सूर्यको प्रकाश अरू बेलाको भन्दा उज्यालो लाग्दछ, र हामीले हावामा पनि सुगन्ध महसूस गर्दछौं । केही ल्याब रिपोर्टहरूका अनुसार प्रेममा हुनेहरूको मष्तिस्कमा नकर ात्मक र आलोचनात्मक विचारहरुलाई नियन्त्रण गर्ने भागहरु न्यून मात्रामा सक्रिय हुन्छन् । त्यसैगरी, यदि तपाईंको हृदय परमेश्वरको प्रेमले भरिएको छ भने, तपाईंले खान नपाउनु भएतापनि तपाईं अत्यन्तै खुशी हुनुहुनेछ । स्वर्गमा यस्तो प्रकारको आनन्द अनन्तसम्म रहिरहन्छ ।

स्वर्गमा हामीले पाउने हाम्रो जीवनको तुलनामा यस पृथ्वीको जीवन बच्चाको जीवन जस्तो छ । एउटा भर्खरै बोल्न शुरू गरेको बच्चाले 'आमा' र 'बुवा' जस्ता केही सजिला शब्दहरू मात्र उच्चारण गर्न सक्दछ । उसले धेरै कुराहरूलाई ठोस रूपमा विस्तृत तवरले व्यक्त गर्न सक्दैन । साथै, बच्चाहरूले वयस्कहरूको संसारको जटिल कुर

ाहरूलाई बुझ्न सक्दैनन् । बच्चाहरूले आफ्नो बालकपनको क्षमता र ज्ञानको आधारमा बोल्ने, बुझ्ने र सोच्ने गर्दछन् । तिनीहरूमा पैसाको मूल्य बारेमा उचित धारणा हुँदैन, त्यसकारण यदि तिनीहरूलाई सिक्का र नोट देखाइयो भने तिनीहरूले स्वभाविक रूपमा सिक्कालाई रोज्दछन् । तिनीहरूले क्यान्डी वा बरफ किन्नका लागि सिक्कालाई प्रयोग गरेको कारण तिनीहरुलाई सिक्काको मूल्य केही हदसम्म थाहा हुन्छ तर तिनीहरूलाई नोटको मूल्यलाई जानेका हुँदैनन् ।

योचाहिँ हामी यस पृथ्वीमा रहँदा स्वर्गको बारेमा रहेको हाम्रो बुझाइ जस्तै हो । हामीलाई थाहा छ कि स्वर्ग एउटा सुन्दर ठाउँ हो, तर वास्तविक रूपमा यो कति सुन्दर छ भनी वर्णन गर्न अत्यन्तै कठिन छ । स्वर्गीय राज्यमा, त्यहाँ कुनै सीमा नै छैन, त्यसकारण सौन्दयर्तालाई पूर्ण नापमा व्याख्या गर्न सकिन्छ । हामी स्वर्गमा पुगेपछि, हामीले अन्त्यहीन र रहस्यमय आत्मिक राज्य र सबै कार्यप्रक्रियाको सिद्धान्तहरुका बारे मा जान्नेछौं । यो कुरा १ कोरिन्थी १३:११ मा उल्लेख गरिएको छ, "जब म बालक थिएँ तब बालकजस्तै बोल्थें, बालकले जस्तो विचार गर्थें, बालकले जस्तै तर्क गर्थें, तर जब म जवान भएँ तब बालकको चाल छोडिदिएँ ।"

स्वर्गीय राज्यमा अन्धकार, वा कुनै चिन्ता अथवा फिक्री हुँदैन । त्यहाँ केवल भलाइ र प्रेम हुँदछ । त्यसकारण, हामीले चाहे जति आफ्नो प्रेमलाई व्यक्त गर्न र एक अर्कालाई सेवा पुऱ्याउन सक्छौं । यसरी भौतिक संसार र आत्मिक राज्य पूर्ण रूपमा फरक हुन्छन् । निश्चय नै, यस पृथ्वीमा पनि मानिसहरूको विश्वासको नापको आधारमा तिनीहरूको बुझाइ र विचारहरूमा धेरै भिन्नता हुन्छ ।

१ यूहन्नाको अध्याय २ मा विश्वासको प्रत्येक तहलाई साना बालकहरू, बालकहरू, युवाहरू र पिताहरूको विश्वाससँग तुलना गरिएको छ । साना बालक वा बालकहरूको विश्वासको तहमा भएकाहरू, आत्मामा बालकहरू जस्तै हुन्छन् । तिनीहरूले वास्तविक रूपमा गहिरा आत्मिक कुराहरू बुझ्न सक्दैनन् । तिनीहरूमा वचनलाई कार्यन्वयन गर्ने

थोरै मात्रामा सामर्थ्य हुँदछ । जब तिनीहरू युवा वा पिता बन्दछन्, तब तिनीहरूको बोली, सोचाइ र क्रियाकलापहरू फरक हुन्छन् । तिनीहरूमा परमेश्वरको वचन पालना गर्ने धेरै क्षमता हुन्छ, र तिनीहरूले अन्धकार विरुद्धको लडाइँमा विजय हासिल गर्न सक्छन् । तरैपनि यस पृथ्वीमा रहँदा खेरी हामीले पिताको तहको विश्वास हासिल गरे तापनि, हामीले स्वर्गीय राज्यमा प्रवेश गरेको समयलाई तुलना गऱ्यौं भने हामीले आफू बालक नै छौं भनी भन्न सक्छौं ।

हामीले सिद्ध प्रेमलाई महसूस गर्नेछौं

बाल्यावस्था युवावस्थाको लागि तयारीको समय भएझैं, यस पृथ्वीको जीवनचाहिँ अनन्त जीवनको लागि तयारीको समय हो । अनि, यो संसार अनन्त स्वर्गीय राज्यको तुलनामा छाया जस्तो मात्र हो अनि यो शीघ्र नै बितिजान्छ । छाया वास्तविक रूपमा कुनै अस्तित्व भएको जीव होइन । अर्को शब्दमा भन्नु पर्दा यो साँचो होइन । योचाहिँ अस्तित्वमा भएको जीवलाई दर्शाउने प्रतिबिम्ब मात्र हो ।

राजा दाऊदले सबै समुदायको उपस्थितिमा परमेश्वरको प्रशंसा गर्नुभयो र भन्नुभयो, “हामी त तपाईंको दृष्टिमा विदेशी र प्रवासीहरू हौं, जस्ता हाम्रा पुर्खाहरू थिए । हाम्रा दिन यस पृथ्वीमा छायाजस्ता मात्र छन् र हाम्रा निम्ति आशा छैन” (१ इतिहास २९:१५) ।

हामीले कुनै वस्तुको छाया देख्दा, हामी त्यस वस्तुको बाहिरी स्वरूपको बारेमा थाहा पाउँदछौं । यस भौतिक संसारले हामीलाई अनन्त संसारको छोटो झलक दिँदछ । छाया समान यस पृथ्वीको जीवन बितेपछि वास्तविक तत्व स्पष्टसित प्रकट हुन्छ । अहिले हामीले ऐनामा हेरेझैं आत्मिक राज्यको बारेमा अस्पष्ट तवरले र धमिलोसँग जान्दछौं । तर जब हामी स्वर्गीय राज्यमा जान्छौं, तब हामीले आमने सामने देखेझैं गरी स्पष्टसित

जान्नेछौं ।

१ कोरिन्थी १३:१२ ले भन्दछ, "अहिले हामी ऐनामा जस्तै धमिलोसँग देख्छौं, तर त्यस बेलाचाहिँ छर्लङ्ग देख्नेछौं । अहिले म थोरै मात्र बुझ्दछु, त्यस बेलाचाहिँ पूरै बुझ्नेछु, जसरी म पनि पूर्ण रूपले चिनिएको छु ।" प्रेरित पावलले यो प्रेमको अध्याय २००० वर्ष अघि लेख्नुभएको थियो । त्यस बेलाको ऐना अहिलेको जस्तै स्पष्ट थिएन । यो काँचबाट बनेको थिएन । तिनीहरूले प्रकाशलाई परावर्तित गर्न चाँदी, तामा वा स्टील धूलो पारेर दल्दथे । त्यसकारणले गर्दा ऐना धमिलो हुँदथ्यो । अवश्य नै, केही मानिसहरूले आत्मिक आँखाहरू खुलेकाले गर्दा स्वर्गको राज्यलाई स्पष्टतः देख्ने र महसूस गर्ने गर्दछन् । तैपनि, हामी स्वर्गको सुन्दरता र खुशीलाई धमिलोसँग महसूस गर्न सक्छौं ।

जब हामी पछि अनन्त स्वर्गीय राज्यमा प्रवेश गर्दछौं, तब हामीले स्पष्टसित त्यस र ाज्यको सबै विस्तृत विवरण देख्न सक्छौं र प्रत्यक्ष रूपमा महसूस गर्न सक्छौं । शब्दको पहुँचभन्दा बाहिर रहेको परमेश्वरको गरिमा, सामर्थ्य र सौन्दर्यको बारेमा हामी जान्न सक्छौं ।

विश्वास, आशा र प्रेम मध्ये प्रेम सर्वोत्तम हो

हाम्रो विश्वास वृद्धि हुनका लागि विश्वास र आशा अति महत्वपूर्ण छन् । हामीमा विश्वास भएमात्रै हामी बचाइन्छौं र स्वर्गमा प्रवेश गर्न सक्छौं । विश्वासद्वारा मात्रै हामी परमेश्वरको सन्तान बन्न सक्छौं । विश्वासद्वारा मात्रै हामीले मुक्ति, अनन्त जीवन, र स्वर्गीय राज्य प्राप्त गर्ने हुनाले विश्वास धेरै अमूल्य छ । विश्वास गाडधनहरूको पनि गाडधन हो ; विश्वास हाम्रो प्रार्थनाहरूको उत्तर पाउने साँचो हो ।

अनि आशाचाहिँ के हो त ? आशा पनि मूल्यवान् छ ; आशाद्वारा नै हामी स्वर्गका उत्तम निवासस्थानहरूलाई पक्रन्छौं । त्यसैले यदि हामीसित विश्वास छ भने, स्वभाविक

रूपमा हामीसित आशा हुनेछ । यदि हामी निश्चय नै परमेश्वर र स्वर्ग अनि नरकमा विश्वास गर्छौं भने, हामीमा स्वर्गको आशा हुनेछ । साथै, हामीमा आशा भएको खण्डमा, हामी पवित्र हुन कोशिश गर्दछौं र परमेश्वरको राज्यको निम्ति विश्वासयोग्य भई कार्य गर्नेछौं । हामी स्वर्गीय राज्यमा प्रवेश नगरुन्जेल आशा र विश्वास अत्यावश्यक छन् । तर १ कोरिन्थी १३:१२ ले किन प्रेम महान् छ भनी भन्दछ ?

पहिलो, विश्वास र आशा यस पृथ्वीको जीवनमा रहँदा मात्र आवश्यक हुन्छन् र स्वर्गीय राज्यमा केवल आत्मिक प्रेम मात्र रहन्छ ।

स्वर्गमा सबै कुरा हाम्रो आँखाको सामु हुने हुनाले हामीले नदेखिएका कुनै पनि कुरामाथि विश्वास वा आशा गर्नु पर्दैन । मानौं आफूले असाध्यै प्रेम गर्ने व्यक्तिलाई तपाईंले केही हप्ता वा थपअझ दश वर्षसम्म पनि भेट्नुभएको छैन । दश वर्षपछि उहाँलाई भेट्दा हामी धेरै नै भावुक हुन्छौं । दश वर्षसम्म हामीले याद गरेको कुनै व्यक्तिलाई भेटेपछि, के हामी अझै त्यो व्यक्तिलाई याद गरेर सम्झी रहन्छौं त ?

हाम्रो इसाई जीवनमा पनि यस्तै हुन्छ । यदि हामीमा साँच्चै नै विश्वास र परमेश्वर प्रति प्रेम छ भने, समयको प्रवाहसँगै र विश्वासमा वृद्धि भएअनुसार हामीमा बढ्दो आशा हुँदछ । समय बित्दै जाँदा हामी प्रभुलाई अझ बढी याद गरी सम्झिनेछौं । यस प्रकारको स्वर्गीय आशा भएकाहरूले यस पृथ्वीमा साँघुरो मार्ग भएर जानु परेतापनि त्यसलाई कठिन मान्दैनन्, र तिनीहरू कुनै पनि प्रकारको प्रलोभनद्वारा डगमगाउँदैनन् । जब हामी हाम्रो अन्तिम गन्तव्य स्वर्गीय राज्यमा पुग्दछौं, तब हामीलाई आशा र विश्वासको आवश्यकता पर्दैन । तर स्वर्गमा प्रेम अनन्तको लागि रहिरहन्छ, र त्यसकारणले गर्दा बाइबलले प्रेमलाई सर्वोत्तम भनी भन्दछ ।

दोस्रो, हामी विश्वासद्वारा स्वर्ग प्राप्त गर्न सक्छौं, तर प्रेम विना, हामी स्वर्गको अत्यन्तै सुन्दर वासस्थान नयाँ यरूशलेम प्रवेश गर्न सक्दैनौं ।

हामी जति मात्रामा विश्वास र आशाद्वारा कार्य गर्दछौं त्यति नै मात्रामा बलजफ्ती स्वर्गीय राज्यलाई पक्रन सक्छौं । हामीले परमेश्वरको वचनअनुसार जिएको, पाप फाले को र सुन्दर हृदय सम्वर्द्धन गरेको मात्राअनुसार हामीलाई आत्मिक विश्वास दिइन्छ, र यसै आत्मिक विश्वासको नापअनुसार हामीलाई स्वर्गमा : स्वर्गलोक, स्वर्गको पहिलो र ाज्य, स्वर्गको दोस्रो राज्य, स्वर्गको तेस्रो राज्य र नयाँ यरूशलेम निवासस्थानको रूपमा दिइन्छ ।

स्वर्गलोक येशू ख्रीष्टलाई ग्रहण गरेर मुक्ति मात्र पाउने विश्वास भएकाहरूका लागि हो । यसको अर्थ उहाँहरूले परमेश्वरको राज्यको निम्ति केही पनि गर्नु भएको हुँदैन । स्वर्गको पहिलो राज्य येशू ख्रीष्टलाई ग्रहण गरी परमेश्वरको वचनअनुसार जिउन प्रयत्न गर्नेहरूका लागि हो । योचाहिँ स्वर्गलोक भन्दा अत्यधिक मात्रामा सुन्दर छ । स्वर्गको दोस्रो राज्य परमेश्वरलाई प्रेम गरेको कारणले गर्दा वचनअनुसार जिउने र परमेश्वरको राज्यमा विश्वासयोग्य हुनेहरूका लागि हो । स्वर्गको तेस्रो राज्य परमेश्वरलाई सम्पूर्ण र ीतिले प्रेम गर्ने र सबै प्रकारका दुष्टताहरुलाई फालेर पवित्रीकरणमा गएकाहरूका लागि हो । नयाँ यरूशलेम परमेश्वरलाई आनन्दित तुल्याउने र परमेश्वरको सबै घरानामा विश्वासयोग्य हुनेहरूका लागि हो ।

परमेश्वरका सन्तानहरू जसले विश्वासद्वारा सिद्ध प्रेम सम्वर्द्धन गर्नु भएको हुन्छ उहाँहरूलाई निवासस्थानको रूपमा नयाँ यरूशलेम दिइन्छ र यो चाहिँ प्रेमको मणिभाकार हो । साँच्चै भन्ने हो भने, परमेश्वरको एक मात्र पुत्र येशू ख्रीष्ट बाहेक कोही पनि नयाँ यरूशलेममा प्रवेश गर्न योग्यका छैनन् । तर यदि हामी येशू ख्रीष्टको अनमोल रगतद्वारा धर्मी ठहराइन्छौं र सिद्ध विश्वास प्राप्त गर्दछौं भने हामी उहाँका सृष्टिहरू भएर पनि त्यहाँ प्रवेश पाउने योग्यताहरु प्राप्त गर्न सक्छौं ।

परमेश्वरको समरूप हुन र नयाँ यरूशलेममा वास गर्न हामीले प्रभुले लिनुभएको मार्गलाई पछ्याउनु पर्दछ । त्यो मार्ग प्रेम हो । प्रभुका गुणहरु भएका परमेश्वरको साँचो सन्तान बन्ने योग्य मानिसहरु हुनका लागि यही प्रेमद्वारा हामी पवित्र आत्माका नौ वटा

फलहरू र डाँडाको उपदेशका फलहरु फलाउन सक्छौं । हामीले परमेश्वरको साँचो सन्तान बन्ने योग्यता प्राप्त गरेपछि, यस पृथ्वीमा मागेका सबै कुराहरू हामी प्राप्त गर्न सक्छौं र हामीले स्वर्गमा अनन्तसम्म प्रभुसित हिँड्ने विशेषाधिकार पाउनेछौं । त्यसकारण, हामीमा विश्वास भएमा हामी स्वर्ग प्रवेश गर्न सक्छौं, र हामीमा आशा भएको खण्डमा हामीले पाप फाल्न सक्छौं । यसै कारणले गर्दा विश्वास र आशा निश्चय नै आवश्यक छन्, तर प्रेमचाहिँ सर्वोत्तम हो किनभने हामीमा प्रेम भएमा मात्रै हामी नयाँ यरूशलेम प्रवेश गर्न सक्छौं ।

"आपसमा प्रेम गर्नुबाहेक कसैको केही कुरामा ऋणी नहोओ । किनकि आफ्नो छिमेकीलाई प्रेम गर्नेले व्यवस्था पूरा गरेको हुन्छ । 'तैंले व्यभिचार नगर्, तैंले हत्या नगर्, तैंले चोरी नगर्, तैंले लोभ नगर्,' यी आज्ञाहरूबाहेक, र अरू जति आज्ञा छन्, ती सबैको साराशं यसै आज्ञामा पाइन्छ, अर्थात् 'तैंले आफ्नो छिमेकीलाई आफूलाई जस्तै प्रेम गर् ।' प्रेमले छिमेकीको खराबी गर्दैन । यसकारण प्रेम गर्नु नै व्यवस्था पूरा गर्नु हो ।"

रोमी १३:८-१०

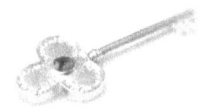

भाग ३

प्रेम व्यवस्थाको पूति

अध्याय १ परमेश्वरको प्रेम

अध्याय २ खीष्टको प्रेम

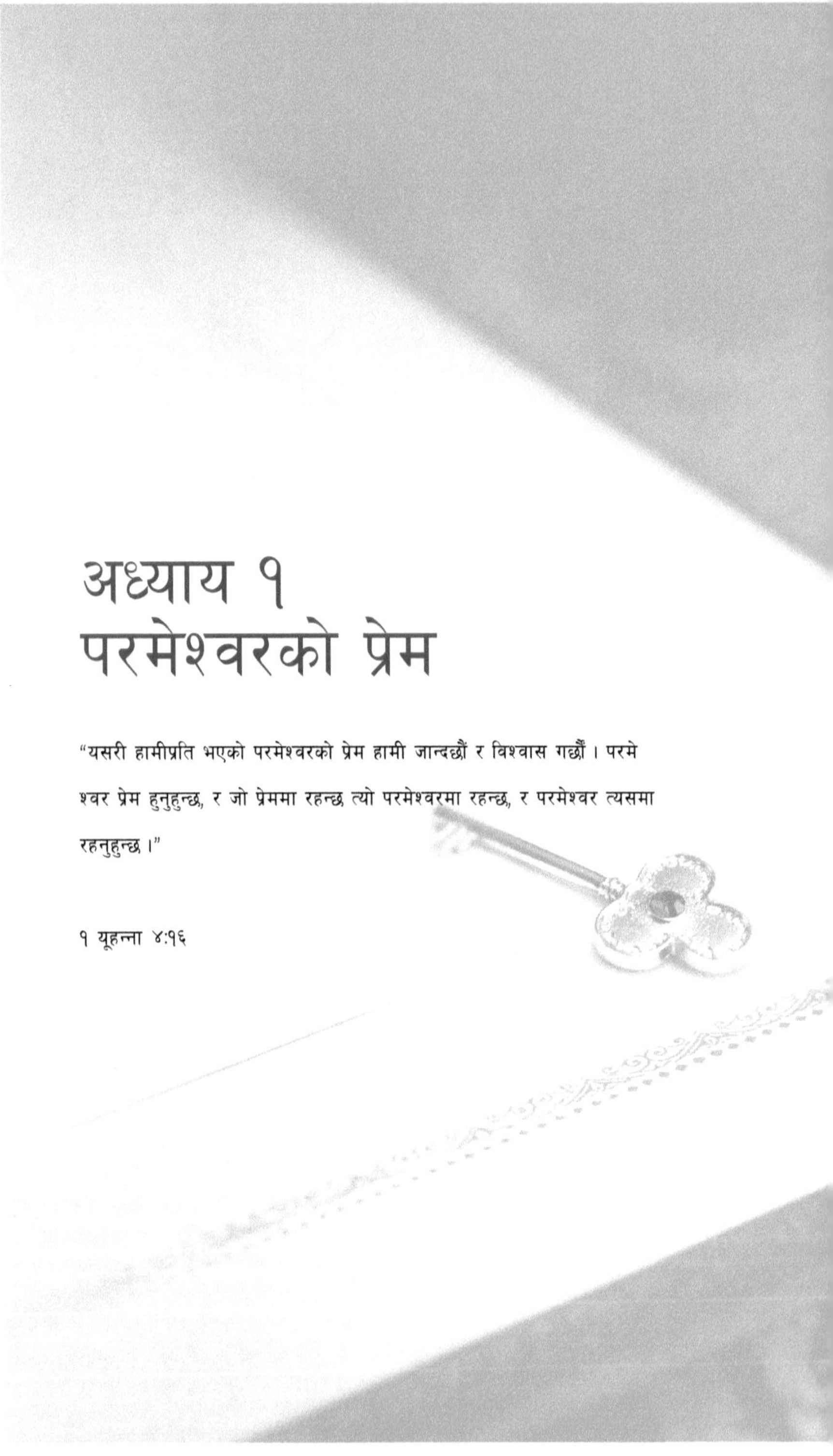

अध्याय १
परमेश्वरको प्रेम

"यसरी हामीप्रति भएको परमेश्वरको प्रेम हामी जान्दछौं र विश्वास गर्छौं । परमेश्वर प्रेम हुनुहुन्छ, र जो प्रेममा रहन्छ त्यो परमेश्वरमा रहन्छ, र परमेश्वर त्यसमा रहनुहुन्छ ।"

१ यूहन्ना ४:१६

केचुवा इण्डियन जातिका मानिसहरूसँग काम गर्दा, एलियटले वाओरानी भनिने हिँसाको लागि प्रख्यात ईण्डियन जातिकहाँ पुग्ने तयारीहरू गर्न थाल्नुभयो । उहाँ र अन्य चारजना मिशनेरीहरू- एड मेकल्ली, रोजर यूडेरियन, पिटर फ्लेमिङ अनि उहाँहरूका विमानचालक नेट सेन्टले आफ्नो विमानबाट ध्वनी प्रसारक यन्त्र (लाउड स्पीकर) को माध्यमद्वारा र उपहारहरू तलसम्म झार्न एउटा टोकरी प्रयोग गरेर उनीहरूसँग सम्पर्कमा आउनुभयो । केही महिनापछि, उहाँहरूले त्यस इन्डियन जातिहरूको ठाउँभन्दा थोरै मात्र पर कुरारे भनिने नदीको छेउ एउटा छाउनी बनाउने निर्णय गर्नुभयो । त्यहाँ वाओरानी जातिका स-साना समूहहरूले थुप्रैपटक उहाँहरूलाई भेटे र 'जर्ज' भनेर बो लाइने एक जिज्ञासु वाओरानी (उसको वास्तविक नाम न्यानकीवी थियो) लाई उहाँहरूले हवाइजहाजको यात्राको अनुभव पनि दिलाउनुभयो । यस्ता मैत्रीपूर्ण भेटघाटबाट प्रो त्साहित भएर, उहाँहरूले वाओरानी जातिकहाँ भेट्न जाने योजनाहरू बनाउन थाल्नुभयो, तर वाओरानी जातिको अर्को एउटा ठूलो समूहको आगमनले ती योजनाहरू कार्यन्वयन हुनभन्दा अघि नै बिथोलिए, जसले सन् १९५६, जनवरी ८ का दिन लियट र उहाँका चार साथीहरूको हत्या गरिदिए । एड मेकल्लीको बाहेक एलियट र अन्य साथीहरूको अंगभंग भएको शरीर खोल्सामा भेटियो ।

इलियट र उहाँका साथीहरू छिटै विश्वभरी शहीदको रूपमा चिनिनुभयो र उहाँहरूको सेवकाइ र मृत्युको बारेमा लाइफ म्यागेजिनले १० पृष्ठ लामो लेख छाप्यो । त्यस समयका युवाहरूगा क्रिश्चियन मिशनप्रति रुचि बढाउने कार्यको श्रेय उहाँहरूलाई दिइन्छ र अझैपनि संसारभर कार्यरत क्रिश्चियन मिशनरीहरूका लागि उहाँहरू प्रेरणाको स्रोत मानिनुहुन्छ । आफ्नो श्रीमान् को मृत्युपछि, एलिजाबेथ इलियट र अन्य थुप्रै मिशनरीहरूले ओका इन्डियन जातिहरूका माझ काम गर्नुभयो जहाँ उहाँहरूले गहिरो छाप छोड्न सक्नुभयो र धेरैलाई प्रभुमा ल्याउनुभयो । उहाँहरुले परमेश्वरको प्रे मद्वारा थुप्रै आत्माहरू जित्नुभयो ।

"आपसमा प्रेम गर्नुबाहेक कसैको केही कुरामा ऋणी नहोओ । किनकि आफ्नो छिमेकीलाई प्रेम गर्नेले व्यवस्था पूरा गरेको हुन्छ । 'तैंले व्यभिचार नगर्, तैंले हत्या नगर्, तैंले चोरी नगर्, तैंले लोभ नगर्,' यी आज्ञाहरूबाहेक, र अरू जति आज्ञा छन्, ती सबैको साराशं यसै आज्ञामा पाइन्छ, अर्थात् 'तैंले आफ्नो छिमेकीलाई आफूलाई जस्तै प्रेम गर् ।' प्रेमले छिमेकीको खराबी गर्दैन । यसकारण प्रेम गर्नु नै व्यवस्था पूरा गर्नु हो" (रोमी १३:८-१०) ।

सबै प्रकारका प्रेमहरूमध्ये सबैभन्दा उच्च तहको प्रेमचाहिँ हामीप्रति परमेश्वरको प्रेम हो । सबैथोकको सृष्टि र मानवजाति पनि परमेश्वरकै प्रेमबाट उत्पन्न भएका हुन् ।

परमेश्वरले आफ्नो प्रेमद्वारा सबैथोक र मानव जातिलाई सृष्टि गर्नुभयो

आदिमा परमेश्वरले ब्रह्माण्डको वृह्त अन्तरिक्षलाई आफै भित्र समेट्नु भएको थियो । यो ब्रह्माण्ड आज हामीले थाहा पाएको ब्रह्माण्डभन्दा फरक ब्रह्माण्ड हो । यो त्यस्तो ठाउँ हो जसको कुनै शुरु वा अन्त्य नै छैन नता त्यसको कुनै सीमा नै छ । सबैकुरा उहाँको इच्छा अनुसार र उहाँले आफ्नो हृदयमा चाहनुभए अनुसार नै हुँदछ । त्यसोभए, यदि परमेश्वरले आफूले चाहनुभएको जे पनि कुरा गर्न वा पाउन सक्नुहुन्छ भने, किन उहाँले मानवजातिको सृष्टि गर्नुभयो ?

आफूले उपभोग गरिरहनुभएको आफ्नो संसारको सुन्दरतालाई बाँडचूँड गर्नको निमित्त उहाँ साँचो सन्तान प्राप्त गर्न चाहनुहुन्थ्यो । सबैकुरा चाहे अनुरूप गर्न मिल्ने त्यस ठाउँलाई उहाँ कोहीसँग बाँड्न चाहनुहुन्थ्यो । यो कुरा मानव मनसँग मिल्दोजुल्दो छ । हामी पनि हाम्रा असल थोकहरू आफूले प्रेम गरेकाहरूसँग खुला रूपले बाँडचूँड गर्न चाहन्छौं । यही आशाका साथ साँचो सन्तान प्राप्त गर्नको लागि परमेश्वरले मानव

सम्वर्द्धनको योजना बनाउनुभयो ।

पहिलो चरणको रूपमा, उहाँले शुरुको एउटै ब्रह्माण्डलाई भौतिक र आत्मिक संसारमा विभाजन गर्नुभयो र स्वर्गीय सेना र स्वर्गदूतहरू, अन्य आत्मिक प्राणीहरू र आत्मिक राज्यमा चाहिने सबै कुरा सृष्टि गर्नुभयो । उहाँले आफू वास गर्ने क्षेत्र, आफ्ना साँचो सन्तानहरू वास गर्नको लागि स्वर्गको राज्य र मानवजातिहरु मानव सम्वर्द्धनबाट गुज्रने ठाउँहरु बनाउनुभयो । समयको अपार अवधि बितिसके पछि, उहाँले भौतिक संसारमा सूर्य, चन्द्र र ताराको साथमा पृथ्वी, प्राकृतिक वातावरण र मानिसलाई जिउन चाहिने सबैकुरा कुरा बनाउनुभयो ।

परमेश्वरको वरपरमा स्वर्गदूतहरूजस्ता असंख्य आत्मिक प्राणीहरू हुनुहुन्छ, तर उहाँहरू रोबोटजस्तै विना शर्त आज्ञा पालन गर्नुहुन्छ । उहाँहरू परमेश्वरसँग आफ्नो प्रेम बाँड्न सक्ने खालका प्राणीहरू हुनुहुन्न । यसैले गर्दा आफ्नो प्रेम बाँड्चूँड गर्न मिल्ने साँचो सन्तान प्राप्त गर्न परमेश्वरले मानिसलाई आफ्नो स्वरूपमा सृष्टि गर्नुभयो । तपाईंले चाहनुभएकै कुरा अनुसार व्यवहार गर्ने सुन्दर अनुहार भएका रोबोटहरू तपाईंसँग हुँदैमा, के तिनीहरूले तपाईंका छोराछोरीको ठाउँ लिन सक्छन् ? तपाईंका छोराछोरीहरूले बारम्बार तपाईंले भन्नुभएका कुराहरू नसुनेता पनि, रोबोटहरू भन्दा ती छोराछोरीहरू नै बढी प्यारा हुन्छन् । किनकि उनीहरूले तपाईंको प्रेम महसूस गर्न सक्छन् र तपाईंको लागि उनीहरूको प्रेम व्यक्त गर्न सक्छन् । परमेश्वरमा पनि यही कुरा लागू हुन्छ । आफ्नो हृदय साटासाट गर्नको लागि उहाँ साँचो सन्तान चाहनुहुन्थ्यो । यही प्रेमद्वारा, परमेश्वरले पहिलो मानव प्राणी बनाउनुभयो र उहाँ आदम हुनुहुन्थ्यो ।

आदमलाई सृष्टि गर्नुभएपछि, परमेश्वरले पूर्वपट्टि अदन भन्ने ठाउँमा एउटा बगैंचा बनाउनुभयो र उहाँलाई त्यहाँ राख्नुभयो । आदमलाई ध्यानमा राखेर परमेश्वरले अदनको बगैंचा दिनु भएको थियो । रुखहरू र फूलहरू अति नै राम्रोसित फल्नेफुल्ने र सुन्दर जनावरहरू हिंड्डुल गर्ने त्यो अत्यन्तै रहस्यमयी सुन्दर ठाउँ हो । त्यहाँ चारैतिर प्रशस्त

फलफूलहरू फल्छन् । त्यहाँ रेशमझैं मुलायम बतास चल्दछ र घाँसहरूले सरसराउने आवाज निकाल्दछन् । पानी त्यसमा पर्ने प्रकाशका कारण अनमोल रत्नहरू जस्तै गरी टल्किन्छ । मानिसको सर्वोत्तम कल्पनाबाट समेत, कसैले त्यस ठाउँको पूर्ण रूपले वर्णन गर्न सक्दैन ।

परमेश्वरले आदमलाई एक सहयोगी पनि दिनुभएको थियो जसको नाम हब्बा थियो । तर त्यो आदम आफैँले एक्लो महसूस गर्नुभएको कारणले गर्दा होइन । परमेश्वर आफैं लामो समयसम्म एक्लो रहनुभएकोले गर्दा उहाँले पहिल्यैबाट आदमको हृदय बुझ्नुभयो । परमेश्वरद्वारा दिइएको उत्तम जीवनयापनको वातावरणमा, आदम र हब्बा परमेश्वरसँगै हिँड्नुभयो र धेरै लामो समयसम्म सारा प्राणीका मालिकका रूपमा उहाँहरुले ठूलो अख्तियार उपभोग गर्नुभयो ।

आफ्नो साँचो सन्तान बनाउन परमेश्वरले मानवजातिको सम्वर्द्धन गर्नुहुन्छ

तर परमेश्वरको साँचो सन्तान बन्नको लागि आदम र हब्बामा केही कुराको कमी थियो । परमेश्वरले पूर्ण रूपले उहाँहरूलाई प्रेम गर्नु भएता पनि उहाँहरूले परमेश्वरको प्रेमलाई साँचो तरिकाले महसूस गर्न सक्नु भएको थिएन । उहाँहरूले परमेश्वरबाट दिइएको सबै कुरा उपभोग गर्नुहुन्थ्यो, तर उहाँहरूले आफ्नै प्रयासबाट केही पनि कमाउनुभएको वा प्राप्त गर्नुभएको थिएन । त्यसैले, उहाँहरूले परमेश्वरको प्रेम कति अमूल्य छ भन्ने कुरा बझ्नु भएको थिएन र आफूले पाउनुभएका कुराहरूको लागि पनि उहाँहरू कृतज्ञ हुनुहुन्नथ्यो । यसको अतिरिक्त, उहाँहरूले कहिल्यै मृत्यु वा दुःख महसूस गर्नुभएको थिएन र उहाँहरूलाई जीवनको महत्व पनि थाहा थिएन । कहिल्यै पनि घृणा महसूस नगर्नुभएकोले गर्दा उहाँहरूले प्रेमको साँचो महत्वलाई बुझ्नु भएको थिएन ।

त्यसबारेमा ज्ञानको रुपमा सुनेको र थाहा पाएको भएतापनि आफैले प्रत्यक्ष रुपमा कहिल्यै पनि अनुभव नगर्नु भएको कारणले गर्दा उहाँहरुले आफ्नो हृदयमा साँचो प्रेम महसूस गर्न सक्नु भएको थिएन ।

आदम र हब्बाले असल र खराबको ज्ञान दिने रुखको फल खानुपरेको कारण यही हो । परमेश्वरले भन्नुभएको थियो, "... जुन दिन तैंले त्यो खान्छस् तँ निश्चय नै मने छस्," (उत्पत्ति २:१७) तर उहाँहरूलाई मृत्युको साँचो अर्थ थाहा थिएन । उहाँहरूले असल र खराबको ज्ञान दिने रुखबाट खानुहुनेछ भन्ने कुरा के परमेश्वरलाई थाहा थिएन र ? उहाँलाई थाहा थियो । उहालाई थाहा भएतापनि आज्ञापालन गर्ने कुरा छान्नको लागि उहाँले आदम र हब्बालाई स्वतन्त्र इच्छा दिनुभएको थियो । यसैमा मानव सम्वर्द्धनको प्रबन्ध रहेको छ ।

मानव सम्वर्द्धनद्वारा, सबै मानिसहरूले पछि स्वर्ग जाँदा स्वर्गीय कुराहरू कति अमूल्य र महत्वका छन् भन्ने कुरा साँच्चै महसूस गर्न सकून् र उनीहरूले साँचो खुशीको आनन्द लिन सकून् भन्ने हेतुले उनीहरूले आँसु, दुःख, पीडा, मृत्यु आदि अनुभव गरेको परमेश्वर चाहनुहुन्थ्यो । अदनको बगैंचासित तुलना नै गर्न नसकिने अत्यन्तै सुन्दर स्वर्गमा परमेश्वर अनन्तकालसम्म आफ्नो प्रेम उनीहरुसित बाँड्न चाहनुहुन्थ्यो ।

आदम र हब्बाले परमेश्वरको वचन उल्लङ्घन गरिसकेपछि, उहाँहरू अब अदनको बगैंचामा रहन सक्नु हुन्नथ्यो । आदमले पनि सारा प्राणीको मालिकको रूपमा रहेको अधिकार गुमाइ सक्नुभएको हुनाले सारा पशुपंक्षी तथा बोटबिरुवाले पनि सराप पाए । पृथ्वी कुनैबेला प्रशस्तता र सुन्दरताले भरिएको थियो, तर त्यो पनि श्रापित भयो । त्यसले अब काँडा र सिँउडी उमार्न थाल्यो । मानिसले कडा परिश्रम र आफ्नो निधार बाट पसिना नचुहाईकन केही पनि कटनी गर्न नसक्ने भयो ।

आदम र हब्बाले परमेश्वरको अवाज्ञा गरेको भएतापनि, उहाँले ती दुईका लागि छालाको लुगा बनाइदिनुभयो किनभने उहाँहरुले अब पूर्णरूपले फरक वातावरणमा

जिउनु पर्ने थियो (उत्पत्ति ३:२१) । केही समयका लागि आफ्नो छोराछोरीलाई उनीहरूको भविष्यको लागि आफूबाट टाढा पठाउनु पर्दा जस्तै गरी परमेश्वरको मुटु पनि पोलेको हुनुपर्छ । परमेश्वरको यो प्रेमको बावजूद पनि, मानव सम्वर्द्धन शुरु हुन साथ, मानिसहरूमा पापको दाग लाग्यो र उनीहरू छिटै परमेश्वरबाट टाढिए ।

रोमी १:२१-२३ ले भन्दछ, "किनकि परमेश्वरलाई चिनेर पनि तिनीहरूले परमेश्वर लाई दिनुपर्ने महिमा दिएनन्, नता धन्यवाद नै चढाए, तर तिनीहरू आफ्ना विचारमा बे कम्मा भए, र तिनीहरूको मूर्ख मन अझ अँध्यारो भयो । बुद्धिमान् छु भन्ने दाबी गरे तापनि तिनीहरू मूर्खै भए, तिनीहरूले विनाशी मानिस, चराचुरुङ्गी, चारखुट्टे जनावर र घस्रने जीवहरूका मूर्तिका रूपसँग अविनाशी परमेश्वरको महिमा साटफेर गरे ।"

यस पापी मानवजातिको लागि, परमेश्वरले चुनिएका जाति इस्राएलद्वारा आफ्नो प्रबन्ध र प्रेम देखाउनुभयो । एकातिर, उनीहरू परमेश्वरको वचन अनुसार जिउँदा उहाँले आश्चर्यजनक चिन्ह र आश्चर्यजनक कार्यहरू देखाउनुभयो र उनीहरूलाई महान् आशिष्हरू दिनुभयो । अर्कातिर, उनीहरू परमेश्वरबाट टाढिँदा, मूर्तिपूजा र पापहरू गर्दा परमेश्वरले आफ्नो प्रेम दर्शाउन थुप्रै अगमवक्ताहरू पठाउनुभयो ।

यीमध्ये एक अगमवक्ता होशे हुनुहुन्थ्यो, जो इस्राएल टुक्रिएर उत्तरी यहूदा र दक्षिणी यहूदा भइसकेपछिको अन्धकारमय युगमा सक्रिय हुनुहुन्थ्यो ।

एकदिन परमेश्वरले होशेलाई यसो भनेर एउटा विशेष आज्ञा दिनुभयो, "जा, गएर एउटी व्यभिचारिणीलाई विवाह गर, र त्यसको विश्वासघातबाट पैदा भएका सन्तानलाई आफ्ना बना" (होशे १:२) । व्यभिचारिणीलाई विवाह गर्नु परमेश्वरको अगमवक्ताका लागि कल्पना गर्न मिल्ने कुरो थिएन । होशेले परमेश्वरको अभिप्राय नबुझे तापनि, उहाँले परमेश्वरको वचन पालन गर्नुभयो र गोमेर नाउँ गरेकी एक स्त्रीलाई आफ्नी पत्नीको रूपमा लिनुभयो ।

तिनीबाट तीन छोराछोरीहरूको जन्म भयो, तर गोमेर आफ्नो अभिलाषालाई

पछुयाउँदै अर्को मानिसकहाँ गइन् । यद्यपि, परमेश्वरले होशेलाई आफ्नी पत्नीलाई प्रेम गर्नका लागि भन्नुभयो (होशे ३:१) । होशेले तिनलाई खोज्नुभयो र चाँदीका पन्ध्र शेकेल र अढाइ मुरी जौ दिएर तिनलाई किन्नुभयो ।

होशेले गोमेरलाई दिनुभएको प्रेमले परमेश्वरले हामीलाई दिनुभएको प्रेमलाई जनाउँदछ । अनि व्यभिचारिणी स्त्री गोमेरले पापको दाग लागेका सबै मानिसहरूलाई जनाउँदछ । होशेले आफ्नो लागि व्यभिचारिणी पत्नी लिए जस्तै, परमेश्वरले यस संसार मा पापको दाग लागेका हामी जस्ता मानिसहरुलाई पहिला प्रेम गर्नुभयो ।

उहाँले सबैजना मृत्युको बाटोदेखि फर्केर आफ्नो सन्तान हुनेछन् भन्ने आशा राखी, आफ्नो अनन्त प्रेम देखाउनुभयो । तिनीहरूले संसारसित मित्रता गाँसेर केही समयको लागि परमेश्वरबाट टाढिएको भएतापनि, उहाँले 'तिमीले मलाई छोडेर गयौ र म फेरि तिमीलाई ग्रहण गर्न सक्दिनँ', भनी भन्नुहुनेछैन । उहाँले केवल सबैजना उहाँमा फर्केको चाहनुहुन्छ र आफ्नो घरबाट भागेर जाने छोराछोरीका लागि आमाबाबुले गर्ने प्रतीक्षा भन्दा पनि बढी व्यग्र हृदयका साथ उनीहरू फर्कून भनी उहाँले प्रतीक्षा गर्नुहुन्छ ।

परमेश्वरले युगौं अघिदेखि येशू ख्रीष्ट तयार गर्नुभयो

लूका १५ अध्यागको उडन्ते पुत्रको दृष्टान्तले परमेश्वर पिताको हृदयलाई स्पष्ट देखाउँछ । बाल्यकालदेखि धनी जीवन बिताएको त्यस कान्छो छोरोमा आफ्नो बुबाप्रति धन्यवादी हृदय थिएन, न त उसले आफूले जिइरहेको जीवनको मूल्य नै बुझेको थियो । एक दिन उसले अग्रिममा नै आफ्नो अंश माग्यो । आफ्नो पिता जीवित छँदै अंश माग्ने ऊ एक बिग्रेको छोरो थियो ।

त्यस बाबुले आफ्नो छोरालाई रोक्न सक्नु भएन, किनभने उहाँको छोराले आफ्नो आमाबाबुको हृदय कत्ति पनि बुझेको थिएन र अन्तमा उहाँले आफ्नो छोरालाई अंश

दिनुभयो । छोरा खुशी भयो र ऊ एउटा यात्रामा गयो । तर बाबुको पीडा त्यही क्षण देखि शुरु भयो । उहाँले 'उसलाई चोट लाग्ला कि ? ऊ कुनै दुष्ट मानिसहरूको हातमा पर्ला कि ?' भन्ने जस्ता कुराहरू सोचेर उहाँ शोकमा डुब्नुभयो । आफ्नो छोरा फिर्ता आउने आशामा क्षितिजतिर हेर्दै, आफ्नो छोराको बारेमा चिन्ता गरेर उहाँ राम्रोसित सुत्न समेत सक्नुहुन्नथ्यो ।

चाँडै नै त्यो छोराको पैसा सकियो । मानिसहरूले उसलाई दुर्व्यवहार गर्न थाले । ऊ यस्तो विकराल अवस्थामा पुग्यो कि उसले सँगुरको चारो खाएर समेत आफ्नो भोक मेटाउनुपर्ने अवस्था आयो । तर कसैले पनि उसलाई केही पनि खान दिएन । अब उसलाई आफनो बुवाको घरको सम्झना आउन थाल्यो । ऊ आफ्नो बुवाको घरमा फर्क्यो, तर उसलाई यति पछुतो लागिरहेको थियो कि उसले आफ्नो शिर समेत ठाडो पार्न सकिरहेको थिएन । तर उसको बुवाले दगुरेर गएर उसलाई म्वाइँ खानुभयो । उसको बुवाले उसलाई कुनै कुराको लागि पनि दोष दिनुभएन, बरु उहाँ यति खुशी हुनुभयो कि उहाँले उसलाई सबैभन्दा राम्रा लुगा लगाइदिनुभयो र उसको लागि भोजको आयोजना गरेर एउटा मोटो पशु मार्नुभयो । यो परमेश्वरको प्रेम हो ।

परमेश्वरको प्रेम कुनै विशेष समयमा केही विशेष मानिसहरूलाई मात्र दिइने होइन । १ तिमोथी २:४ ले भन्दछ, "सबै मानिसहरूले मुक्ति पाऊन् र तिनीहरू सत्यको ज्ञानमा आऊन् भन्ने इच्छा उहाँ गर्नुहुन्छ ।" उहाँले सँधै मुक्तिको ढोका खुला राख्नुहुन्छ र कुनै आत्मा परमेश्वरमा फर्केर आउँदा, उहाँले प्रत्येक आत्मालाई असाध्यै धेरै आनन्द र खुशीकासाथ स्वागत गर्नुहुन्छ ।

अन्त्यसम्म पनि हामीलाई नछोड्नुहुने परमेश्वरको प्रेमद्वारा, मुक्ति प्राप्त गर्नको लागि सबैको निम्ति मार्ग खोलिएको छ । त्योचाहिँ उहाँले आफ्नो एक मात्र पुत्र येशू खीष्टलाई तयार पार्नुभएको कुरामा हामी देख्छौं । हिब्रू ९:२२, मा, "वास्तवमा, व्यवस्थाअनुसार रगतले प्रायः सब थोक शुद्ध पार्दछ, र रगत नबगाईकन पापको क्षमा

हुनै सक्दैन," भनी लेखिएझैं पापीहरूले तिर्नुपर्ने पापको मोल येशूले आफ्नै अनमोल र गत र आफ्नै जीवनद्वारा तिर्नुभयो ।

१ यूहन्ना ४:९ ले परमेश्वरको प्रेम बारे यसरी बताउँदछ, "परमेश्वरको प्रेम हाम्रा माझमा यसरी प्रकट भयो, कि उहाँले आफ्ना एकमात्र पुत्र संसारमा पठाउनुभयो, ताकि पुत्रद्वारा हामी जिउन सकौं ।" मानवजातिलाई उनीहरूका सारा पापहरूबाट छुटकारा दिलाउनको लागि परमेश्वरले येशूलाई उहाँको अनमोल रगत बहाउन दिनुभयो । येशूलाई क्रूसमा टाँगियो, तर उहाँ मृत्युमाथि विजयी हुनुभयो र तेस्रो दिनमा बौरी उठ्नुभयो, किनभने उहाँमा कुनै पाप थिएन । यसरी हाम्रो मुक्तिको निम्ति मार्ग खुला गरियो । आफ्नो एक मात्र पुत्र दिने कुरा सुन्नमा जति सजिलो लाग्छ वास्तवमा त्यति सजिलो छैन । एउटा यस्तो कोरियन भनाइ छ, "छोराछोरीहरुलाई आफ्नो आँखैंमा राखे तापनि आमाबुवालाई बिझाउँदैन ।" धेरै आमाबुवालाई आफ्नो जीवनभन्दा आफ्ना छोरा छोरीको जीवन महत्वपूर्ण लाग्दछ ।

तसर्थ, परमेश्वरले हाम्रो लागि आफ्नो एक मात्र पुत्र येशू दिनुले, हामीलाई सर्वोच्च प्रेम देखाउँछ । थप अझ, परमेश्वरले येशू ख्रीष्टको रगतद्वारा फिर्ता हासिल गर्नुभएकाहरूको लागि स्वर्गको राज्य तयार पार्नुभएको छ । यो कस्तो ठूलो प्रेम हो ! तर परमेश्वरको प्रेम त्यतिमा मात्र सीमित छैन ।

हामीलाई स्वर्गमा डोऱ्याउनको लागि परमेश्वरले हामीलाई पवित्र आत्मा दिनुभयो

परमेश्वरले येशू ख्रीष्टलाई ग्रहण गर्ने अनि पापक्षमा प्राप्त गर्नेहरूलाई वरदानको रुपमा पवित्र आत्मा दिनुहुन्छ । पवित्र आत्मा परमेश्वरको हृदय हुनुहुन्छ । प्रभु स्वर्गमा उक्लिजानुभएको समय देखि, परमेश्वरले हाम्रो हृदयमा एक सहायक, पवित्र आत्मा

पठाउनुभएको छ ।

रोमी ८:२६-२७ ले भन्दछ, "त्यसै गरी पवित्र आत्माले पनि हाम्रो दुर्बलतामा सहायता गर्नुहुन्छ । कसरी प्रार्थना गर्नुपर्ने हो हामी जान्दैनौं, तर शब्दहरूमा व्यक्त गर्न नसकिने सुस्केरामा पवित्र आत्माले हाम्रा निम्ति मध्यस्थता गर्नुहुन्छ । र मानिसहरूका हृदयको खोजी गर्नुहुनेले पवित्र आत्माको विचार के हो सो जान्नुहुन्छ, किनकि परमेश्वर को इच्छाअनुसार पवित्र आत्माले सन्तहरूका निम्ति मध्यस्थता गर्नुहुन्छ ।"

जब हामी पाप गर्छौं, पवित्र आत्माले शब्दमा व्यक्त गर्न नसकिने गहिरो विलापद्वारा हामीलाई पश्चात्ताप गर्न डोऱ्याउनु हुन्छ । कमजोर विश्वास भएका मानिसहरूलाई, उहाँले विश्वास दिनुहुन्छ, आशा नभएका व्यक्तिहरूलाई उहाँले आशा दिनुहुन्छ । आमाहरूले कोमलतापूर्वक आफ्ना छोराछोरीलाई सान्त्वना दिएझैं र हेरविचार गरेझैं हामीमा कुनै पनि प्रकारको हानि आइनपरोस् भन्ने हेतुले, उहाँले हामीलाई उहाँको आवाज सुन्न दिनुहुन्छ । यसरी उहाँले हामीलाई प्रेम गर्ने परमेश्वरको हृदयको थाहा गर्न दिनुहुन्छ र हामीलाई स्वर्गको राज्यमा डोऱ्याउहुन्छ ।

हामीले यो प्रेमलाई गहिरिएर बुझ्यौं भने, हामी परमेश्वरलाई प्रेम नगरी रहन सक्दै नौं । हामीले आफ्नो सम्पूर्ण हृदयले परमेश्वरलाई प्रेम गऱ्यौं भने, उहाँले हामीलाई अत्याधिक मात्रामा ठूलो र अचम्मको प्रेम फिर्ता दिनुहुनेछ । उहाँले हामीलाई सु-स्वास्थ्य प्रदान गर्नुहुन्छ र सबै कुरामा हाम्रो भलो हुने आशिष् दिनुहुनेछ । यो आत्मिक राज्यको नियम भएकोले उहाँले यस्तो गर्नुहुन्छ, तर अझ विशेषगरी हामीले उहाँबाट प्राप्त गरेका आशिष्हरूद्वारा उहाँको प्रेम हामीले महसूस गरेका होऔं भन्ने हेतुले उहाँले यस्तो गर्नुहुन्छ । "मलाई प्रेम गर्नेहरूलाई म प्रेम गर्छु, मलाई खोज्नेहरूले मलाई भेट्टाउँछन्," (हितोपदेश ८:१७) ।

तपाईंले पहिलो पटक परमेश्वरलाई भेट्नुहुँदा र चङ्गाइ वा विभिन्न समस्याको समाधान प्राप्त गर्नुहुँदा तपाईंले कस्तो महसूस गर्नुभयो ? परमेश्वरले म जस्तो पनि

पापीलाई माया गर्नुहुन्छ भनेर तपाईंले महसूस गरेको हुनुपर्छ । म विश्वास गर्छु कि तपाईंले, आफ्नो हृदयदेखि यसो भनेर स्वीकार गरेको हुनुपर्छ, 'महासागर मसी भएदेखि र आकाशको चर्मपत्र परमेश्वरको प्रेम लेख्न बनाइएका भएदेखि, परमेश्वरको प्रेम बारे लेख्दा महासागर नै सुकिजाने थियो ।' साथै, म विश्वास गर्दछु कि तपाईंलाई कुनै चिन्ता, पीडा, रोग, कुनै बिछोड र मृत्यु नभएको अनन्त स्वर्ग दिनुहुने परमेश्वरको प्रेमले तपाईं ओतप्रोत हुनुभएको छ ।

हामीले पहिला परमेश्वरलाई प्रेम गरेनौं तर परमेश्वर पहिला हामीकहाँ आउनुभयो र आफ्ना हातहरू हामीतिर फैलाउनुभयो । हामी त्यो प्रेमको योग्य भएको कारणले उहाँले हामीलाई प्रेम गर्नुभएको होइन । परमेश्वरले हामीलाई यति धेरै प्रेम गर्नुभयो कि उहाँले आफ्नो एकमात्र पुत्रलाई हामी मर्न निश्चित भएका पापीहरूकहाँ पठाउनुभयो । उहाँले सबै मानिसहरूलाई प्रेम गर्नुहुन्छ, र हामीलाई आफ्नो दूधे बालकलाई बिर्सन नसक्ने एउटी आमाको प्रेमभन्दा धेरै बढी प्रेमकासाथ हाम्रो ख्याल राख्नुहुन्छ (यशैया ४९:१५) । हजार वर्ष पनि एक दिनजस्तो मात्र गरी उहाँले हामीलाई पर्खनुहुन्छ ।

परमेश्वरको प्रेम साँचो प्रेम हो जुन समयको अन्तरालसँग पनि परिवर्तन हुँदैन । हामी पछि स्वर्गमा पुग्दा, परमेश्वरले हाम्रो निम्ति बनाइदिनुभएको ती सुन्दर मुकुटहरू, चम्किला मलमलको वस्त्र र सुन अनि अनमोल रत्नहरूले बनिएका स्वर्गीय घरहरू देख्दा हामी आश्चर्यचकित भएर दङ्ग पर्नेछौं । हाम्रो पृथ्वीकै जीवनमा पनि उहाँले हामीलाई इनामहरू र उपहारहरू दिनुहुन्छ र उहाँ आफ्नो अनन्त महिमामा हामीसँग हुनुहुने दिनलाई उहाँले हार्दिकताका साथ पर्खिरहनुभएको छ । हामीले उहाँको यो महान् प्रेमलाई महसूस गर्नु पर्दछ ।

अध्याय २
ख्रीष्टको प्रेम

".... तिमीहरू प्रेममा चल, जसरी ख्रीष्टले पनि हामीहरूसँग प्रेम गर्नुभयो, र परमेश्वरको निम्ति सुगन्धित भेटी र बलिदान भएर आफैलाई हाम्रा निम्ति अर्पण गर्नुभयो ।"

एफिसी ५:२

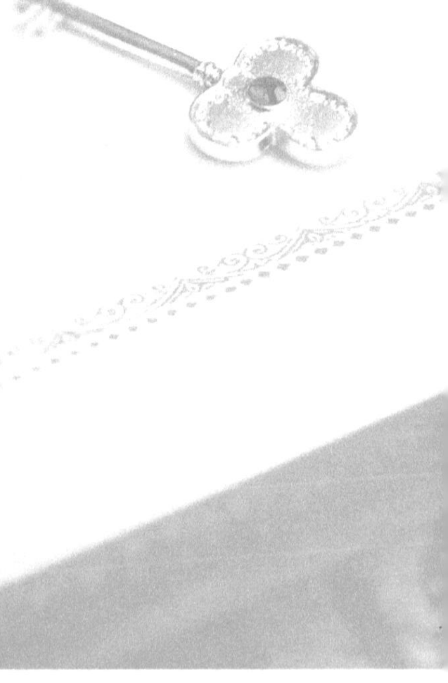

प्रेममा असम्भव कुरा सम्भव तुल्याउने महान् शक्ति छ। विशेष गरी, परमेश्वरको प्रेम र प्रभुको प्रेम साँच्चै नै आश्चर्यलाग्दो छ । यसले प्रभावकारी ढंगबाट केही गर्न नसक्ने असक्षम मानिसहरूलाई पनि सबैकुरा गर्न सक्ने सक्षम मानिसहरूमा बदल्न सक्छ। अशिक्षित जालहारीहरू, कर उठाउनेहरू (जो त्यस समयमा पापी मानिन्थे) गरीब, विधवा र संसारले बेवास्ता गरेका मानिसहरूले पनि, प्रभुलाई भेट्नुहुँदा, उहाँको जीवन पूर्ण रूपले बद्लियो । उहाँहरूको गरीबी र रोगहरूको समाधान भयो र उहाँहरूले पहिले कहिल्यै अनुभव नगरेको साँचो प्रेम महसूस गर्नु भयो। उहाँहरू आफैलाई व्यर्थ ठान्नुहुन्थ्यो तर परमेश्वरको महिमित साधनहरुको रूपमा उहाँहरु नयाँ गरी जन्मनु भयो। यो प्रेमको शक्ति हो।

येशू सबै स्वर्गीय महिमा त्यागेर यस पृथ्वीमा आउनुभयो

आदिमा परमेश्वर वचन हुनुहुन्थ्यो र वचन देहधारी भएर तल पृथ्वीमा ओर्लनुभयो। उहाँ परमेश्वरको एकमात्र पुत्र येशू हुनुहुन्छ । मृत्युको मार्गमा जाँदै गरेका र पापले जकडिएका मानिसजातिलाई बचाउन येशू यस पृथ्वीमा आउनुभयो । "येशू" नामको अर्थ हो 'उहाँले आफ्ना मानिसहरूलाई उनीहरूका पापबाट बचाउनुहुनेछ' (मत्ती १:२१)।

यी सबै पापका दाग लागेका मानिसहरू पशुहरू भन्दा कुनै फरक छैनन् (उपदेशक ३:१८) । तिनीहरूले के गर्नु पर्छ सो त्यागेर जनावरहरू भन्दा पनि नराम्रो भएका मानिसहरूलाई छुटकारा दिनको लागि येशू गोठमा जन्मनु भयो । त्यस्ता मानिसहरूका लागि साँचो भोजन बन्न उहाँ पशुहरूलाई खाना खुवाउन प्रयोग गरिने एउटा डुँडमा पसनुभयो (यूहन्ना ६:५१) । त्योचाहिँ मानिसहरूलाई परमेश्वरको गुमेको स्वरूप पुनर्प्राप्त

गर्न दिन र उनीहरूलाई आफ्नो सम्पूर्ण कर्तव्य पालन गर्न दिनको लागि थियो ।

साथै मत्ती ८:२० ले भन्दछ, "स्यालका दुला र आकाशका चराचुरुङ्गीहरूका गुँड हुन्छन् तर मानिसको पुत्रको लागि त शिर ढल्काउने ठाउँ पनि छैन ।" यहाँ भनिएजस्तै, उहाँको सुत्ने ठाउँ थिएन, र उहाँले जाडो र वर्षाको माझमा खुला जमीनमा रात गुजार्नु पर्दथ्यो । धेरै पटक खाना नखाई उहाँ भोकै रहनुहुन्थ्यो । तर उहाँ असक्षम हुनुभएकोले गर्दा त्यसो भएको थिएन । त्यो हामीलाई गरीबीबाट छुटाउनको लागि थियो । २ कोरिन्थी ८:९ ले भन्दछ, "किनकि हाम्रा प्रभु येशू ख्रीष्टको अनुग्रह तिमीहरूलाई थाहा छ, उहाँ धनी हुनुहुन्थ्यो, तरै पनि तिमीहरूका खातिर उहाँ गरीब हुनुभयो, ताकि उहाँको गर ीबीबाट तिमीहरू धनी हुन सक ।"

येशूले कानाको विवाह भोजमा पानीबाट रक्सी बनाउने चिन्ह प्रकट गर्नु भएर आफ्नो सेवकाइ शुरु गर्नुभयो । उहाँले परमेश्वरको राज्यको प्रचार गर्नु भयो अनि यहूदिया र गालीलका क्षेत्रहरूमा धेरै चिन्ह र आश्चर्यकर्महरू गर्नुभयो । धेरै कुष्ठरोगीहरू निको भए, लङ्गडाहरू हिंड्न र उफ्रन सक्ने भए र भूतात्माको अधीनमा पीडित भएकाहरू अन्धकारको शक्तिबाट स्वतन्त्र तुल्याइए । मृत्य भएको चार दिन भइसकेको र गन्हाउन थालिसकेको व्यक्ति पनि चिहानबाट जीवित नै बाहिर आए (यूहन्ना ११) ।

येशूले मानिसहरूलाई परमेश्वरको प्रेम महसूस गराउन यस पृथ्वीमा आफ्नो सेवकाइको क्रममा यस्ता आश्चर्यकर्महरु प्रकट गर्नुभयो । यसबाहेक, परमेश्वर र वचनसँग मूल रूपमा नै एक हुनुभएर, उहाँले उत्कृष्ट उदाहरण बसाल्नको लागि पूर्ण रूपले व्यवस्था पालन गर्नुभयो । साथै, उहाँले सबै व्यवस्था पालन गर्दैमा, व्यवस्था उल्लंघन गर्ने र मारिने योग्य मानिसहरूलाई दोष लगाउनुभएन । एउटा मात्र भएपनि बढी आत्माले पश्चात्ताप गरेर मुक्ति प्राप्त गर्न सकेको होस् भन्ने हेतुले उहाँले मानिसहरूलाई केवल सत्य सिकाउनुभयो ।

यदि येशूले सबैलाई व्यवस्था अनुसार कडाइका साथ मापन गर्नुभएको भए, कसैले पनि मुक्ति प्राप्त गर्न सक्ने थिएन । व्यवस्था भनेको हामीलाई गर, नगर, राख र फाल भनी बताउने परमेश्वरको आज्ञा हो । उदाहरणको लागि, त्यसमा विश्राम दिन पवित्र र ाख्नू, आफ्नो छिमेकीको थोकहरूको लालच नगर्नू, आफ्नो आमाबाबुको आदर गर्नू र सबै प्रकारका दुष्ट कुराहरू फ्याँक्नू, भन्ने जस्ता आज्ञाहरू छन् । सबै व्यवस्थाको अन्तिम गन्तव्य प्रेममै गएर टुंगिन्छ । यी सबै नियमहरू र व्यवस्थाहरू पालन गर्नुभयो भने, तपाईंले कम्तिमा पनि बाहिरी तरिकाबाट भएपनि, प्रेम अभ्यास गर्न सक्नुहुन्छ ।

तर परमेश्वर हामीले केवल आफ्ना कार्यहरुबाट मात्रै व्यवस्था पालन गरेको चाहनुहुन्न । हामीले हाम्रो हृदयबाटको प्रेमद्वारा व्यवस्था पालन गरेको उहाँ चाहनुहुन्छ । येशूलाई परमेश्वरको हृदय राम्रोसित थाहा थियो र उहाँले प्रेमद्वारा व्यवस्थालाई पूरा गर्नुभयो । सबै भन्दा राम्रो उदाहरण व्यभिचारमा पक्राउ परेकी एक स्त्रीको घटना हो (यूहन्ना ८) । एक दिन, शास्त्री र फरिसीहरूले मानिसहरूको बीच व्यभिचारमा पक्राउ परेकी स्त्रीलाई ल्याएर येशूलाई यसरी सोधे, "व्यवस्थामा मोशाले यस्ताहरूलाई ढुङ्गाले हान्ने हामीलाई आज्ञा दिएका छन् । तपाईं यसको बारेमा के भन्नुहुन्छ ?" (यूहन्ना ८:५)

तिनीहरूले येशूलाई अभियोग लगाउने कारणहरू पत्ता लगाउनको लागि यसो भने का थिए । ती स्त्रीले त्यस पलमा कस्तो महसूस गरिरहेकी थिइन् होला भन्ने तपाईंलाई लाग्दछ ? आफ्नो पाप सबैको सामने प्रकट भएको कारण तिनले लज्जित महसूस गरेको हुनुपर्छ, र ढुंगाले हानेर अब तिनलाई मारिन लागिएको हुँदा तिनी डरले काँपिरहेको हुनुपर्छ । येशूले यदि "ढंगाले हान", भनी भन्नुभएको भए, सबैले हानेको ढुंगाहरू लागेर तिनको जीवनको अन्त हुने थियो ।

तथापि येशूले तिनलाई व्यवस्थाअनुसार सजाय दिनू भनी भन्नुभएन । बरु, उहाँ तल

निहुरिनु भएर आफ्नो औंलाले जमीनमा केही लेख्न शुरू गर्नुभयो । यो त्यहाँ भएका मानिसहरूले समग्रमा गरिरहेका पापहरूको नाम थियो । उनीहरूको पापको सूची तयार गरिदिनुभएपछि उहाँले उठेर भन्नुभयो, "तिमीहरूमा जो पापरहित छ, त्यसैले त्यस स्त्रीलाई पहिले ढुङ्गा हानोस्" (पद ७) । त्यसपछि, उहाँ फेरि तल निहुरेर केही लेख्न थाल्नुभयो ।

यस बेला उहाँले प्रत्येक व्यक्तिले गरेका पापहरू उहाँ आफैले देख्नुभए जस्तै गरी, कहिले, कहाँ अनि कसरी ती पापहरू तिनीहरूले गरे भनी प्रत्येक व्यक्तिका पापहरू लेख्नुभयो । विवेकले दोषी ठहराएकाहरू एक एक गरेर त्यस ठाउँ छोडेर गए । अन्ततः त्यहाँ त्यस स्त्री र येशू मात्र बाँकी हुनुभयो । त्यस पछिका पदहरू १० र ११ ले भन्दछन्, "'ए नारी, तिनीहरू कहाँ गए ? के कसैले तिमीलाई दण्ड दिएन ?' त्यसले भनी, 'प्रभु, कसैले दिएन ।' येशूले भन्नुभयो, 'म पनि तिमीलाई दण्ड दिन्नँ । जाऊ, अनि फेरि पाप नगर ।'"

के त्यो स्त्रीलाई व्यभिचारको दण्ड ढुंगाले हानेर मार्नु हो भन्ने थाहा थिएन र ? निश्चय नै तिनलाई थाहा थियो । तिनलाई व्यवस्था थाहा थियो, तर तिनले आफ्नो अभिलाषा जित्न नसकेर त्यो पाप गरेकी थिइन् । तिनको पाप प्रकट गरिएको कारण तिनी मृत्यु दण्ड पाउनका लागि पर्खिरहेकी थिइन् अनि अनपेक्षित रूपमा येशूको क्षमा अनुभव गर्दा, तिनको हृदय कति प्रभावित भयो होला ! येशूको प्रेम सम्झी रहेसम्म तिनले त्यो पाप फेरि गर्न सक्दिन थिइन् ।

येशूले व्यवस्था उल्लंघन गर्ने स्त्रीलाई क्षमा गर्नु भएकोले, के हामीले परमेश्वर र हाम्रो छिमेकीलाई प्रेम गर्दैमा व्यवस्था पालन गर्नु अनावश्यक हुन्छ त ? त्यसो होइन । येशूले भन्नुभयो, "व्यवस्था अथवा अगमवक्ताहरूलाई रद्द गर्न म आएको भन्ने नसम्झ ।

म ती रद्द गर्न होइन, तर पूरा गर्न आएँ" (मत्ती ५:१७) ।

हामीसँग व्यवस्था भएको कारण हामी अझ बढी सिद्ध रूपमा परमेश्वरको इच्छा व्यवहारमा उतार्न सक्छौं । कसैले म परमेश्वरलाई प्रेम गर्छु भन्छ भने, हामी उसको प्रेम कति गहिरो र व्यापक छ भनी मापन गर्न सक्दैनौं । तापनि, हामीसँग व्यवस्था छ भने कुनै हदसम्म उसको जाँच गर्न सक्छौं । यदि उसले साँच्चै आफ्नो सारा हृदयले परमेश्वरलाई प्रेम गर्छ भने, उसले निश्चित रूपमा व्यवस्था पालन गर्दछ । त्यस्तो व्यक्तिका लागि, व्यवस्था पालन गर्न गाह्रो हुँदैन । थप अझ, उसले जति मात्रामा सही तवरले व्यवस्था पालन गर्दछ, त्यति नै मात्रामा उसले परमेश्वरको प्रेम र आशिष् प्राप्त गर्नेछ ।

तर येशूको समयमा व्यवस्था पालन गर्नेहरूले व्यवस्थामा निहित परमेश्वरको प्रेममा रूची राख्दैनथे । तिनीहरूले आफ्नो हृदय पवित्र बनाउने कुरामा जोड दिँदैनथे, तर केवल औपचारिकता मात्र निभाउने गर्थे । बाहिरी रूपमा मात्र व्यवस्था पालन गर्दा पनि तिनीहरू सन्तुष्ट र गर्व महसूस गर्थे । तिनीहरूलाई व्यवस्था पालन गरेझैं लाग्थ्यो र त्यसैले व्यवस्था उल्लंघन गर्नेहरूलाई तिनीहरू तुरुन्तै न्याय गर्ने र दोष लगाउने गर्थे । येशूले व्यवस्थामा निहित साँचो अर्थ व्याख्या गर्नुहँदा र परमेश्वरको हृदय बारे सिकाउनुहुँदा तिनीहरूले येशू गलत हुनुहुन्छ र उहाँलाई भूत लागेको छ भनी भने ।

फरिसीहरूमा प्रेम नभएकोले गर्दा व्यवस्था पालन गरे पनि त्यसले उनीहरूको प्राणलाई केही लाभ पुऱ्याएको थिएन (१ कोरिन्थी १३:१-३) । तिनीहरूले आफ्नो हृदयको खराबीलाई त्यागेनन्, तर केवल अरूलाई न्याय गर्ने र दोषी ठहराउने काम गरे जसले गर्दा तिनीहरुले आफैंलाई परमेश्वरबाट टाढा राखे । अन्ततः तिनीहरूले परमेश्वरको पुत्रलाई क्रूसमा टाँग्ने पाप गरे जुन कार्य कहिल्यै रद्द गर्न सकिँदैनथ्यो ।

मृत्यु सम्मै आज्ञाकारी भई येशूले क्रूसको प्रबन्ध पूरा गर्नुभयो

तीन वर्षको सेवकाइको अन्त्यतिर, येशू आफ्ना कष्टहरू शुरु हुन अघि जैतुन डाँडामा जानुभयो । रात छिपिदैं जाँदा, येशू आफूले सामना गर्नुपर्ने क्रूसीकरणको लागि उत्कट रुपमा प्रार्थना गर्नुभयो । उहाँको प्रार्थना आफ्नो पूर्णतया निर्दोष रगतद्वारा सबै प्राण बचाउनको लागि गरिएको पुकारा थियो । यो क्रूसको कष्टमाथि विजय प्राप्त गर्ने शक्ति माग्नको लागि गरिएको प्रार्थना थियो । उहाँले धेरै व्यग्रताका साथ प्रार्थना गर्नुभयो र उहाँको पसिना रगतका थोपामा परिणत भएर जमीनमा तल खसे (लूका २२:४२-४४) ।

त्यो रात, येशूलाई सिपाहीहरूले पक्रेर लगे र सोधपुछका लागि उहाँ एक ठाउँबाट अर्को ठाउँमा लगिनुभयो । अन्ततः उहाँले पिलातसको अदालतमा मृत्यु दण्ड पाउनुभयो । रोमी सिपाहीहरूले उहाँको शिरमा काँडाको मुकुट राखे, उहाँलाई थुके, मुक्का हाने र मृत्युदण्ड दिइने ठाउँमा लिएर गए (मत्ती २७:२८-३१) ।

उहाँको शरीर रगतले ढाकिएको थियो । सारा रात उहाँलाई गिज्याइयो र कोर्रा लगाइयो, र यस्तो शरीर लिइ उहाँ काठको क्रूस बोकेर गलगथा चढ्नुभयो । एउटा ठूलो भीड उहाँलाई पछ्यायो । तिनीहरूले कुनै बेला उहाँलाई "होसन्ना" भन्दै स्वागत गरेका थिए तर अब तिनीहरू चिच्याउँदै "उसलाई क्रूसमा टाँग !" भन्ने भीडमा परिणत भएका थिए । येशूको अनुहार रगतले ढाकेर चिन्नै नसकिने भएको थियो । उहाँको सबै बल यातनाका पीडाको कारण खतम भइसकेको थियो र उहाँलाई एक कदम मात्र चाल्न पनि निकै कठिन थियो ।

गलगथा पुगेपछि, हामीलाई पापबाट छुटकारा दिन येशूलाई क्रूसमा टाँगियो । पापको ज्याला मृत्यु हो भन्ने व्यवस्थाको श्रापमा परेका हामीलाई उद्धार गर्न सो भएको

थियो (रोमी ६:२३), उहाँलाई काठको क्रूसमा झुण्डचाइयो र उहाँको सबै रगत बग्यो । शिरमा काँडाको मुकुट लगाउनु भएर उहाँले हामीले आफ्नो विचारद्वारा गर्ने पापबाट हामीलाई क्षमा दिनुभयो । हाम्रो हात र खुट्टाले गर्ने पापबाट हामीलाई क्षमा दिनको निम्ति उहाँका हात र खुट्टामा काँटी ठोकिएको थियो ।

यो तथ्य थाहा नहुने मूर्ख मानिसहरूले क्रूसमा झुण्डिनुभएको येशूलाई ठट्टामा उडाए अनि उहाँको उपहास गरे (लूका २३:३५-३७) । तर असह्य पीडामा हुनुभएतापनि येशूले उहाँलाई क्रूसमा टाँगिरहेका मानिसहरूको लागि प्रार्थना गरिदिनुभयो, जसो लूका २३:२४ मा लेखिएको छ, "हे पिता, यिनीहरूलाई क्षमा गर्नुहोस्, किनकि यिनीहरूले के गर्दैछन् सो जान्दैनन् ।"

क्रूसीकरण मृत्युदण्डको सबैभन्दा क्रूर तरीकाहरू मध्ये एक हो । दोषीले अन्य सजायको तुलनामा लामो समयसम्म पीडा खप्नुपर्दछ । हात र खुट्टामा काँटी ठोकिएका हुन्छन, र शरीर छेदविच्छेद भएको हुन्छ । प्रचण्ड निर्जलीकरणको साथै रक्तमा विकार पैदा हुन्छ । यसले आन्तरिक अङ्गहरूको कार्यहरूलाई धीमा गराउँछ । दण्ड पाइरहेको व्यक्तिले रगतको गन्धका कारण आउने कीराहरुबाट समेत पीडा भोग्नु पर्दछ ।

येशू क्रूसमा हुनुहुँदा उहाँले के सोच्नुभयो जस्तो तपाईंलाई लाग्छ ? उहाँले शरीरको असह्य पीडा बारे सोच्नु भएन । तर, बरु उहाँले यस पृथ्वीमा परमेश्वरले मानिसहरू बनाउनुको कारण, मानिसको सम्वर्द्धनको अर्थ, मानिसको पापको प्रायश्चित्को निम्ति आफूलाई बलिदान गर्नुपर्ने कारण बारे सोच्नुभयो र उहाँले हृदयदेखि महसूस गर्नुभएको धन्यवादको प्रार्थना चढाउनुभयो ।

येशूले क्रूसमा छ घण्टासम्म पीडा भोग्नु भएपछि, उहाँले भन्नुभयो, "मलाई तिर्खा लाग्यो" (यूहन्ना १९:२८) । यो आत्मिक तिर्खा थियो, जुन मृत्युको मार्गमा हिँडिरहेकाहरूको आत्मा जित्ने तिर्खा थियो । भविष्यमा यस पृथ्वीमा बस्ने असंख्य आत्माहरूको

बारे सोच्दै उहाँले क्रूसको सन्देश सुनाएर आत्माहरू बचाउन हामीलाई भनिरहनुभएको थियो ।

अन्तमा येशूले भन्नुभयो,"अब सिद्धियो !" (यूहन्ना १९:३०) र त्यसपछि, "हे पिता, म मेरो आत्मा तपाईंको हातमा सुम्पन्छु" (लूका २३:४६) भनेर आफ्नो प्राण त्याग्नुभयो । उहाँ आफैं प्रायश्चित्को बलिदान बनिदिनुभएर सबै मानिसजातिको लागि मुक्तिको बाटो खोल्ने आफ्नो कर्तव्य पूरा गरिसक्नुभएको कारणले आफ्नो आत्मा परमेश्वरको हातमा उहाँले सम्पिनुभएको थियो । यो सबैभन्दा महान् प्रेमको काम पूरा भएको क्षण थियो ।

त्यसबेला देखि, परमेश्वर र हाम्रो बीचमा खडा भएको पापको पर्खाल भत्कियो र हामी सीधा परमेश्वरसँग सञ्चार गर्न सक्ने भयौं । त्यस अघि, प्रधान पूजाहारीले मानिसहरूको तर्फबाट पापको क्षमा लागि बलिदान चढाउन पर्दथ्यो, तर अब त्यस्तो छैन । येशू ख्रीष्टमा विश्वास गर्ने कसैले पनि परमेश्वरको पवित्र स्थानमा आएर प्रत्यक्ष रूपमा परमेश्वरको उपासना गर्न सक्छ ।

येशूले प्रेमका साथ स्वर्गमा बस्ने ठाउँहरू तयार पार्नुहुन्छ

क्रूसमा जानु अघि, येशूले पछि हुन आउने कुराहरू आफ्ना चेलाहरूलाई भन्नुभयो । उहाँले पिता परमेश्वरको प्रबन्ध पूरा गर्न क्रूसमा जानुपर्ने कुरा बताउनुभयो, तर चेलाहरूले अझै पनि चिन्तित थिए । तब उहाँले तिनीहरूलाई सान्त्वना दिन स्वर्गीय निवासस्थानहरूका बारेमा तिनीहरूलाई बताउनुभयो ।

यूहन्ना १४:१-३ ले भन्दछ, "तिमीहरूको हृदय व्याकुल नहोस् । तिमीहरू परमेश्वर माथि विश्वास गर्दछौ, ममाथि पनि विश्वास गर । मेरा पिताको घरमा बस्ने ठाउँहरू धेरै छन् । त्यसो नभए, के म तिमीहरूलाई भन्नेथिएँ र, कि तिमीहरको निम्ति ठाउँ तयार

पार्न म गइरहेछु ? अनि गएर मैले तिमीहरूका निम्ति ठाउँ तयार पारेपछि म फेरि आउनेछु, र तिमीहरूलाई मकहाँ लैजानेछु, र जहाँ म छु, त्यहाँ तिमीहरू पनि हुनेछौ ।" वास्तवमा, उहाँ मृत्युमाथि विजयी भएर बौरी उठ्नु भई, धेरै मानिसको सामुन्नेबाट स्वर्गमा चढिजानुभयो । उहाँले हाम्रो लागि स्वर्गीय वासस्थानहरू तयार गर्नको लागि त्यसो गर्नुभयो । अब, 'म तिमीहरूका निम्ति ठाउँ तयार पार्न जान्छु' को अर्थ के हो त ?

१ यूहन्ना २:२ ले भन्दछ, "उहाँ हाम्रा पापका निम्ति प्रायश्चित हुनुहुन्छ, र हाम्रा निम्ति मात्र होइन, तर सारा संसारका पापका निम्ति पनि ।" यहाँ भनिएझैं, विश्वास गर्ने जो कोहीलाई पनि स्वर्गको अधिकार प्राप्त हुँदछ किनभने येशूले परमेश्वर र हाम्रो बीचको पापको पर्खाल ध्वस्त पारिदिनुभएको छ ।

साथै, येशूले 'मेरो पिताको घरमा धेरै वासस्थानहरू छन्', भनी भन्नुभयो र यसले उहाँ सबैले मुक्ति प्राप्त गरेको चाहनुहुन्छ भन्ने कुरा बताउँछ । उहाँले 'स्वर्ग' मा धेरै वासस्थानहरू छन् भन्नुभएन तर 'मेरो पिताको घरमा' भन्नुभयो किनभने येशूको बहुमूल्य रगतको कार्यद्वारा हामी परमेश्वरलाई, 'अब्बा, पिता' भनी बोलाउन सक्छौं ।

प्रभु अझै पनि निरन्तर रूपमा हाम्रो लागि बिन्ती गरिरहनु भएको छ । उहाँले हार्दिकताकासाथ परमेश्वरको सिंहासनअघि नखाई वा नपिई प्रार्थना गर्नुहुन्छ (मत्ती २६:२९) । हामीले यस पृथ्वीको मानव सम्वर्द्धनमा विजय हासिल गर्न सकेका होऔं अनि हाम्रो प्राणको उन्नतिद्वारा परमेश्वरको महिमालाई प्रकट गरेका होऔं भनेर उहाँले प्रार्थना गर्नुहुन्छ ।

यसबाहेक, मानव सम्वर्द्धन पूरा भएपछि हुने महान् सेतो सिंहासनको इन्साफको समयमा, उहाँले अझै पनि हाम्रो लागि काम गर्नुहुनेछ । इन्साफको अदालतमा हरेकले गरेको सबै कामको लागि कुनै पनि त्रुटि विना सबैको न्याय दिइनेछ । तर प्रभु परमेश्वर

को सन्तानका लागि अधिवक्ता बनी, तिनीहरूले स्वर्गमा राम्रो वासस्थान र इनाम पाऊन् भन्ने हेतुले "मैले मेरो रगतले उनीहरूको पाप धोएँ", भन्दै बिन्ती गर्नुहुनेछ । उहाँले यस पृथ्वीमा आउनुभई आफैले मानिस भएर गुज्रनुपर्ने सबै कुराको प्रत्यक्ष अनुभव लिनुभएकोले गर्दा, उहाँले एक अधिवक्ता जस्तै भएर मानिसहरूको लागि बो लिदिनु हुनेछ । हामी कसरी पूर्ण रूपले ख्रीष्टको यो प्रेम बुझ्न सक्छौं ?

परमेश्वरले आफ्नो एक मात्र पुत्र येशू ख्रीष्ट मार्फत् हामीलाई उहाँको प्रेम थाहा हुन दिनुभयो । यो त्यो प्रेम हो जसद्वारा येशूले पनि हाम्रो लागि उहाँको रगत अन्तिम थोपा बगुञ्जेलसम्म बाँकी राख्नुभएन । यो उहाँको सात गुणा सत्तरी पटकसम्म क्षमा दिनुहुने निशर्त र अपरिवर्तनीय प्रेम हो । यो प्रेमबाट कसले हामीलाई अलग गर्न सक्छ ?

रोमी ८:३८-३९ मा, प्रेरित पावलले घोषणा गर्नुहुन्छ, "किनकि म यो पक्का गरी जान्दछु, कि मृत्युले वा जीवनले, स्वर्गदूतहरूले वा प्रधानताहरूले, वर्तमानका कुराहरूले वा पछि हुने कुराहरूले, वा शक्तिहरूले, उचाइले वा गहिराइले, वा सारा सृष्टिमा भएका कुनै पनि कुराले, ख्रीष्ट येशू हाम्रा प्रभुमा भएका परमेश्वरको प्रेमबाट हामीलाई अलग गर्न सक्नेछैन ।"

प्रेरित पावलले परमेश्वरको यो प्रेम र ख्रीष्टको प्रेम बुझ्नुभयो र परमेश्वरको इच्छा पालन गर्न र एक प्रेरित भएर बस्न पूर्णतया आफ्नो जीवन अर्पण गर्नुभयो । साथै, उहाँले अन्य जातिहरूलाई प्रचार गर्न आफ्नो जीवन बाँकी राख्नुभएन । उहाँले परमेश्वर को प्रेम अभ्यास गर्नुभयो जसले असंख्य आत्माहरुलाई मुक्तिको बाटोमा डोऱ्यायो ।

उहाँलाई "नासरतका गुटको नाइके" भनिने भएतापनि, पावलले आफ्नो सारा जीवन एक प्रचारक भएर समर्पित गर्नुभयो । उहाँले सारा संसारमा कुनै पनि मापनभन्दा गहिरो

र व्यापक परमेश्वरको प्रेम र प्रभुको प्रेमलाई फैलाउनुभयो । तपाईंहरू प्रेमका साथ व्यवस्था पूरा गर्ने परमेश्वरको साँचो सन्तान भएर परमेश्वरको प्रेम र ख्रीष्टको प्रेम सँगसँगै बाँड्दै, सबैभन्दा सुन्दर स्वर्गीय ठाउँ नयाँ यरूशलेममा सँधैभरि वास गर्नु भएको होस् भनी म प्रभुको नाउँमा प्रार्थना गर्दछु ।

लेखक:
डा. जेरक ली

डा. जेरक ली सन् १९४३ मा गणतन्त्र कोरियाको, जियोन्नाम प्रान्तको मुआनमा जन्मिनुभएको थियो । उहाँको जीवनको बीसौं वर्षहरूमा, डा. लीले सात वर्षसम्म विभिन्न प्रकारका रोगहरूबाट पीडित भई निको हुने कुनै आशा विना मृत्युलाई पर्खिरहनुभएको थियो । तापनि एक दिन सन् १९७४ को वसन्ततिर उहाँ उहाँकि दिदीद्वारा चर्चमा डोऱ्याइनुभयो र प्रार्थना गर्नको लागि उहाँले घुँडा टेक्नुहुँदा जीवित परमेश्वरले उहाँलाई त्यतिखेर नै उहाँका सबै रोगहरूबाट चङ्गाइ दिनुभयो ।

त्यस आश्चर्यजनक अनुभवद्वारा जीवित परमेश्वरलाई भेट्नुभएको समयदेखि नै डा. लीले आफ्नो सम्पूर्ण हृदय र इमान्दारिताका साथ परमेश्वरलाई प्रेम गर्नुभयो र १९७८ मा उहाँले परमेश्वरको दास हुने बोलावट पाउनुभयो । उहाँले परमेश्वरको इच्छालाई स्पष्टसँग बुझ्न, र परमेश्वरको वचनलाई पूर्ण रूपमा आज्ञापालन गर्नको निम्ति कयौं उपवासका प्रार्थनाहरूको साथमा हार्दिकताका साथ प्रार्थना गर्नुभयो । उहाँले सन् १९८२ मा कोरियाको सियोल शहरमा मानमिन केन्द्रीय चर्च स्थापना गर्नुभयो, र त्यस बेलादेखि उहाँको चर्चमा आश्चर्यजनक चङ्गाईहरू, चिन्ह र आश्चर्यकर्महरू लगायत परमेश्वरका असंख्य कार्यहरू भइरहेका छन् ।

सन् १९८६ मा डा. ली कोरियाको जिजस सुङकिल चर्चको वार्षिक सभामा पास्टरको रूपमा अभिषेक गरिनुभएको थियो र त्यसको चार वर्षपछि १९९० मा, उहाँका वचनहरू अष्ट्रेलिया, रुस र फिलिपिन्समा प्रसारण हुनथाल्यो । छोटो समयको अवधिमा नै फार ईष्ट प्रसारण कम्पनी, एशिया प्रसारण केन्द्र र वासिङ्टन ख्रीष्टियन रेडियो सिस्टमद्वारा अझ बढी देशहरूमा यो फैलदैं गयो ।

यसको तीन वर्षपछि, १९९३ मा क्रिश्चियन वर्ल्ड म्यागेजिनले मानमिन केन्द्रीय चर्चलाई "विश्वका उत्कृष्ट ५० चर्चहरू" मा चयन गरेको थियो र उहाँले संयुक्त राज्य अमेरिकाको फ्लोरिडा राज्यको ख्रीष्टियन फेथ कलेजबाट ईश्वरशास्त्रमा सम्मानार्थ विद्यावारिधी उपाधि प्राप्त गर्नुभयो, र १९९६ मा उहाँले संयुक्त राज्य अमेरिकाको आयोवा राज्यको किङ्स्वे थियोलोजिकल सेमिनारीबाट सेवकाइमा विद्यावारिधी उपाधि हासिल गर्नुभयो ।

१९९३ देखि डा. लीले तान्जेनिया, अर्जेन्टिना, संयुक्त राज्य अमेरिकाको लस एन्जलस्, बाल्टीमोर सिटी, हवाई र न्यूयोर्क शहर, युगाण्डा, जापान, पाकिस्तान, केन्या, फिलिपिन्स, होण्डुरस्, भारत, रुस, जर्मनी, पेरु, प्रजातान्त्रिक गणतन्त्र कङ्गो, इस्राएल र एस्तोनिया जस्ता विभिन्न देशहरूमा थुप्रै समुद्र पारका क्रूसेडहरूद्वारा विश्वभर सुसमाचार प्रचार गरिरहनुभएको छ ।

सन् २००२ मा उहाँको शक्तिशाली सेवकाइ र समुद्रपारका विभिन्न क्रूसेडहरूका कारण उहाँलाई कोरियाका प्रमुख ख्रीष्टियन पत्रपत्रिकाहरूले "विश्वव्यापी जागरणकर्ता" को नाम दिएका थिए

। विश्व प्रसिद्ध स्थल मेडिसन स्क्वायर गार्डेनमा आयोजित उहाँको 'न्य ूयोर्क क्र ूसेड २००६' विशेष थियो । त्यो कार्यक्रम २२० वटा राष्ट् हरूमा प्रसारण गरिएको थियो, र उहाँले यरूशलेमको अन्तर ाष्ट् य सम्मेलन केन्द्रमा आयोजित 'इस्राएल संय ुक्त क्र ूसेड २००९' मा येश ू ख्रीष्ट नै मसीह र म ुक्तिदाता ह ुन ुह ुन्छ भनी प्रगल्भका साथ घोषणा गर्न ु भयो ।

उहाँका वचनहरू जी.सी.एन टिभी लगायत सेटलाइटहरू मार्फत १७६ वटा राष्ट् हरूमा प्रसारण ह ुँदछन् र उहाँको टिभीबाटको शक्तिशाली प्रसारण सेवकाइ र सम ुद्रपारका चर्चहरूको पास्टरीय से वकाइका लागि प्रसिद्ध रुसी इसाई पत्रिका इन भिक्टोरी र समाचार संस्था क्रिश्चियन टेलिग्राफद्धारा सन् २००९ र २०१० को 'उत्क ृष्ट १० सर्वाधिक प्रभावकारी क्रिश्चियन अग ुवाहरू' मध्ये एकमा उहाँ छानिन ु भयो ।

२०१३ को मे महिना सम्ममा, मानमिन केन्द्रीय चर्चमा विश्वासीहरूको संख्या १२०००० भन्दा बढी छ । ५६ वटा घरेल ु शाखा चर्चहरू लगायत विश्वभरिमा यस चर्चका १०००० वटा शाखा चर्चहरू छन् र संय ुक्त राज्य अमेरिका, रुस, जर्मनी, क्यानडा, जापान, चीन, फ्रान्स, भारत, केन्या, र अरू थ ुप्रै दे शहरू गरी २३ वटा देशहरूमा १२९ जना मिशनरीहरू पठाइएका छन् ।

यस प ुस्तकको प्रकाशनको मितिसम्ममा डा.लीले ८५ वटा प ुस्तकहरू लेखिसक्न ु भएको छ, जसमा, म ृत्य ु अघि अनन्त जीवनको स्वाद, मेरो जीवन मेरो विश्वास भाग १ र २, क्र ूसको सन्देश, विश्वासको नाप, स्वर्ग भाग १ र २, नरक, जाग इस्राएल !, र परमेश्वरको शक्ति सर्वाधिक बिक्री भएका प ुस्तकहरूमा पर्दछन् । उहाँका प ुस्तकहरू ७५ वटा भन्दा बढी भाषाहरूमा अन ुवाद गरिएका छन् ।

हानक ूक ईल्बो, ज ूङ्गआङ्ग दैनिक, चोस ून ईल्बो, डोङ्ग-ए ईल्बो, म ूनह्वा ईल्बो, सियोल सिन्म ून, ख ूङ्ग्याङ्ग शिन्म ून, कोरीया आर्थिक दैनिक, कोरीया हेरल्ड, शिसा न्य ूज र क्रिश्चियन प्रेस गरी विभिन्न पत्रपत्रिकाहरूमा उहाँका क्रिश्चियन लेखहरू छापिन्छन् ।

डा. ली हाल थ ुप्रै मिशिनेरी संस्था तथा संगठनहरूको अग ुवा ह ुन ुह ुन्छ । उहाँका पदहरू यस प्रकार छन् ;, य ूनाइटेड होलिनेस चर्च अफ जीजस क्राइस्ट-अध्यक्ष ; मानमिन वर्ल्ड मिशन-अध्यक्ष ; विश्व इसाई जाग ृती मिशन संगठन-स्थायी अध्यक्ष ; ग्लोबल क्रिश्चियन नेटवर्क (जी.सी.एन)-संस्थापक तथा संचालक समितिका अध्यक्ष ; विश्व इसाई चिकित्सकिय संजाल (डब्ल ू.सी.डी.एन्)-संस्थापक तथा संचालक समितिका अध्यक्ष ; र, मानमिन अन्तर्राष्ट् य सेमिनारी (एम.आई.एस)-संस्थापक तथा संचालक समितिका अध्यक्ष ।

www.ingramcontent.com/pod-product-compliance
Lightning Source LLC
LaVergne TN
LVHW041803060526
838201LV00046B/1106
9791126310241